Kurt Vogler-Ludwig, Nicola Düll, Ben Kriechel

Arbeitsmarkt 2030 – Die Bedeutung der Zuwanderung für Beschäftigung und Wachstum

Prognose 2014

Im Auftrag von

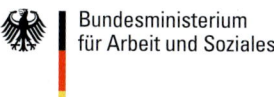
Bundesministerium
für Arbeit und Soziales

Unter Mitwirkung von

Bernd Dworschak   

Pamela Meil   

Hector Pollitt   

Rob Wilson   

Helmut Zaiser   

© W. Bertelsmann Verlag GmbH & Co. KG
Bielefeld 2015

Gesamtherstellung:
W. Bertelsmann Verlag, Bielefeld
wbv.de

Umschlagabbildung:
NREY/shutterstock.com

Bestell Nr.: 6004474
ISBN: 978-3-7639-5546-6 (Print)
DOI: 10.3278/6004474w

Printed in Germany

Bibliografische Information der Deutschen Nationalbibliothek
Die Deutsche Nationalbibliothek verzeichnet diese Publikation in der Deutschen Nationalbibliografie;
detaillierte bibliografische Daten sind im Internet über http://dnb.d-nb.de abrufbar.

Inhalt

Abbildungsverzeichnis

Tabellenverzeichnis

Abkürzungen

BA	Bundesagentur für Arbeit
BIP	Bruttoinlandsprodukt
BMAS	Bundesministerium für Arbeit und Soziales
CE	Cambridge Econometrics
EGS	Erhebung des gesamtwirtschaftlichen Stellenangebots
ERC	Economix Research & Consulting
IAO	Fraunhofer-Institut für Arbeitswirtschaft und Organisation Stuttgart
IER	Warwick Institute for Employment Research
ISF	Institut für Sozialwissenschaftliche Forschung e. V. München
MINT-Qualifikation	Formale Berufsbildung der Fächer Mathematik, Informatik, Naturwissenschaften und Technik
ROA	Research Centre for Education and the Labour Market Maastricht
VGR	Volkswirtschaftliche Gesamtrechnung

Bundesländer

BW	Baden-Württemberg
BY	Bayern
BE	Berlin
BB	Brandenburg
HB	Bremen

HH	Hamburg
HE	Hessen
MV	Mecklenburg-Vorpommern
NI	Niedersachsen
NW	Nordrhein-Westfalen
RP	Rheinland-Pfalz
SL	Saarland
SN	Sachsen
SA	Sachsen-Anhalt
SH	Schleswig-Holstein
TH	Thüringen
DE	Deutschland

Kurzfassung

Dies ist der zweite Hauptbericht für das Projekt „Analyse der zukünftigen Arbeitskräftenachfrage und des -angebots auf Basis eines Rechenmodells", mit dem das Bundesministerium für Arbeit und Soziales das Forschungsinstitut Economix Research & Consulting beauftragt hat. Seine Aufgabe ist es, „... regelmäßig und dauerhaft transparente, detaillierte und wissenschaftlich fundierte Einschätzungen über die zukünftige Entwicklung der gesamtwirtschaftlichen Arbeitskräftenachfrage und des -angebots in Deutschland abgeben zu können." (Bundesministerium für Arbeit und Soziales 2011). Dazu war ein Prognosemodell mit einem Zeithorizont bis 2030 zu entwickeln, das als Frühwarnsystem dient, um mögliche Arbeitskräfteengpässe besser abzuschätzen und zielgerichtete Maßnahmen zur Arbeitskräftesicherung abzuleiten. Über die Aktualisierung der Datenbasis und der Rechenmodelle des ersten Hauptberichts[1] hinaus enthält dieser Bericht:

- zwei Bevölkerungsprognosen bis 2030 zur Berechnung alternativer Wanderungsszenarien;
- eine langfristige Vorausschau auf das Arbeitsangebot bis zum Jahr 2050;
- die Prognose der Arbeitsmärkte in den Bundesländern;
- die Prognose des Fachkräftebedarfs kleiner, mittlerer und großer Betriebe.

Deutschland – ein Einwanderungsland

Wie die jüngsten Entwicklungen zeigen, hat die deutsche Wirtschaft die Zuwanderung zur Vermeidung von Arbeitskräfteengpässen und zur Wahrnehmung von Wachstumschancen genutzt. Dabei haben die Wirtschaftskrisen in den EU-Ländern, die Öffnung der Arbeitsmärkte durch die Erweiterung der Freizügigkeit auf die mittel- und osteuropäischen Beitrittsländer, aber auch die günstige Beschäftigungsentwicklung in Deutschland sowohl die Push- als auch die Pull-Kräfte auf die Migrationsströme verstärkt und zu einer neuerlichen Einwanderungswelle seit 2010 geführt. Dies wird durch den gegenwärtigen Zustrom an Flüchtlingen aus dem Nahen Osten verstärkt. Auch wenn wir nicht davon ausgehen, dass die gegenwärtige Konstellation fortdauern wird, bleibt Deutschland nach unserer Einschätzung auch langfristig ein Einwanderungsland. Mittlerweile gilt eine durchschnittliche Nettozu-

---

[1] Der erste Hauptbericht wurde 2013 unter dem Titel „Arbeitsmarkt 2030 – Eine strategische Vorausschau auf Demografie, Beschäftigung und Bildung in Deutschland" im W. Bertelsmann Verlag veröffentlicht. Die Zusammenfassung dieses Berichts wurde ebenfalls 2013 vom BMAS unter dem Titel „Arbeitsmarktprognose 2030 – Eine strategische Vorausschau auf Angebot und Nachfrage in Deutschland" publiziert.

wanderung von 210.000 Personen pro Jahr, wie wir sie in unserer *Basisvariante* verwenden, als Untergrenze des wahrscheinlichen Trends bis zum Jahr 2030. Wir haben daher eine Variante *Hohe Zuwanderung* mit einer durchschnittlichen jährlichen Einwanderung von 330.000 Personen berechnet.

Positive Wanderungseffekte auf Wachstum und Beschäftigung – bleibender Fachkräftemangel

In der *Basisvariante* wird die Zahl der Erwerbspersonen – trotz der Zuwanderung – nur bis 2016 um insgesamt 170.000 auf 44,2 Millionen steigen. Dann setzen sich die demografischen Faktoren für die inländische Bevölkerung und die nachlassende Nettozuwanderung durch. Dies führt bis 2030 zu einer Abnahme der Erwerbspersonenzahl auf 42 Millionen. In der Variante *Hohe Zuwanderung* wird der Anstieg mit +400.000 höher ausfallen und bis 2018 anhalten. Aber auch dann wird sich der Rückgang der Erwerbspersonenzahl bis 2030 auf –900.000 kumulieren. Gegenüber der *Basisvariante* ist dies dennoch ein wanderungsbedingter Zuwachs von 2,6 %. Aufgrund der günstigeren Altersstruktur der Zuwanderer und der höheren Erwerbsorientierung führt jedes Prozent an Bevölkerungszuwachs zu einer Ausweitung des Arbeitsangebots um 1,3 %.

Die Beseitigung der Angebotsrestriktionen durch die Zuwanderung und der Rückgang der Erwerbslosenquote auf 2,8 % im Jahr 2030 begünstigen die Beschäftigungsentwicklung. In der *Basisvariante* wird die Erwerbstätigkeit im Jahr 2030 um 1,7 Millionen höher liegen als nach der Prognose 2012. Der Höhepunkt wird 2018 mit 42,4 Millionen Erwerbstätigen erreicht werden. In den Folgejahren werden sich die demografischen Faktoren durchsetzen und die Zahl der Erwerbstätigen bis 2030 auf 40,8 Millionen absinken lassen. In der Variante *Hohe Zuwanderung* wird der Beschäftigungsverlauf günstiger eingeschätzt. Die Zahl der Erwerbstätigen wird im Jahr 2030 um 1,1 Millionen höher liegen als nach der *Basisvariante*. Insgesamt wird es bei hoher Zuwanderung im Jahr 2030 42 Millionen Erwerbstätige geben und damit etwa gleich viele wie 2013. Allerdings wird die demografische Entwicklung auch in diesem Szenario das Absinken der Beschäftigung nach 2020 erzwingen.

Nach unseren Berechnungen ist bei Steigerung der jährlichen Nettozuwanderung um 100.000 bis 2030 ein Wachstumseffekt von 0,35 Prozentpunkten auf den Jahreszuwachs des BIP zu erwarten. Auch die Pro-Kopf-Einkommen steigen um 0,25 Prozentpunkte pro Jahr. Der Grund für diese Entwicklung liegt im Multiplikatoreffekt des Arbeitsangebots. Durch ihn steigen Beschäftigung und Einkommen überproportional zur Ausweitung des Arbeitsangebots, denn die Zuwanderung behebt nicht nur die Engpässe in der Versorgung mit Arbeitskräften, sondern schafft durch die höhere Nachfrage nach Gütern und Dienstleistungen zusätzliche Arbeitsplätze.

Die Integration der zuwandernden Arbeitskräfte und der dadurch ausgelöste Multiplikatoreffekt sind dafür verantwortlich, dass der Fachkräftemangel durch die Zuwanderung nicht beseitigt wird. Da sich sowohl die Beschäftigungs- als auch die Wachstumschancen verbessern, bleibt es am Ende bei einer mehr oder weniger gleichen Engpasslage. Allerdings werden Wirtschaft und Arbeitsmarkt auf einen höheren Wachstumspfad verlagert.

Ausblick 2050: ohne nachhaltige Bevölkerungspolitik wird es nicht gehen

Die Stärke der demografischen Kräfte zeigt sich in der langfristigen Vorausschau bis 2050. Unter den heutigen Bedingungen wird die Zahl der Erwerbspersonen bis 2050 um 8 Millionen zurückgehen. Damit werden wir bis 2050 20 % des heutigen Arbeitsangebots verlieren und die Alterung des Arbeitsangebots wird rasch voranschreiten. Erst bei einem stetigen Anstieg der durchschnittlichen Geburtenziffer auf 1,9 Kinder pro Frau, bei fortgesetzter Zuwanderung in Höhe von 200.000 Personen pro Jahr sowie bei einem weiteren Anstieg der Erwerbsbeteiligung der Frauen und Älteren kann es gelingen, den Rückgang des Arbeitsangebots wenn auch nicht aufzuhalten, so doch nachhaltig zu verlangsamen.

Es kommt daher sowohl auf weitere Fortschritte bei der Vereinbarkeit von Familie und Beruf als auch auf eine grundlegende Umgestaltung der Familienpolitik an. Erst wenn die Zwei- oder Dreikindfamilie zum Leitbild wird, kann der Umschwung bei den Geburtenziffern gelingen. Dies setzt allerdings eine grundlegende Neuorientierung in der Bevölkerung voraus, die dem materiellen Wohlstand und der individualistischen Lebensplanung geringere Bedeutung einräumt als dies heute der Fall ist. Wenn gleichzeitig die Frauenerwerbsquoten ansteigen sollen, bleiben der Ausbau der Kinderbetreuung und der Pflegeeinrichtungen für Alte zentrale Bausteine der Familienpolitik. Darüber hinaus sollten durch den Abbau geschlechtsspezifischer Lohnungleichheiten und die Verbesserung der betrieblichen Karrierewege für Frauen Anreize für eine stärkere Erwerbsbeteiligung geschaffen werden. Ebenso sind die Unternehmen gefordert, ihre Arbeitsorganisation, Aufgabenverteilung und die Qualität der Arbeitsplätze an die Bedürfnisse der Familien und der älter werdenden Belegschaften anzupassen und deren Leistungspotenziale zu entwickeln. Dabei besteht erheblicher Nachholbedarf.

Einstieg in die Erwachsenenbildung und Aufstiegsqualifizierung

Nachholbedarf besteht auch bei der Entwicklung eines strukturierten Weiterbildungssystems, das die vorhandenen Kompetenzen entwickelt und durch geeignete Validierungsverfahren – insbesondere für ausländische Arbeitskräfte – für den Arbeitsmarkt sichtbar und verwertbar macht. Erst wenn sich die Investitionen in die Weiterbildung durch eine bessere Entlohnung auszahlen, ist mit höheren Teilnehmerzahlen bei der Weiterbildung zu rechnen. Dazu gehört auch die Förderung des beruflichen Aufstiegs durch geeignete Kurse für die Absolventen der beruflichen Ausbildung. Die staatliche Bildungspolitik ist daher gefordert, den institutionellen und finanziellen Rahmen für die Weiterbildung zu schaffen.

Starke Divergenzen in den regionalen Arbeitsmärkten

Die regionale Prognose zeigt, dass auch zweieinhalb Jahrzehnte nach der Wiedervereinigung und trotz der inzwischen erreichten wirtschaftlichen und gesellschaftlichen Integration eine scharfe Trennlinie zwischen den westdeutschen und ostdeutschen

Bundesländern verläuft. Diese Trennlinie steht maßgeblich mit der demografischen Entwicklung der Vergangenheit in Zusammenhang, die in den ostdeutschen Bundesländern bis 2030 zu einem Rückgang von Arbeitsangebot und Beschäftigung um 8 bis 13 % führen wird. Um diesem Trend zu begegnen ist eine aktive Arbeitsangebotspolitik erforderlich, die die Modernisierung der Wirtschaft beschleunigt, die Bildungsinvestitionen vorantreibt und die Regionen für ausländische Arbeitskräfte attraktiv macht. Eine zweite Trennlinie verläuft zwischen den großstädtischen Zentren und dem ländlichen Raum. Unsere Prognose zeigt, dass die Entwicklung in den Stadtstaaten einerseits vom Zustrom junger und gut ausgebildeter Arbeitskräfte vorangetrieben wird und andererseits von den Beschäftigungspotenzialen in den wissensbasierten Dienstleistungen. Schließlich gibt es eine Trennlinie zwischen den südlichen Bundesländern Bayern und Baden-Württemberg und den verbleibenden westlichen Flächenstaaten. In den südlichen Bundesländern sind die Voraussetzungen für eine erfolgreiche Entwicklung in der Zukunft bereits jetzt sehr gut und die Attraktivität der Regionen ist hoch. Vergleichsweise moderne Wirtschaftsstrukturen und ein hohes Einkommensniveau werden gut ausgebildete Arbeitskräfte anziehen und die Entwicklungschancen weiter verbessern. Die Flächenstaaten des mittleren und nördlichen Deutschlands werden dem gesamtdeutschen Trend folgen, da sich begünstigende und belastende Faktoren in diesen Regionen die Waage halten.

Fachkräftebedarf nach Betriebsgröße

Der fortgesetzte Beschäftigungsabbau in der Industrie einerseits und die Beschäftigungsgewinne der wissensbasierten Dienstleistungsbranchen andererseits werden die Größenlandschaft der deutschen Wirtschaft verändern: Wir erwarten etwas stärkere Beschäftigungsverluste in den mittelständischen Betrieben, während Groß- und Kleinstbetriebe vom allgemeinen Beschäftigungsrückgang weniger betroffen sein werden. Die sich abzeichnenden Engpässe auf dem deutschen Arbeitsmarkt werden nach unseren Erwartungen am ehesten den Mittelstand treffen. Großbetriebe erfreuen sich einer starken Beliebtheit unter den Bewerbern um neue Stellen. Kleinstbetriebe gewinnen durch die Gründungsaktivitäten von Selbstständigen im Dienstleistungsbereich. Es bleiben die mittelgroßen Betriebe, die ihre Beschäftigungspläne in einem enger werdenden Arbeitsmarkt vermutlich am wenigsten durchsetzen können. Auch die Kleinstbetriebe, die bisher einen Schwerpunkt auf die duale Ausbildung gesetzt haben, werden durch den Rückgang der jungen Generation stark betroffen sein. Aufgrund der Vielschichtigkeit der Entwicklungen, die sich in den Größenklassen auswirken, erscheint eine größenspezifische Arbeitsmarktpolitik kaum sinnvoll. Sie hätte eine zu geringe Zielgenauigkeit. Schließlich entzieht die Wahlfreiheit der Beschäftigten, in Betrieben beliebiger Größe zu arbeiten, einer solchen Politik den Boden. Vor allem Klein- und Kleinstbetriebe und ihre Interessenvertretungen sind gefordert, den Fachkräftebedarf durch den Ausbau der dualen Ausbildung für Erwachsene zu sichern. Ebenso sollten die Hochschulen mit dem Ausbau der dualen Hochschulbildung und anderer Formen der beruflichen Weiterbildung das Nachwuchsproblem lösen.

Fazit

Die langfristige Prognose des deutschen Arbeitsmarktes kommt zu dem Ergebnis, dass die jüngste Zuwanderungswelle und die für die Zukunft erwarteten Zuwanderungen in der Lage sind, durch das Füllen der Fachkräftelücken die Perspektiven für Wirtschaft und Arbeitsmarkt nachhaltig zu verbessern. Die Fachkräftesicherungsstrategie der Bundesregierung bleibt gleichwohl wichtig und richtig, denn sie konzentriert sich auf die Entwicklung des inländischen Arbeitsangebots und macht den Arbeitsmarkt damit unabhängiger von wechselnden Wanderungsströmen. Allerdings werden auch damit die Kräfte des demografischen Wandels nur schwer zu bändigen sein. Auf die lange Frist sollte daher die Bevölkerungs- und Familienpolitik ins Zentrum der Fachkräftesicherung rücken, denn nur durch die Kombination von steigenden Geburtenziffern, höherer Erwerbsbeteiligung und kontinuierlicher Zuwanderung wird sich der Rückgang des Arbeitskräfteangebots wenn auch nicht aufhalten, so doch nennenswert verlangsamen lassen.

Gesamtschau

Aufgabenstellung, Konzept und Methodik

Dies ist der zweite Hauptbericht im Rahmen des Projekts „Analyse der zukünftigen Arbeitskräftenachfrage und des -angebots auf Basis eines Rechenmodells", mit dem uns das Bundesministerium für Arbeit und Soziales 2011 beauftragt hat. Die Aufgabe des Projekts ist es, „... regelmäßig und dauerhaft transparente, detaillierte und wissenschaftlich fundierte Einschätzungen über die zukünftige Entwicklung der gesamtwirtschaftlichen Arbeitskräftenachfrage und des -angebots in Deutschland abgeben zu können." (Bundesministerium für Arbeit und Soziales 2011). Dazu war ein Prognosemodell zu entwickeln, das als Frühwarnsystem dient, um mögliche Arbeitskräfteengpässe besser abzuschätzen und zielgerichtete Maßnahmen zur Arbeitskräftesicherung abzuleiten.

Wir legen mit diesem Bericht nicht nur eine Aktualisierung der ersten Prognose von 2012 vor (Vogler-Ludwig, Düll, 2013), sondern erweitern die Berichterstattung um wesentliche Teile:

- zwei Bevölkerungsprognosen bis 2030, die es uns erlauben, alternative Wanderungsszenarien abzuschätzen;
- eine langfristige Vorausschau auf das Arbeitsangebot bis zum Jahr 2050;
- die Prognose der Arbeitsmärkte in den Bundesländern;
- die Prognose des Fachkräftebedarfs kleiner, mittlerer und großer Betriebe.

Darüber hinaus wurde die Datenbasis unserer Modelle bis zum Jahr 2013 aktualisiert, neu verfügbare Daten, wie der Zensus 2011, einbezogen und die Modelle neu geschätzt. Die Berechnungen beruhen auf dem Datenstand vom Mai 2014. Damit konnten die jüngsten Aktualisierungen von Volkswirtschaftlicher Gesamtrechnung und Beschäftigtenstatistik nicht mehr berücksichtigt werden.

Die Erstellung einer eigenen Bevölkerungsprognose war notwendig geworden, weil die bisher verwendete 12. koordinierte Bevölkerungsvorausberechnung des Statistischen Bundesamts (2009) sowohl durch die Ergebnisse des Zensus 2011 als auch durch die Entwicklung der Zuwanderung in der jüngsten Vergangenheit überholt

war. Mit einem Prognosehorizont bis 2030 wurden zwei Bevölkerungsszenarien berechnet, die sich durch die Wanderungsannahmen voneinander unterscheiden[2]:

- Die *Basisvariante* geht vom hohen Zuwanderungsniveau von 2013 aus, das sich
  bis 2020 abflachen und dann bei einer jährlichen Nettozuwanderung von
  200.000 verharren wird. Im Jahresdurchschnitt 2014–30 liegt die Nettozuwanderung bei 214.000. Im gesamten Zeitraum beträgt sie 4 Millionen Personen.
- Die Variante *Hohe Zuwanderung* geht ab 2020 von einer Nettozuwanderung von
  300.000 pro Jahr aus und hält dieses Niveau bis 2030. Im Jahresdurchschnitt
  2014–30 liegt sie bei 330.000, im gesamten Zeitraum bei 5,6 Millionen.

Beide Varianten wurden mit dem gesamtwirtschaftlichen Strukturmodell (G3M) und
den Arbeitsmarktmodellen durchgerechnet, sodass die Rückkoppelungen zwischen
Bevölkerungs- und Wirtschaftsentwicklung berücksichtigt sind. Aus dem Unterschied zwischen der *Basisvariante* und der Variante *Hohe Zuwanderung* lassen sich
vielfältige Rückschlüsse auf die Wanderungseffekte ziehen.

Darüber hinaus wurden zwei Langfristszenarien mit einem Zeithorizont bis 2050
berechnet. Sie beschränken sich auf die Angebotsseite des Arbeitsmarktes und zeigen die Gesamtentwicklungen des Arbeitsangebots unter der Annahme unterschiedlicher Geburtenziffern, Wanderungssalden und Erwerbsquoten.

Der Bericht wurde unter der Leitung von Economix Research & Consulting (Mün-
chen) von einem zwölfköpfigen Expertenteam erstellt. Dazu gehören Spezialisten
des Warwick Institute for Employment Research (Coventry, GB), Cambridge Econo-
metrics (Cambridge, GB), des Fraunhofer Instituts für Arbeitswirtschaft und Organisation (Stuttgart) und des Instituts für Sozialwissenschaftliche Forschung (Mün-
chen). Er ist in drei Teile gegliedert:

- *Teil A* enthält die Prognose des Arbeitsmarktes auf der Bundesebene;
- *Teil B* beinhaltet die Prognose für die Bundesländer;
- *Teil C* behandelt die Vorausschau auf den Fachkräftebedarf nach Betriebsgröße.

Für jeden Berichtsteil wurde ein ausführlicher Datenanhang erstellt, der im Rahmen
dieser Publikationsreihe kostenfrei online verfügbar ist (www.wbv.de/artikel/
6004474). Die Modellstruktur und die angewandten Methoden sind im Methodenbericht dargestellt (Kriechel, Vogler-Ludwig 2013).

---

2 In beiden Varianten gehen wir von einer Geburtenziffer von 1,4 Kindern pro Frau aus. Die Lebenserwartung bei Geburt
   wird sich bis 2060 im Vergleich zum Jahr 2006/2008 bei den Männern um 7,8 Jahre und bei den Frauen um 6,8 Jahre
   in beiden Varianten erhöhen.

Teil A – Prognose des deutschen Arbeitsmarktes

Angebot an Arbeitskräften

Angebotsausweitung durch Zuwanderung

In den letzten drei Jahren war die Entwicklung des Arbeitsangebots von der vergleichsweise hohen Nettozuwanderung geprägt. Im Durchschnitt lag die jährliche Nettoimmigration zwischen 2010 und 2013 bei rund 300.000 Personen. Die anhaltende Wirtschaftskrise in einer Reihe von europäischen Ländern, die Änderungen der Arbeitnehmerfreizügigkeit für die neuen EU-Mitgliedstaaten sowie die günstige wirtschaftliche Entwicklung in Deutschland haben die Push- und Pullkräfte auf die Migration verstärkt. Dies wird durch den gegenwärtigen Zustrom an Flüchtlingen aus dem Nahen Osten gefördert. Dennoch hat auch die starke Zuwanderung den Rückgang der Bevölkerung im erwerbsfähigen Alter zwischen 2010 und 2013 nicht aufhalten können. Allerdings fiel dieser Rückgang mit rund 100.000 Personen weit geringer aus als nach den Annahmen der 12. koordinierten Bevölkerungsvorausberechnung, die ein Minus von mehr als 300.000 Personen prognostiziert hatte. Das Arbeitsangebot ist dennoch um eine halbe Million auf 44 Millionen Personen gestiegen. Hierzu hat neben der höheren Zuwanderung auch die Erhöhung der Erwerbsquoten, insbesondere der Frauen und der Älteren beigetragen.

Steigende Frauenerwerbstätigkeit

In unseren Prognosen gehen wir von weiterhin steigenden Erwerbsquoten der Frauen aus (Abbildung 1). Dies beruht auf der Annahme, dass sich langfristig Erwerbsquoten wie in Dänemark, Norwegen oder Schweden erreichen lassen. Dazu stellen Politik und Unternehmen die Weichen so, dass die Vereinbarkeit von Familie und Beruf weiter verbessert, die Lohndiskriminierung von Frauen abgebaut und ihre Karriereaussicht begünstigt wird. Bei den 30- bis 39-jährigen Frauen wird die Erwerbsbeteiligung insbesondere unter den Müttern deutlich steigen. Insgesamt erwarten wir bis 2030 durch die höhere Erwerbsbeteiligung der Frauen eine Angebotsausweitung um 0,8 Millionen Erwerbspersonen (+1,9 %).

Bei jüngeren Männern gehen wir davon aus, dass sich die Verkürzung der Gymnasialzeit und der Trend zur Höherqualifizierung in ihrer Wirkung auf die Erwerbsbeteiligung weitgehend aufheben werden. In der Familienphase werden die Erwerbsquoten der Männer leicht sinken, da Männer mehr an der Familienarbeit beteiligt sein werden.

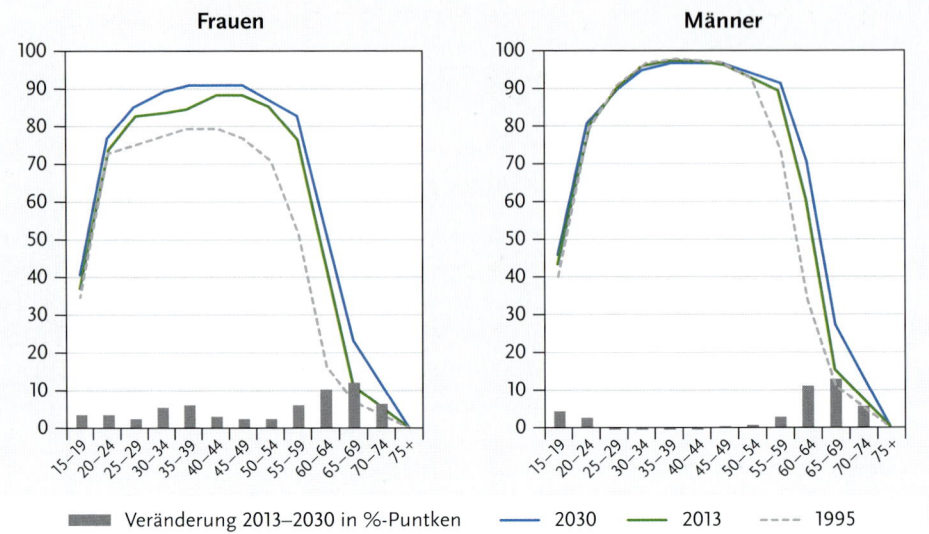

Abb. 1 Erwerbsquoten von Frauen und Männern
Erwerbspersonen in % der Bevölkerung der jeweiligen Altersgruppe

Quelle: Economix

Steigende Erwerbsquoten Älterer

Wir rechnen in unserer Prognose mit einem Anstieg der Erwerbsquoten der 60- bis 74-Jährigen um 10 Prozentpunkte auf 35 %. Dies ist bis 2030 mit einem Angebotseffekt von 1,8 Millionen Erwerbspersonen verbunden (+4,3 %). Dabei wurden die Effekte der schrittweisen Erhöhung des Rentenalters auf 67 Jahre, die Einschränkung der Frühverrentung, die zunehmende Verbreitung altersgerechter Maßnahmen in der Personalpolitik sowie eine stärkere Arbeitsorientierung der Frauen berücksichtigt. Hierin sind die Effekte der verschiedenen Elemente der Rentenreformen der letzten Jahre, einschließlich der Rentenreform 2014 enthalten.

Erhebliche Wanderungsgewinne, doch langfristig dominieren die demografischen Kräfte

In der *Basisvariante* wird die Zahl der Erwerbspersonen von 2013 bis 2016 um insgesamt 170.000 auf 44,2 Millionen steigen (Abbildung 2). Dann setzen sich die demografischen Faktoren für die inländische Bevölkerung und die nachlassende Nettozuwanderung durch. Dies führt zu einer kontinuierlichen Abnahme der Erwerbspersonenzahl. Im Jahr 2030 wird die Zahl der Erwerbspersonen bei 42 Millionen Personen liegen und damit um 2 Millionen niedriger sein als 2013.

In der Variante *Hohe Zuwanderung* wird der Anstieg höher ausfallen (+400.000) und bis 2018 anhalten. Aber auch dann wird der Rückgang der Erwerbspersonenzahl

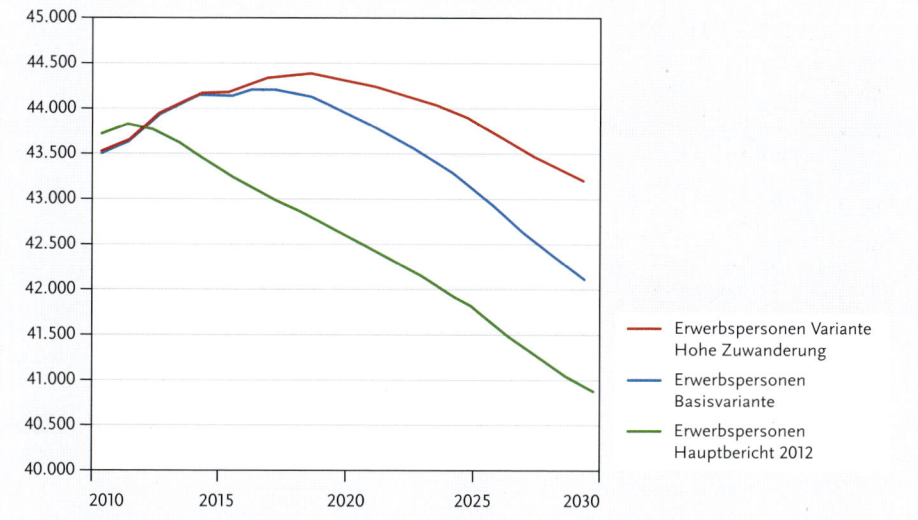

Abb. 2 Zahl der Erwerbspersonen
Absolutwerte in 1000

Quelle: Economix Y10d

um 900.000 unvermeidlich sein. Die im Jahresdurchschnitt 2014–30 um 116.000 Personen höhere Zuwanderung in der Variante *Hohe Zuwanderung* steigert die Zahl der Erwerbspersonen im Vergleich zur *Basisvariante* bis zum Jahr 2020 um 370.000 Personen und bis zum Jahr 2030 um 1,1 Millionen. Dies entspricht einem Zuwachs um 2,6 %.

Die Elastizität des Arbeitsangebots in Bezug auf den Bevölkerungszuwachs ist größer als 1. Jedes Prozent an zusätzlicher Bevölkerung erhöht das Arbeitsangebot um 1,3 %. Dies ist Folge der höheren Erwerbsorientierung und der günstigeren Altersstruktur der zuwandernden Bevölkerung. Ähnliche Effekte lassen sich aus dem Vergleich der *Basisvariante* mit den aus der 12. koordinierten Bevölkerungsvorausberechnung Variante 1-W2 abgeleiteten Erwerbspersonenzahlen unserer Prognose im Hauptbericht 2012 erkennen.

Deutliche Verbesserung der Altersstruktur durch die Zuwanderung

Die Effekte des demografischen Wandels auf die Altersstrukutur des Arbeitsangebots entbehren nicht einer gewissen Dramatik: Nach der *Basisvariante* wird die Zahl der unter 60-jährigen Erwerbspersonen bis 2030 um 4,2 Millionen sinken, die Zahl der 60-Jährigen und älteren hingegen um 3 Millionen steigen. Dies bedeutet, dass auch die höhere Erwerbsbeteiligung der Frauen unter 60 die Auswirkungen des Bevölkerungsrückgangs in diesen Altersgruppen nicht aufwiegen kann. Bei den Erwerbspersonen ab 60 hingegen bewirken Bevölkerungsentwicklung und höhere Erwerbsquoten gemeinsam den Anstieg des Arbeitsangebots.

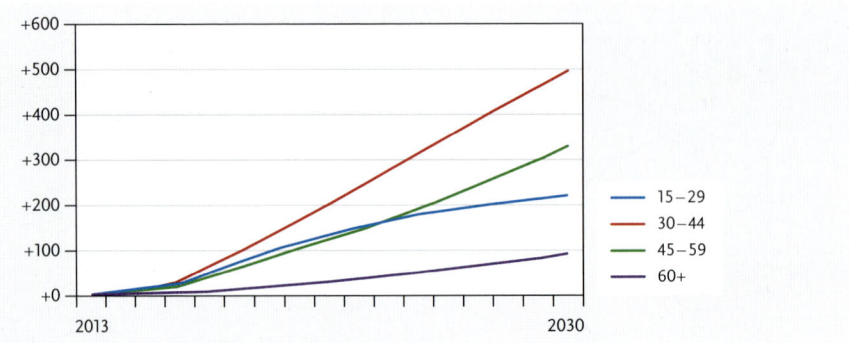

Abb. 3 Wanderungseffekte nach Alter der Erwerbspersonen
Differenz zwischen Variante *Hohe Zuwanderung* und *Basisvariante* in 1.000

Quelle: Economix Y17d

Im Vergleich zur steigenden Erwerbsbeteiligung ist der Effekt der Zuwanderung von größerer Bedeutung. Die Unterschiede zwischen der Variante *Hohe Zuwanderung* und der *Basisvariante* zeigen, dass insbesondere die Erwerbspersonenzahl in der Altersgruppe der 30- bis 44-Jährigen ausgeweitet wird (Abbildung 3). Auch die 40- bis 59-Jährigen gewinnen hinzu, während die Wanderungseffekte auf die jüngeren und älteren vergleichsweise gering bleiben. Pro 100.000 Nettozuwanderern im Jahresdurchschnitt des Zeitraums 2014–30 steigt das Arbeitsangebot der 15- bis 29-Jährigen um 186.000 (+2,3 %), der 30- bis 44-Jährigen um 422.000 (+3 %), der 45- bis 59-Jährigen um 278.000 (+1,9 %) und der 60-Jährigen und älteren um 75.000 (+1,2 %).

Erwerbspersonen nach Berufen und Qualifikationen

Wie in Abbildung 4 dargestellt, gehören zu den Berufen mit den stärksten relativen Zuwächsen an Arbeitskräften die Warenprüfer, Versandfertigmacher (+14 %; +81.000 in der Variante *Hohe Zuwanderung*), Künstler, Publizisten (+11 %; +90.000), Ingenieure und Naturwissenschaftler (+11 %; +135.000), geistes- und naturwissenschaftliche Berufe (+10 %; +45.000), Finanzfachleute (+7 %; +63.000) sowie Manager und leitende Beamte (+5 % bzw. +136.000). Zu den Berufen mit den stärksten relativen Rückgängen zählen die Keramiker, Glasmacher (–32 %; –11.000), Textil-, Bekleidungs- und Lederberufe (–27 %; –44.000), Hilfsarbeiter (–24 %; –221.000), Sonstige Arbeitskräfte (–24 %; –177.000) und die Papier- und Druckberufe (–21 %; –32.000). Die absoluten Rückgänge sind besonders groß bei Büroberufen (–827.000; –17 %), Lehrern und sozialen Berufen (–270.000; –8 %), Hilfsarbeitern (–221.000; –24 %) und den persönlichen Dienstleistungsberufen (–208.000; –6 %).

In fast allen Berufen wird das Angebot an inländischen Arbeitskräften bis 2030 rückläufig sein. Im Durchschnitt aller Erwerbspersonen wird ihre Zahl um 12 % sinken, im Maximum werden in der Berufsgruppe Keramiker, Glasmacher fast 40 % der Erwerbspersonen verloren gehen. Der Beitrag der Zuwanderung wird hingegen

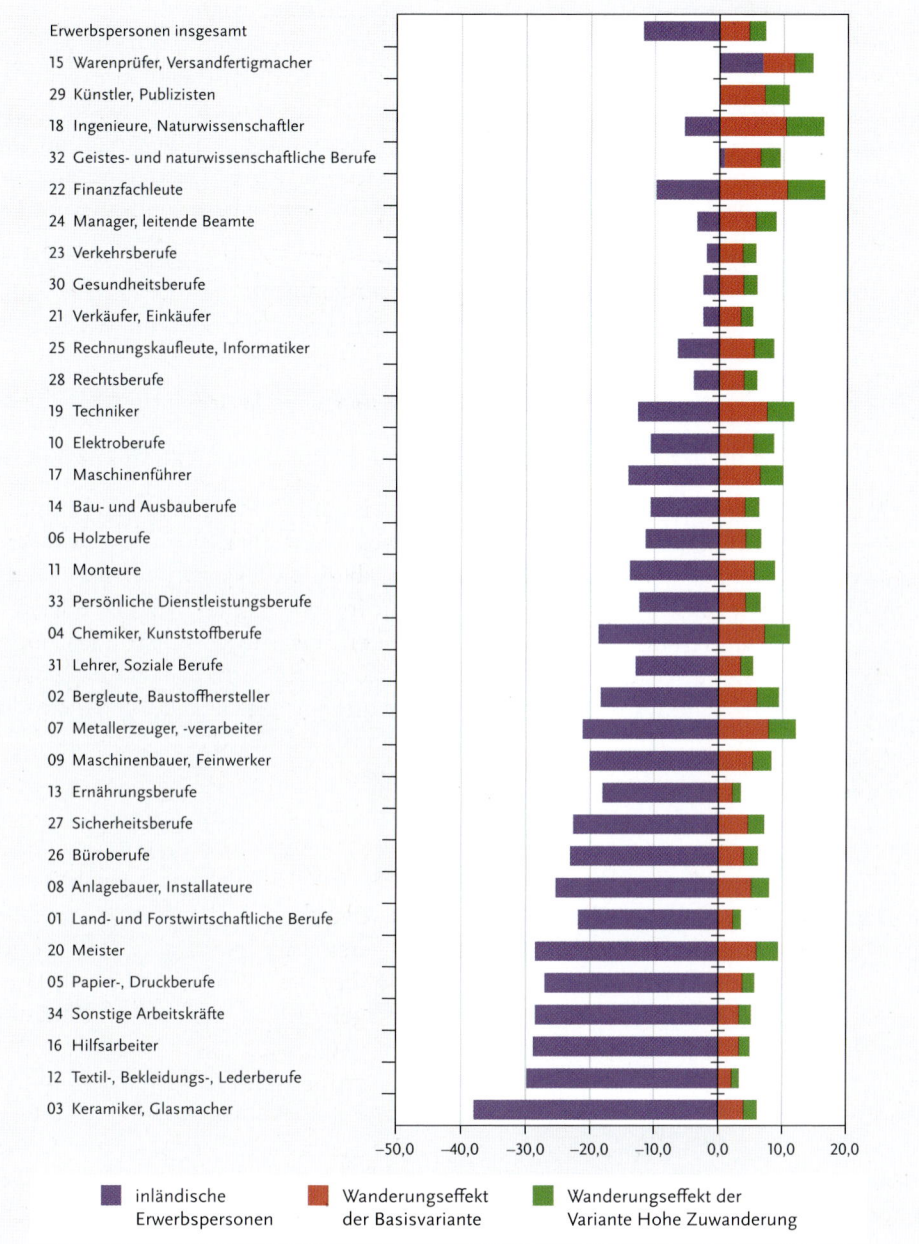

Erwerbspersonen insgesamt
15 Warenprüfer, Versandfertigmacher
29 Künstler, Publizisten
18 Ingenieure, Naturwissenschaftler
32 Geistes- und naturwissenschaftliche Berufe
22 Finanzfachleute
24 Manager, leitende Beamte
23 Verkehrsberufe
30 Gesundheitsberufe
21 Verkäufer, Einkäufer
25 Rechnungskaufleute, Informatiker
28 Rechtsberufe
19 Techniker
10 Elektroberufe
17 Maschinenführer
14 Bau- und Ausbauberufe
06 Holzberufe
11 Monteure
33 Persönliche Dienstleistungsberufe
04 Chemiker, Kunststoffberufe
31 Lehrer, Soziale Berufe
02 Bergleute, Baustoffhersteller
07 Metallerzeuger, -verarbeiter
09 Maschinenbauer, Feinwerker
13 Ernährungsberufe
27 Sicherheitsberufe
26 Büroberufe
08 Anlagebauer, Installateure
01 Land- und Forstwirtschaftliche Berufe
20 Meister
05 Papier-, Druckberufe
34 Sonstige Arbeitskräfte
16 Hilfsarbeiter
12 Textil-, Bekleidungs-, Lederberufe
03 Keramiker, Glasmacher

−50,0   −40,0   −30,0   −20,0   −10,0   0,0   10,0   20,0

■ inländische
　Erwerbspersonen
■ Wanderungseffekt
　der Basisvariante
■ Wanderungseffekt der
　Variante Hohe Zuwanderung

Abb. 4　Erwerbspersonen und Wanderungseffekte nach Berufen
34 Berufsgruppen, geordnet nach der Veränderung 2013–30 in %*

(*) Nettozuwanderung in den Beruf, abgeleitet aus der Differenz zwischen den Erwerbspersonen nach Variante *Hohe Zuwanderung* und *Basisvariante*.

Quelle: Economix (Y21a), IER

in allen Berufsgruppen positiv sein. Die höchsten Beiträge leistet die Zuwanderung zu den Berufsgruppen Finanzfachleute (11 % der Erwerbspersonen 2013 in der *Basisvariante* und weitere 6 % in der Variante *Hohe Zuwanderung*), Ingenieure/Naturwissenschaftler (10 % und 6 %), Techniker (8 % und 4 %), Manager/ leitende Beamte und Meister (6 % und 4 %). Es gibt nur wenige Berufsgruppen, in denen die Zahl der Erwerbspersonen auch ohne Zuwanderung steigen würde. Dazu gehören vor allem die Warenprüfer/Versandfertigmacher und in weit geringerem Ausmaß die geistes- und naturwissenschaftlichen Berufe.

Der Trend zur Höherqualifizierung wird die Qualifikationsstruktur des Arbeitsangebots bis 2030 spürbar verändern. Im Vergleich zum Jahr 2013 erwarten wir nach der *Basisvariante* (Abbildung 5):

- die Zunahme des Arbeitskräfteangebots an Akademikern um 2,1 Millionen Personen (+24 %).
- den Rückgang der Erwerbspersonen mit dualer Berufsausbildung um 840.000 (–4 %).
- das Absinken der Zahl der Erwerbspersonen mit einem Fachschulabschluss um 480.000 (–12 %).
- Darüber hinaus werden 2,8 Millionen Menschen das Segment der Arbeitskräfte ohne abgeschlossene Berufsausbildung verlassen (–33 %).

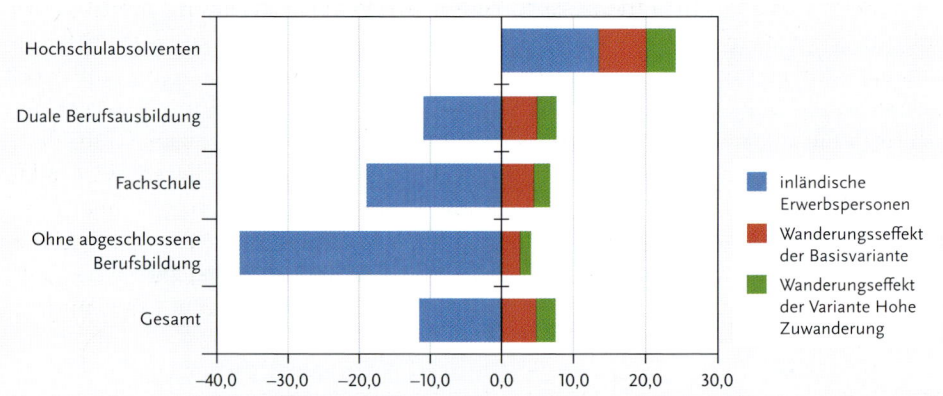

Abb. 5 Erwerbspersonen und Wanderungseffekte nach fachlicher Berufsausbildung
Veränderung 2013–30 in %*

(*) Wanderungseffekt gemessen als prozentualer Beitrag der *Basisvariante* und der Variante *Hohe Zuwanderung* zur Veränderung der Erwerbspersonen 2013–30

Quelle: Economix (Y26a)

Ausblick bis 2050 – die Bedeutung von Familienpolitik, Erwerbsorientierung und Zuwanderung

Der demografische Wandel ist nicht reversibel. Dies bedeutet, dass bei der heute vorherrschenden Geburtenziffer von 1,4 Kindern pro Frau die Zahl der Kinder kleiner ist als die Zahl der Eltern. Damit schrumpft nicht nur die Bevölkerungszahl. Es stehen dem Arbeitsmarkt immer weniger hier geborene Arbeitskräfte zur Verfügung und – wie oben gezeigt – Bevölkerung und Erwerbspersonen altern zunehmend. Langfristig wird das Arbeitsangebot also nicht nur von Nettomigration, Bildungspolitik, Rentenformen, Umsetzung von Age-Management-Ansätzen und Ausschöpfung des weiblichen Arbeitskräftepotenzials bestimmt, sondern ganz entscheidend von der Geburtenrate.

Um diese langfristigen Entwicklungen zu erkennen, haben wir auf Wunsch des BMAS zwei Langfristszenarien für das Arbeitsangebot bis 2050 entwickelt:

- Die *untere Langfristvariante* unterstellt eine Geburtenziffer von 1,4 Kindern pro Frau, die Nettozuwanderung sinkt – wie in der *Basisvariante* – bis 2020 auf 200.000 pro Jahr und geht ab 2030 auf 50.000 im Jahr 2050 zurück. Die Erwerbsbeteiligung von Frauen und Älteren folgt bis 2030 ebenfalls der *Basisvariante* und steigt dann noch leicht an.
- Die *obere Langfristvariante* geht von einem Anstieg der Geburtenziffer auf 1,9 Kinder pro Frau bis 2050 aus. Die Nettozuwanderung bleibt auch nach 2030 bei 200.000 pro Jahr und die Erwerbsquoten der Frauen steigen nach 2030 auf das Niveau der Männer.

In der *unteren Langfristvariante* gehen wir davon aus, dass die Bemühungen von Politik und Unternehmen für eine bessere Vereinbarung von Familie und Beruf ausreichen, um die Erwerbsquoten der Frauen zu erhöhen und zugleich die Fertilitätsraten zu stabilisieren. In der *oberen Langfristvariante* nehmen wir an, dass die Politik noch bessere Voraussetzungen für die Vereinbarkeit von Beruf und Familie schafft. Die Erwerbsquoten der Frauen steigen über das skandinavische Niveau und führen zu einer vollkommenen Gleichstellung der Geschlechter. Zu diskutieren wäre allerdings, ob in einem Szenario der Angleichung der Erwerbsquoten von Männern und Frauen das Niveau der Erwerbsquoten für beide Geschlechter nicht etwas geringer sein würde. Die Veränderung der Arbeitszeiten kann in diesem Fall aber ebenfalls als Ausgleichsmechanismus für die Vereinbarkeit von Familie und Beruf und die Aufteilung zwischen den Geschlechtern wirken.

Der Rückgang der Nettozuwanderung auf 50.000 Personen in der *unteren Langfristvariante* gründet in der Überlegung, dass der demografische Wandel auch in anderen Teilen der Welt, vor allem in Europa und Asien stattfindet und zur Verknappung des weltweiten Arbeitskräftepotenzials führen wird. Die Quellen der Zuwanderung aus den traditionellen Zuwanderungsländern könnten nach 2030 weniger sprudeln. Zudem könnten auch China und Indien zunehmend Fachkräfte aus dem Ausland anwerben, während sich Europa im „Wettbewerb um kluge Köpfe" nur schwer behaupten kann.

Die Modellrechnungen zeigen, dass sich nach der *unteren Langfristvariante* die Schrumpfung des Arbeitsangebots, wie sie in der *Basisvariante* für den Zeitraum bis 2030 vorausgeschätzt wurde, ungebrochen fortsetzen wird (Abbildung 6). Die Zahl der Erwerbspersonen wird bis 2050 auf 36 Millionen zurückgehen, 6 Millionen weniger als im Jahr 2030 und 8 Millionen weniger als 2015. Damit verliert Deutschland bis 2050 20 % seiner heutigen Arbeitskräfte.

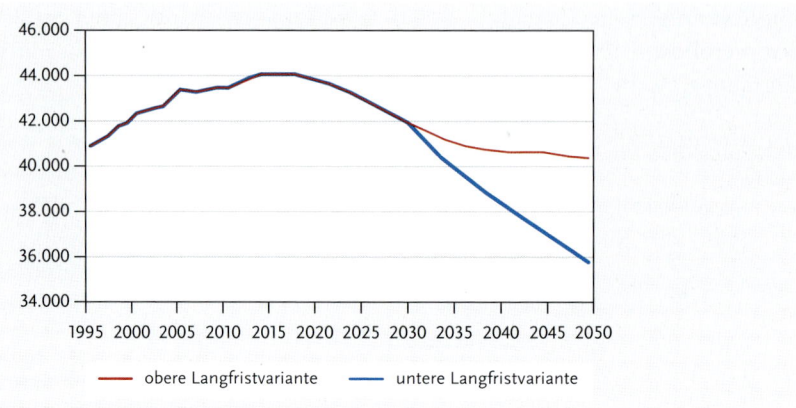

Abb. 6   Langfristige Entwicklung der Erwerbspersonen bis 2050
in 1.000

Quelle: Economix (2014-A2)

Nach der *oberen Langfristvariante* führt die Kombination aus steigender Fertilitätsrate und konstant hoher Nettozuwanderung zu deutlich geringeren Verlusten. Für das Jahr 2050 liegt unser Schätzwert bei 40 Millionen Erwerbspersonen. Dies sind 3,7

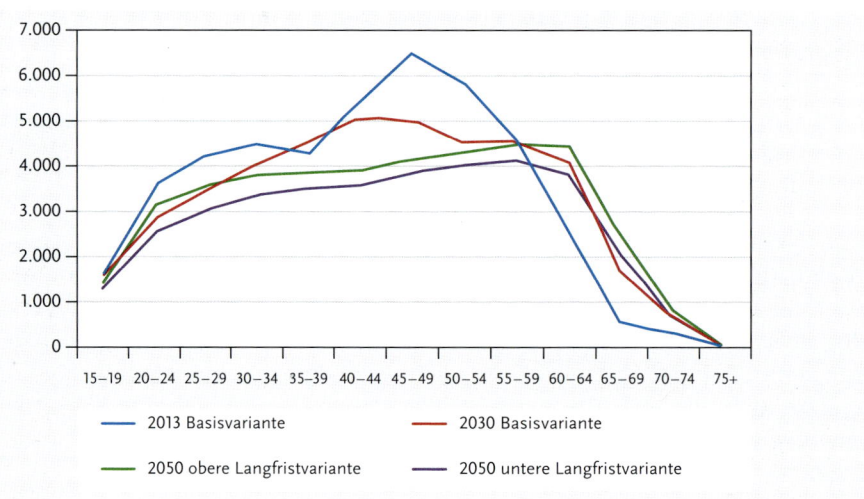

Abb. 7   Altersstruktur der Erwerbspersonen bis 2050
in 1.000

Quelle: Economix (2014-A2)

Millionen weniger als 2015, und der relative Verlust gegenüber 2015 halbiert sich im Vergleich zur *unteren Langfristvariante* auf –9 %. Unter der Voraussetzung einer aktiven Bevölkerungs- und Arbeitsmarktpolitik könnten dem Arbeitsmarkt 2050 4,5 Millionen Erwerbspersonen mehr zur Verfügung stehen als ohne eine solche Politik. Allen Varianten ist allerdings gemeinsam, dass das Arbeitsangebot spätestens nach 2020 kontinuierlich sinken wird. Die Gegenmaßnahmen können lediglich das Tempo des Rückgangs verlangsamen. Auch in diesem Sinne bleibt der demografische Wandel irreversibel. Der Trend zur Alterung der Erwerbspersonen setzt sich ebenfalls fort, allerdings nicht im gleichen Tempo wie in der Phase 2013–30 (Abbildung 7).

Nachfrage nach Arbeitskräften

Die Beseitigung der Angebotsrestriktionen durch Zuwanderung und der weitere Abbau der Erwerbslosigkeit bewirken einen wesentlich günstigeren Beschäftigungsverlauf bis 2030 als bisher angenommen. Bei einer um durchschnittlich 86.000 Personen höheren Zuwanderung wird die Beschäftigung in der *Basisvariante* im Jahr 2030 um 1,7 Millionen höher liegen als nach der Prognose 2012. Der Höhepunkt wird nach unseren Berechnungen 2018 mit 42,4 Millionen Erwerbstätigen erreicht werden. In den Folgejahren werden sich die demografischen Faktoren allerdings wieder durchsetzen und die Zahl der Erwerbstätigen bis 2030 auf 40,8 Millionen absinken lassen. In der Variante *Hohe Zuwanderung* wird der Beschäftigungsverlauf nochmals günstiger eingeschätzt. Danach wird die Zahl der Erwerbstätigen im Jahr 2030 um weitere 1,1 Millionen höher liegen als nach der *Basisvariante*. Insgesamt wird es 2030 42 Millionen Erwerbstätige geben und damit etwa gleich viele wie 2013. Allerdings wird auch in diesem Szenario die demografische Entwicklung das Absinken der Beschäftigung ab 2020 erzwingen.

Zuwanderung begünstigt Engpass-Sektoren

Das höhere Angebot an Arbeitskräften in den beiden Alternativprognosen begünstigt fast alle Wirtschaftszweige, sowohl wachsende als auch schrumpfende. Zum einen war das bisher geschätzte Wachstum – wie in den Unternehmensdiensten – durch den Arbeitskräftemangel begrenzt. Zum anderen war die erwartete Schrumpfung – wie im Verarbeitenden Gewerbe – ebenfalls durch den Arbeitskräftemangel bedingt. Für die Zukunft gehen wir von der Hypothese aus, dass die Beschäftigung von Immigranten der Nachfrage folgt und damit sowohl Unternehmen mit starkem Beschäftigungswachstum als auch Unternehmen mit starkem Arbeitskräftemangel von der Zuwanderung profitieren.

Im Vergleich zur *Prognose 2012* stellt sich der Beschäftigungsverlauf bis 2030 in fast allen Wirtschaftsbereichen[3] günstiger oder zumindest weniger ungünstig dar (Abbildung 8):

- In den Unternehmensdiensten steigt die Beschäftigung in der *Basisvariante* um 300.000 und nach der Variante *Hohe Zuwanderung* um weitere 325.000. Der Beschäftigungszuwachs 2013–30 verdoppelt sich von 8 auf 16 %. Auch bei den Finanzdiensten verdoppelt sich die Zuwachsrate von 6 auf 13 %.

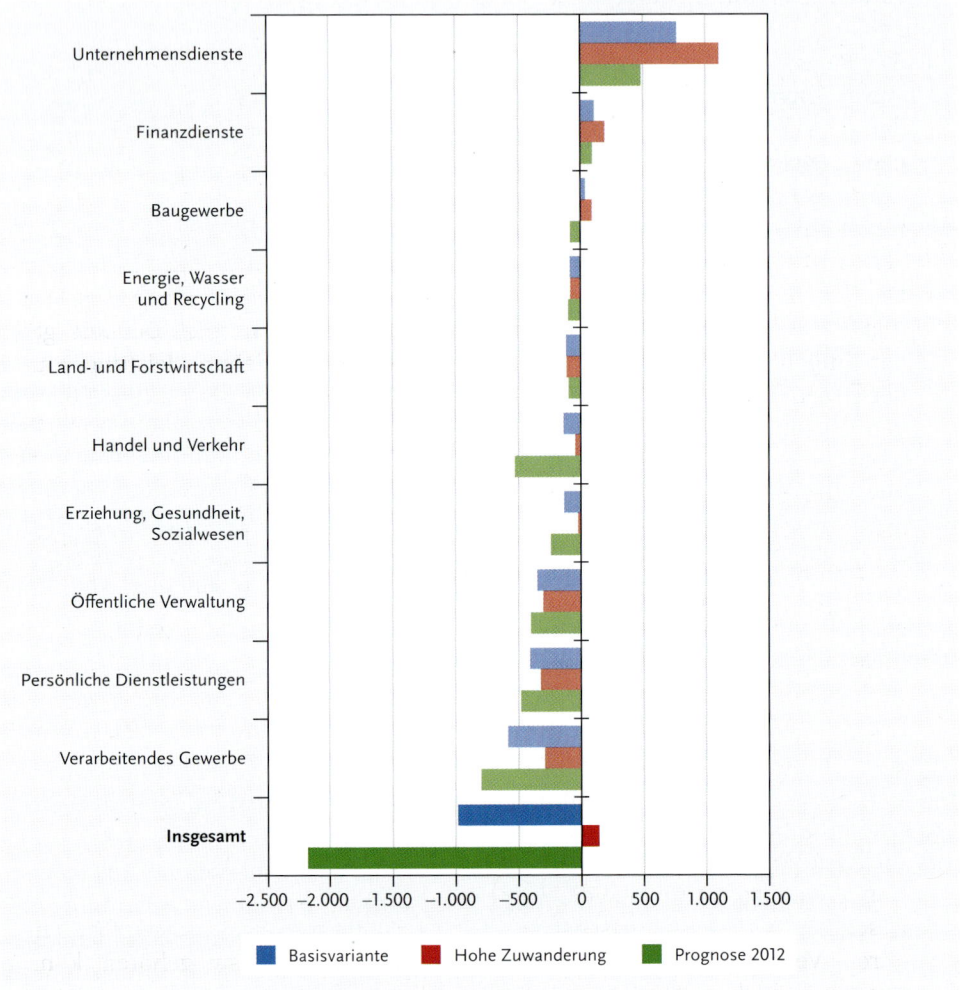

Abb. 8   Sektorale Beschäftigungsentwicklung
Absolute Veränderung der Erwerbstätigkeit 2013–30 in 1.000

Quelle: Economix, CE (U4)

---

3   Zur Abgrenzung der Wirtschaftsbereiche vgl. Tabelle I 6.4 in Anhang I

- Im Verarbeitenden Gewerbe verringert sich nach der *Basisvariante* der Beschäftigungsrückgang auf –8 % (–4 % in der Variante *Hohe Zuwanderung*). Dies bedeutet den Verlust von 300.000 Arbeitsplätzen in der Variante *Hohe Zuwanderung* im Vergleich zu einem Rückgang um 800.000 nach der *Prognose 2012*.
- Im Baugewerbe dreht der Beschäftigungstrend leicht ins Positive. (+1 % in der *Basisvariante* und +3 % in der Variante *Hohe Zuwanderung*). Dies geht sowohl auf das höhere Bevölkerungswachstum als auch veränderte Annahmen zurück. Die Flucht in die Sachwerte wird länger anhalten und der Bedarf an staatlichen Infrastrukturmaßnahmen wird größer ausfallen als ursprünglich angenommen.
- Der Bereich Handel und Verkehr wird nach den neuen Prognosen deutlich positiver eingeschätzt als dies bisher der Fall war. Der Rückgang um ½ Million, der nach der *Prognose 2012* erwartet worden war, verringert sich auf ein Zehntel. Dies liegt in erster Linie am günstigeren Verlauf der Beschäftigung im Verkehrssektor. Hier erschien uns eine Korrektur angebracht, die dem starken Beschäftigungswachstum im Logistikbereich Rechnung trägt. In beiden Varianten gehen wir nun von stagnierender Beschäftigung im Verkehrssektor aus.
- Der Beschäftigungsbereich Erziehung/Gesundheit/Sozialwesen unterliegt nach unserer Einschätzung unterschiedlichen Bestimmungsfaktoren. Der Rückgang der jungen Bevölkerung vermindert den Bedarf an Erziehungsleistungen und der generelle Bevölkerungsrückgang reduziert den Bedarf an sozialen Leistungen insgesamt. Die Alterung der Bevölkerung hingegen steigert den Bedarf an Gesundheits- und Sozialleistungen. Unter den Bedingungen einer höheren Zuwanderung verringert sich der Rückgang der Beschäftigung im Erziehungssektor von –9 % auf –5 % und im Sozialwesen von –4 % auf –1 %. Im Gesundheitswesen kommt es hingegen zu einem deutlichen Umschwung: Einem Rückgang um 4 % steht nun in der Variante *Hohe Zuwanderung* ein Zuwachs um 5 % gegenüber. In diesem Sektor können durch die Zuwanderung ernsthafte Engpässe in der Versorgung mit Arbeitskräften beseitigt werden.
- In der öffentlichen Verwaltung bleiben die Beschäftigungseffekte geringer. Den Budgetzielen folgend bleibt es bei den Personaleinsparungen in fast unveränderter Form. Der nach der *Prognose 2012* erwartete Beschäftigungsrückgang von 15 % bis 2030 vermindert sich in der *Basisvariante* auf 14 % und nach der Variante *Hohe Zuwanderung* auf 12 %.
- Auch im Wirtschaftsbereich persönliche Dienstleistungen bleiben die Effekte gering. Hier vermindern sich die Beschäftigungseinbußen von –8 % auf –6 %. Die Beschäftigung dieser Wirtschaftszweige, zu denen u. a. das Gastgewerbe, Reisebüros, Verlage und Medien, Kunst und Unterhaltung usw. gehören, könnte zwar in ähnlichem Umfang wie andere Wirtschaftszweige von der günstigeren Bevölkerungsentwicklung profitieren, aber ihre Arbeitskräftenachfrage bleibt durch die 2015 eingeführte Mindestlohnregelung begrenzt.
- Im Energiesektor und in der Land- und Forstwirtschaft sehen wir hingegen nur geringfügige Veränderungen in den beiden Szenarien. Beides sind deutlich

schrumpfende Sektoren, von denen nur geringe Nachfrageeffekte ausgehen. Es bleibt daher bei Beschäftigungsrückgängen von –19 % im Sektor Energie/ Wasser/Recycling und –16 % in der Land- und Forstwirtschaft.

Vom Mindestlohn gehen nach unserer Einschätzung nur geringe gesamtwirtschaftliche Beschäftigungseffekte aus, und langfristig setzt er mit der Einschränkung des Niedriglohnsektors die Arbeitskräftepotenziale frei, die in anderen Teilen des Arbeitsmarktes benötigt werden. Es bedarf gleichwohl eines längeren Anpassungs- und Qualifizierungsprozesses, um die sektoralen und regionalen Auswirkungen abzufedern. Dies gilt insbesondere für die ostdeutschen Bundesländer, in denen nach heutigem Stand etwa ein Fünftel der Beschäftigten unterhalb der Mindestlohngrenze entlohnt wird.

Beruflicher Strukturwandel – und kein Ende der Arbeit

Unsere Prognosen bleiben bei ihrem wichtigsten Befund aus dem Hauptbericht 2012, nach dem starke Beschäftigungseinbußen in den industriellen und handwerklichen Fertigungsberufen sowie in den Verwaltungs- und Büroberufen zu erwarten sind. Nach der hier vorgelegten *Basisvariante* wird die Beschäftigung in den Fertigungsberufen bis 2030 um 780.000, nach der Variante *Hohe Zuwanderung* um 510.000 zurückgehen (Abbildung 9).

Für die Büroberufe erwarten wir ein Minus von 680.000 bzw. 520.000. Demgegenüber verstärken sich die beruflichen Umschichtungen in Richtung der Waren- und Dienstleistungskaufleute, der Verkehrsberufe sowie der Manager und leitenden Angestellten. Auch die technischen und künstlerischen Berufe sowie die Gesundheitsberufe können nach den neuen Prognosen etwas höhere Zuwächse erwarten. Geringe Auswirkungen haben die neuen Prognosen auf die Erziehungs- und Sozialberufe, die Ordnungs- und Sicherheitsberufe, Wissenschaftler, persönliche Dienstleistungsberufe sowie auf die Arbeitskräfte ohne bestimmten Beruf. Hier bleibt die Nachfrage trotz höheren Angebots bei den bisherigen Trends.

Die Umschichtung der Nachfrage zwischen den Berufen folgt in unseren Prognosen zwei wesentlichen Triebkräften: der Verlagerung der Arbeitskräftenachfrage zwischen den einzelnen Wirtschaftszweigen, wie sie oben beschrieben wurde, und den technologischen und organisatorischen Veränderungen der Beschäftigung in den einzelnen Wirtschaftszweigen. Die Einführung neuer Technologien und Organisationsformen in den Unternehmen setzt dabei nicht alle technischen Möglichkeiten um, sondern orientiert sich an der wirtschaftlichen Rentabilität. Wir schließen uns daher der These über „Das Ende der Arbeit", wie sie von Rifkin schon vor 20 Jahren propagiert wurde (Rifkin 1995), nicht an. Auch die Auswirkungen der gegenwärtig diskutierten „Industrie 4.0", deren Vernetzung maschineller Anlagen zu massiven Freisetzungen führen soll, werden immer nur partiell bleiben. Gerade in einer Situation ernsthaften Arbeitskräftemangels werden die Freisetzungen Arbeitskräfte bereitstellen, die anderswo gebraucht werden. Dies setzt zwar einen funktionierenden

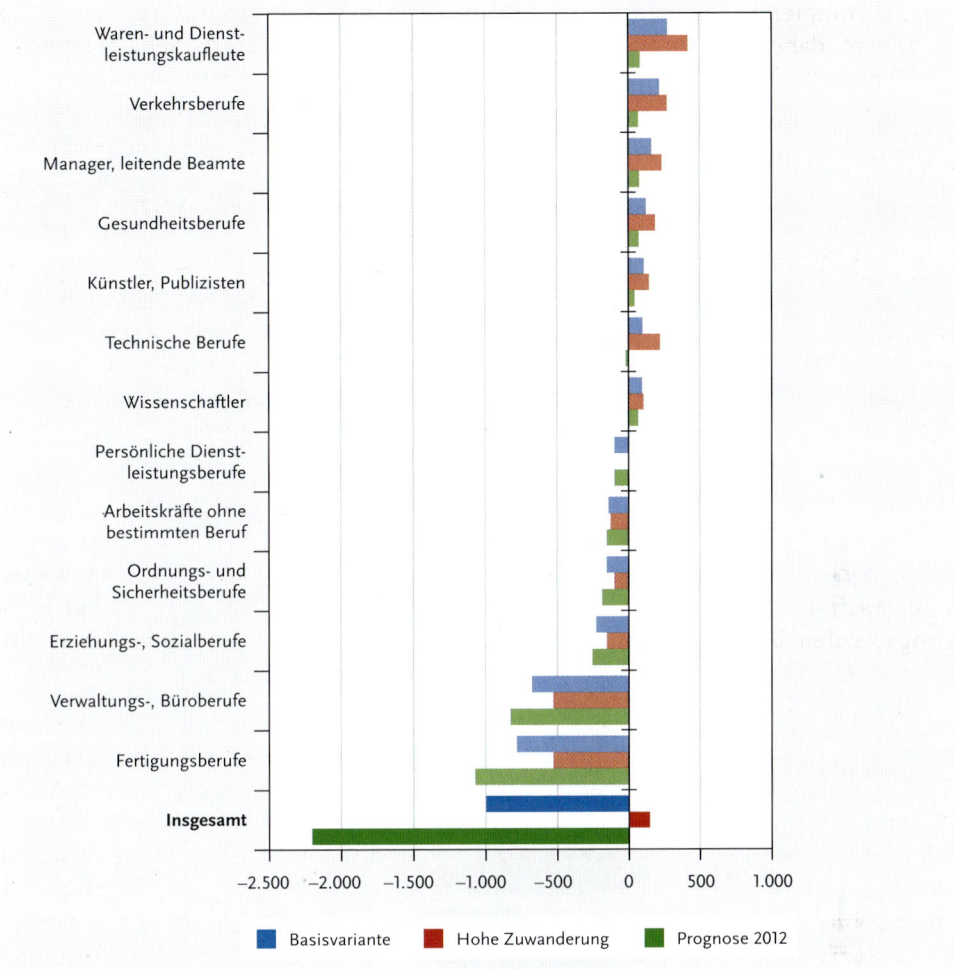

Abb. 9 Erwerbstätigkeit nach Berufen
Absolute Veränderung der Erwerbstätigkeit 2013–30 in 1.000

Quelle: Economix, CE (U5)

Restrukturierungsprozess voraus und stellt die Arbeitsmarktpolitik vor nicht leicht zu lösende Aufgaben. Aber letztlich wird in einem hinreichend flexiblen Arbeitsmarkt die Umstrukturierung, wenn auch über mehrere Stufen, gelingen. Nach unseren Erwartungen stehen wir daher nicht vor dem Ende der Arbeit, sondern vor einer nachhaltigen Aufwertung des Humankapitals, das zum entscheidenden Faktor zukünftigen Wachstums wird (vgl. Vogler-Ludwig, Düll 2013, S. 23).

Das höhere Angebot an Arbeitskräften verteilt sich in den beiden neuen Prognosevarianten nicht proportional zum bisherigen Beschäftigungsniveau, sondern folgt den Wachstumspfaden der Beschäftigung. In den stark wachsenden Berufsbereichen

Waren- und Dienstleistungskaufleute sowie Verkehrsberufe wird dies durch die höhere Nachfrage nach solchen Arbeitskräften in vielen Wirtschaftszweigen bewirkt. So schichten z. B. die Unternehmensdienste ihre Beschäftigtenstrukturen von den Verwaltungs- und Büroberufen in die Waren- und Dienstleistungskaufleute bzw. Verkehrsberufe um. Ähnliches zeigt sich auch in anderen Wirtschaftszweigen wie z. B. in Handel und Verkehr oder den Finanzdiensten. Die Verkehrsberufe profitieren darüber hinaus von unserer im Vergleich zur Prognose 2012 positiveren Einschätzung.

Hohe und steigende Nachfrage nach Hochschulabsolventen

Das höhere Angebot an Arbeitskräften fließt in jene Nachfragebereiche, in denen der größte Bedarf besteht. Dies sind in erster Linie die Arbeitsplätze für Hochschulabsolventen. Hier erhöht sich nach den Erwartungen unserer *Basisvariante* die Zahl der Erwerbstätigen bis 2030 um 2,2 Millionen (Abbildung 10). Dies sind 340.000 mehr als nach der Prognose 2012. Das noch höhere Arbeitsangebot der Variante *Hohe Zuwanderung* lässt sogar einen Anstieg um 2,5 Millionen erwarten.

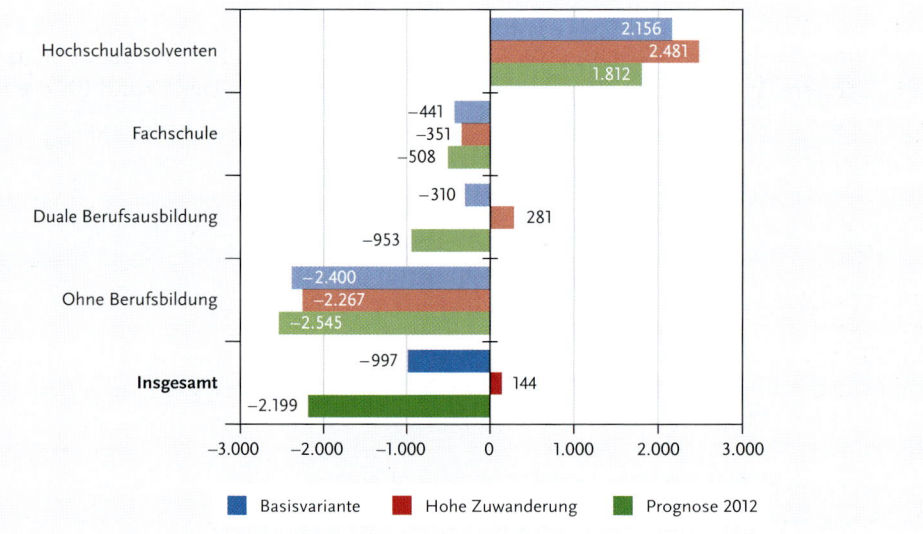

Abb. 10   Erwerbstätigkeit nach formaler Qualifikation
Absolute Veränderung der Erwerbstätigkeit 2013–30 in 1.000

Quelle: Economix (U07)

Gleichzeitig verringern sich mit dem stärkeren Beschäftigungswachstum die Beschäftigungseinbußen in den schrumpfenden Qualifikationssegmenten. Insbesondere die Zahl der Beschäftigten mit dualer Ausbildung geht weniger zurück als nach der Prognose 2012. Wir erwarten in der *Basisvariante* ein Minus von 310.000, während wir in der Prognose 2012 noch von –950.000 ausgegangen waren. In der Variante *Hohe Zuwanderung* ergibt sich sogar ein Plus von 280.000. Der positive Effekt tritt insbesondere im Verarbeitenden Gewerbe und im Verkehrsgewerbe auf, in denen sich die Arbeitskräfteengpässe besonders stark auswirken. Dabei ist anzumerken, dass die Zuwanderung kaum geeignet sein wird, eine so große Zahl an dual ausgebildeten Arbeitskräften zu bieten. Allerdings kann es sich auch um geeignete Fachkräfte handeln, die über eine hinreichende Berufserfahrung verfügen, sodass sie von den Arbeitgebern als gleichwertig mit den Absolventen der deutschen dualen Ausbildung betrachtet werden.

Die Zahl der Erwerbstätigen mit Fachschulbildung verändert sich nicht nur in die gleiche Richtung, sondern der Rückgang fällt in allen drei Prognosevarianten in etwa gleich aus. Nach der *Basisvariante* ergibt sich eine Beschäftigungseinbuße von 440.000 im Vergleich zu einem Rückgang um 510.000 in der Prognose 2012. Nach der Variante *Hohe Zuwanderung* sind es –350.000. Die geringen Effekte gehen auf die schwach ausgeprägten Nachfrageänderungen in den Erziehungs- und Sozialberufen zurück. Der günstigere Beschäftigungsverlauf führt auch zu etwas geringeren Freisetzungen im Segment der gering Qualifizierten. Ihre Zahl sinkt aber in beiden Prognosevarianten um 2,3 bis 2,4 Millionen.

Mit der Erwartung dieses starken Wachstums im Hochschulsegment unterscheidet sich diese Prognose stark von der BiBB-IAB-Prognose, die für das duale Segment eine stärkere Ausweitung voraussagen (Helmrich et al. 2012). Der Grund für die hier dargestellte Einschätzung liegt in der abweichenden Sicht auf den sektoralen, beruflichen und qualifikationsspezifischen Strukturwandel. Nach unserer Auffassung wird der internationale Wettbewerb die deutsche Wirtschaft veranlassen, ihre Wettbewerbsvorteile weiterhin in der Erstellung qualitativ hochwertiger Produkte und Dienstleistungen zu sehen, während große Teile der industriellen Produktion in die asiatischen Länder abwandern. Dabei wird nicht nur die industrielle Massenproduktion abwandern, sondern in zunehmendem Maße auch die Produktion von Hightech-Produkten. Für Deutschland bleibt der Wettbewerbsvorteil in den industriellen und wissenschaftlichen Dienstleistungen, den die Industrie und die Dienstleistungsanbieter weiter ausbauen werden. Dafür brauchen sie diese große Zahl an hochwertig ausgebildeten Arbeitskräften, während der Bedarf an gut ausgebildeten Fachkräften aus dem dualen System von diesem Trend nicht profitiert. Im Gegenteil, mit der Einführung vieler spezifischer Bachelorstudiengänge kommt es zu einer „Verwissenschaftlichung" des oberen Qualifikationssegments der dualen Berufe. Gleichzeitig führen duale Studiengänge zu einer „Verberuflichung" der akademischen Ausbildung. Die wachsende Durchlässigkeit des Bildungssystems wird zugleich auch eine akademische Nachqualifizierung von Arbeitskräften mit dualer Ausbildung zur Folge haben.

Voraussetzung dieses Wandels in der Qualifikationsstruktur ist die substanzielle Verkleinerung des Segments ohne Berufsbildung. Der Fachkräftebedarf wird trotz Zuwanderung nicht gedeckt werden können, sodass die Ausbildung, Weiterbildung und Aufstiegsqualifizierung von Beschäftigten ohne beruflichen Bildungsabschluss zum Kern der Qualifizierungsstrategie wird. Dazu ist – wie im Fachkräftekonzept der Bundesregierung vorgesehen – die Verstärkung der arbeitsmarktpolitischen Maßnahmen notwendig, aber auch der Ausbau der Weiterbildung und die Verbesserung der Aufstiegsmobilität auf allen Qualifikationsstufen.

Berufsstruktur nach der Klassifizierung der Berufe 2010

Im Rahmen dieser Prognose haben wir erstmals Berufsdaten für die in den letzten Jahren eingeführte Klassifizierung der Berufe 2010 berechnet. Der Umstieg von der bisherigen Klassifizierung der Berufe 1992 auf die neue Berufsgliederung war auf Basis von Parallelerhebungen des Mikrozensus für das Jahr 2012 möglich.

Nach der neuen Klassifikation zeigen die in Tabelle 1 dargestellten Vorausschätzungen einen starken Zuwachs an Beschäftigung im Berufsbereich 9 (Geistes-, Gesellschafts- und Wirtschaftswissenschaften, Medien, Kunst und Kultur). In der *Basisvariante* ergibt sich für den Zeitraum 2013–30 ein Beschäftigungsgewinn von 9 %. Ihm folgen die Berufsbereiche 4 (Naturwissenschaft, Geografie und Informatik) sowie 5 (Verkehr, Logistik, Schutz und Sicherheit) und 6 (Kaufm. Dienstl., Warenhandel, Tourismus). Alle anderen Berufsbereiche der Einstellerebene weisen negative Veränderungsraten auf. In der Variante *Hohe Zuwanderung* liegen die Veränderungsraten um 2 bis 4 Prozentpunkte höher.

Tab. 1   Erwerbstätige nach Berufen (Klassifizierung der Berufe 2010)
Veränderung 2013–30 in %

KB 2010	Berufsbereich	Basis-variante	Variante Hohe Zuwanderung
1	Land- und Forstwirtschaft, Gartenbau	−15,1	−13,5
2	Rohstoffgewinnung, Produktion, Fertigung	−6,8	−3,6
3	Bau, Architektur, Vermessung, Gebäudetechnik	−2,1	1,1
4	Naturwissenschaft., Geografie, Informatik	5,4	9,1
5	Verkehr, Logistik, Schutz u. Sicherheit	3,3	6,1
6	Kaufm. Dienstl., Warenhandel, Tourismus	1,7	3,5
7	Unternehmensorganisation, Buchhaltung, Recht und Verwaltung	−5,4	−2,5
8	Gesundheit, Soziales, Lehre und Erziehung	−2,0	0,2
9	Geistes-, Gesellschafts-, Wirtschaftswiss., Medien, Kunst, Kultur	9,0	12,5
0	Militär	−21,6	−19,6
	Insgesamt	−2,4	0,3

Quelle: Economix

Die neue Berufssystematik erscheint für die Zwecke dieser Prognose nur eingeschränkt verwendbar, da sie alle Qualifikationsgruppen in einem Tätigkeitsfeld zusammenfasst und auch auf der Zweistellerebene unterschiedliche Berufsgruppen vermischt (wie z. B. Geschäftsführer und Büroangestellte zur Berufsgruppe 71, Berufe der Unternehmensführung und -organisation). Damit ist auf dieser Aggregationsebene weder die Qualifikation noch die funktionale Stellung der Personen erkennbar. Zwar lassen sich solche Merkmale auf tieferen Aggregationsebenen erfassen, aber mit der Disaggregation wächst auch der Stichprobenfehler. Für die weiteren Arbeiten auf Basis der Klassifizierung der Berufe 2010 sind daher Sonderauswertungen aus dem Mikrozensus erforderlich, die in Ergänzung des Berufs Merkmale wie Stellung im Betrieb und Qualifikation ausweisen.

Arbeitsmarktbilanz und Fachkräftelücke

Gesamtwirtschaftliche Entwicklung

Die Vorausschätzungen bis zum Jahr 2030 kommen zu dem Ergebnis, dass die günstige Entwicklung auf dem Arbeitsmarkt durch die Ausweitung des Arbeitsangebots noch einige Jahre unterstützt wird. Die demografischen Faktoren werden sich dann aber durchsetzen und zu einem Rückgang von Arbeitsangebot und Erwerbstätigkeit führen (Abbildung 11).

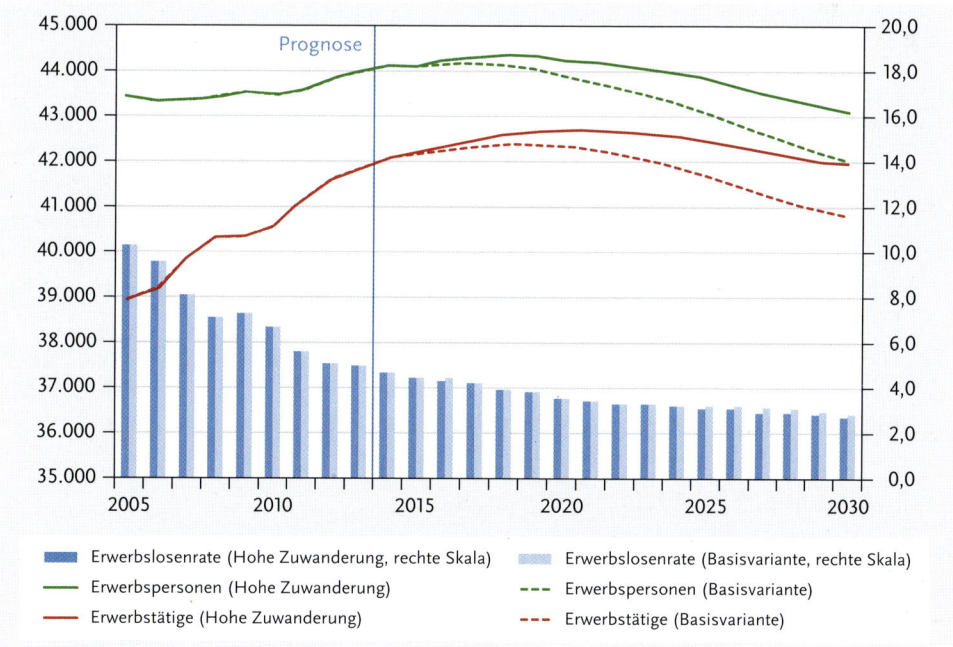

Abb. 11 Arbeitskräfteangebot und -nachfrage
Absolutwerte in 1.000; rechte Skala: %

Quelle: Economix, CE (U01)

Der Vergleich der beiden Varianten zeigt, dass die Zuwanderung die Arbeitsmarktbilanz maßgeblich beeinflussen kann:

- Die Bevölkerung wird in der Variante *Hohe Zuwanderung* im Jahr 2030 um 1,6 Millionen höher liegen als in der *Basisvariante*.
- Bei hoher Zuwanderung wird es 2030 1,1 Millionen Erwerbspersonen mehr geben und die Erwerbstätigkeit wird ebenfalls um 1,1 Millionen über dem Niveau der *Basisvariante* liegen.
- Der Zuwachs des Arbeitsvolumens wird hingegen geringer ausfallen, da wir von einem substitutiven Verhältnis zwischen Zuwanderung und der Ausdehnung der Arbeitszeiten ausgegangen sind. In der Variante *Hohe Zuwanderung* liegt die durchschnittliche Arbeitszeit daher um 30 Stunden pro Jahr oder 2 % niedriger.
- Die Zahl der Erwerbslosen unterscheidet sich zwischen den beiden Szenarien nur wenig, da wir davon ausgehen, dass die strukturelle Arbeitslosigkeit von einer höheren Zuwanderung weitgehend unberührt bleibt. Die Erwerbslosenrate wird gegen Ende des Prognosezeitraums – ähnlich wie in der *Basisvariante* – bei 2,7 % liegen. Der leichte Rückgang im Vergleich zur *Basisvariante* geht auf das höhere Beschäftigungswachstum zurück. Damit dürfte das Potenzial der Erwerbslosen weitgehend ausgeschöpft sein. Eine weitere Reduktion ginge zu Lasten der friktionellen Arbeitslosigkeit und damit der Flexibilität des Arbeitsmarktes.
- Pro 100.000 Zuwanderer kann nach unseren Schätzungen mit einer Steigerung des Wirtschaftswachstums um 0,35 Prozentpunkte gerechnet werden. Dieser Effekt hängt von einer Vielzahl von Nebenbedingungen ab, insbesondere der weitreichenden Passgenauigkeit der zuwandernden Arbeitskräfte zum Nachfrageprofil der Unternehmen und der Aufrechterhaltung des gesamtwirtschaftlichen Wachstumsklimas. Wir unterstellen, dass diese Bedingungen im Prognosezeitraum gegeben sein werden.
- Die Pro-Kopf-Einkommen werden ebenfalls steigen, wenn auch nicht ganz so stark wie das BIP. Pro 100.000 Zuwanderer ist unter den Modellbedingungen mit einem Einkommenszuwachs von 0,25 Prozentpunkten zu rechnen.

Positiver Multiplikatoreffekt der Zuwanderung

Die Modellergebnisse zeigen den positiven Multiplikatoreffekt durch die Ausweitung des Arbeitsangebots. Durch ihn steigen Beschäftigung und Einkommen überproportional zur Ausweitung des Arbeitsangebots, denn sie beheben nicht nur die akuten Engpässe in der Versorgung mit Arbeitskräften, sondern die zusätzlichen Arbeitskräfte schaffen sich mit ihrer Nachfrage nach Gütern und Dienstleistungen die eigenen Arbeitsplätze. Die höhere Beschäftigung ist im Wirtschaftskreislauf sofort wirksam und verbessert die Wachstumsaussichten der Investoren, deren Pläne durch die steigende Nachfrage mit hoher Wahrscheinlichkeit realisiert werden. Daher münden die zusätzlich einwandernden Erwerbspersonen nicht in der Arbeitslosigkeit, sondern tragen im Gegenteil zu einer noch niedrigeren Erwerbslosenquote bei als im Fall der *Basisvariante*. Ähnliches gilt auch für andere angebotssteigernde Maßnahmen auf dem Arbeitsmarkt, wie z. B. die höhere Erwerbsbeteiligung der Frauen.

Fachkräftelücke

Neben der Arbeitslosigkeit als gesamtwirtschaftlichem Indikator haben wir die Modellrechnungen zur Konstruktion von zwei Engpassindikatoren genutzt:

- *Engpassindikator I*, der das Qualifikationspotenzial der Erwerbslosen misst, weist auf sich verschärfende Engpässe bei der Rekrutierung von qualifizierten Arbeitskräften aus der Gruppe der Erwerbslosen hin. Dies gilt ganz besonders für den Hochschulbereich, aber auch für Arbeitskräfte mit dualer Ausbildung oder mit Fachschulbildung. Nur die Erwerbslosen ohne beruflichen Bildungsabschluss weisen nennenswerte Überschüsse zur Deckung des Arbeitskräftebedarfs auf. Es dürfte zu den schwierigsten Aufgaben der Arbeitsmarktpolitik gehören, diese Arbeitskräfte für anspruchsvollere Tätigkeiten zu qualifizieren. Dennoch hängt die erfolgreiche berufliche und qualifikationsspezifische Restrukturierung der gesamten Erwerbstätigkeit entscheidend von der Qualifizierung dieser Arbeitskräfte ab. Die systematische Aus- und Weiterbildung erwachsener Arbeitskräfte ist eine notwendige Bedingung in dieser Strategie.
- *Engpassindikator II* misst die strukturelle Anpassungsgeschwindigkeit bei Berufen (und Qualifikationen). Er zeigt, dass es 2030 am ehesten an Arbeitskräften in Gesundheitsberufen, an Managern, Ingenieuren/Naturwissenschaftlern, Künstlern und Publizisten sowie Erwerbstätigen in Handelsberufen fehlen wird (Abbildung 12). Dem stehen potenzielle Überschüsse bei Hilfsarbeitern, Büroberufen und bei persönlichen Dienstleistungsberufen gegenüber. Es ergibt sich

---

Engpassindikatoren

- *Engpassindikator I – schwindendes Erwerbslosenpotenzial:* Dieser Indikator misst die Abweichungen im Strukturwandel von Erwerbstätigkeit und Erwerbslosen durch die Gegenüberstellung der Veränderung der Erwerbslosenquote im Beruf b (oder der Qualifikation q) mit der Veränderung des Erwerbstätigenanteils des jeweiligen Berufs oder der jeweiligen Qualifikation. Die Differenz der normierten Änderung von Erwerbslosenquote und des Erwerbstätigenanteils im Zeitraum 2013–30 ist größer als Null, wenn die Erwerbslosenquote stärker steigt als der Anteil der Erwerbstätigen. Dies indiziert die Tendenz zum Überschuss. Umgekehrt signalisiert eine Differenz kleiner als Null die Tendenz zum Mangel. Die Erwerbslosenquote sinkt dann stärker als der Anteil der Erwerbstätigen.
- *Engpassindikator II – berufliche und qualifikationsspezifische Mobilität:* Dieser Indikator misst die Intensität des Strukturwandels in der Beschäftigung und den daraus resultierenden Anpassungsbedarf in den Berufs- und Qualifikationsstrukturen. Technisch besteht der Indikator aus dem Saldo der vom Modell vorhergesagten Erwerbstätigenzahlen nach Berufen oder Qualifikationen mit den Erwerbspersonen, die sich ergeben hätten, wenn sich die Berufs- bzw. Qualifikationsstruktur nicht verändert hätte. Dabei unterstellen wir die Konstanz der Strukturen nur für jeweils fünf Jahre und gehen dann für die nächste Fünf-Jahres-Periode auf deren Anfangsstruktur über.

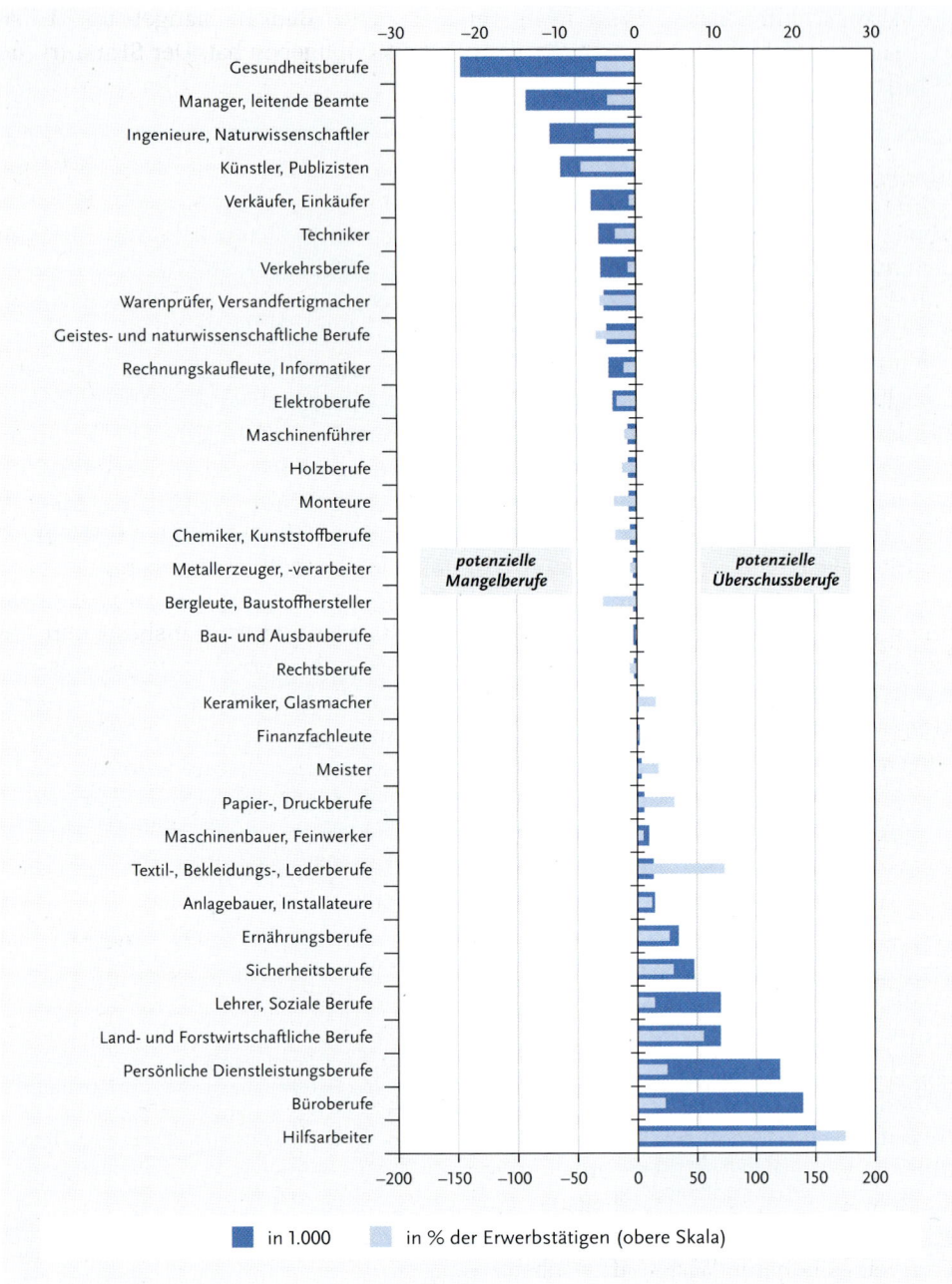

Abb. 12 Engpassindikator II: potenzielle Fachkräftelücke 2030 bei verlangsamter beruflicher Mobilität
Differenz zwischen Nachfrage und hypothetischem Angebot bei Konstanz der Berufsstruktur für
fünf Jahre
Basisvariante

Quelle: Economix (U10)

also ein ähnliches, wenn auch nicht identisches Bild an Mangel- und Über-schussberufen, wie es sich beim Engpassfaktor I ergeben hat. Der Strukturwan-del in Richtung Dienstleistungsberufe und höher qualifizierter Berufe wirkt flä-chendeckend.

Im Hinblick auf die formale Berufsbildung treten hohe potenzielle Fachkräftelücken für Hochschulabsolventen in den Rechts-/Wirtschafts-/Sozialwissenschaften, den Sprach- und Kulturwissenschaften, in Mathematik/Naturwissenschaften, sowie in den Ingenieurwissenschaften auf. Die Engpässe bauen sich auf Grund der Modell-annahmen schnell ab. Im Durchschnitt der Periode 2015–30 fehlen immerhin 9 % der Hochschulabsolventen. Bei Absolventen der dualen Ausbildung ist die Lage sehr viel ausgeglichener. Fehlbestände ergeben sich vor allem in den Gesundheits- und Sozialberufen, den übrigen Fertigungsberufen und den Waren- und Dienstleistungs-kaufleuten, den Versandfertigmachern und den Verkehrsberufen. Überschüsse zeigen sich vor allem in den Organisations-/Verwaltungs-/Büroberufen. Insgesamt fehlen in der Anfangsphase 2015–20 550.000 Fachkräfte mit dualem Ausbildungsab-schluss. Während der Gesamtperiode 2015 –30 beträgt der Fehlbestand 3 % der Er-werbstätigen. Für Arbeitskräfte mit Fachschulabschluss ergeben unsere Berechnun-gen für die Anfangsperiode einen potenziellen Überschuss von 540.000 Personen und einen durchschnittlichen Überschuss von 5 %. Darunter sind insbesondere In-genieurberufe und kaufmännische Berufe. Bei Arbeitskräften ohne abgeschlossene Berufsbildung zeigt sich in der Anfangsphase ein potenzieller Überschuss von 1,6 Millionen, der aber bis 2030 fast vollständig abgebaut wird. Der durchschnittliche Überschuss liegt bei 13 %.

Kein Abbau der Fachkräftelücke durch höhere Zuwanderung

Es gehört vermutlich zu den überraschenden Ergebnissen dieser Modellrechnun-gen, dass die gesamtwirtschaftlichen Fachkräftesalden sich durch die höhere Zuwan-derung nicht verändern. Bei hoher Zuwanderung sind sie sogar etwas größer als bei geringer Zuwanderung. Dieser Befund hängt mit dem höheren Wirtschaftswachs-tum und der steigenden Beschäftigung zusammen, die durch den Multiplikatoref-fekt der Angebotsausweitung ausgelöst werden. Damit kommen wir zu der Schluss-folgerung, dass die höhere Zuwanderung langfristig nichts zum Abbau des Fachkräftemangels beitragen wird. Sie füllt die Lücken nur kurzfristig. Nach der Auf-füllung steigt die Arbeitskräftenachfrage mindestens gleich schnell wie das durch die Zuwanderung erhöhte Arbeitsangebot. Der positive Effekt der Zuwanderung er-scheint also nicht in der Arbeitsmarktbilanz, sondern in der Wirtschaftsbilanz in Form eines höheren Wirtschaftswachstums.

Wirkungen arbeitsangebotspolitischer Maßnahmen zur Fachkräftesicherung

Unsere Prognose enthält eine Reihe von arbeitsmarkt- und bildungspolitischen Maß-nahmen, die zu der von uns vorausgeschätzten Entwicklung des Arbeitsangebots führen. Dazu zählen angebotserweiternde Maßnahmen, wie die höhere Nettozuwanderung und die Steigerung der Erwerbsbeteiligung von Frauen und Älteren. In der langfristigen Perspektive kommt die Bevölkerungspolitik mit hinzu, die wir im Maßnahmenpaket zur langfristigen Fachkräftesicherung bis 2050 Maßnahmen kombiniert haben (Tabelle 2).

Unter den angebotserweiternden Maßnahmen leistet der von uns bis 2030 unterstellte Anstieg der Erwerbsbeteiligung von älteren Erwerbspersonen im Alter von 60 und darüber den höchsten Beitrag mit einem Plus von 1,8 Millionen (+4,3 % der Erwerbspersonen). Die steigenden Erwerbsquoten der Frauen unter 60 tragen 0,8 Millionen bei, und die Ausweitung der Zuwanderung leistet je 100.000 Zuwanderer einen Beitrag von 0,9 Millionen. Insgesamt lassen sich mit diesen drei Maßnahmen bis 2030 3,6 Millionen Erwerbspersonen für den Arbeitsmarkt gewinnen. Dies setzt allerdings – wie bereits dargestellt – vielfache Maßnahmen im Bereich der Arbeitsmarkt-, Wanderungs- und Bildungspolitik voraus. Im Umkehrschluss sagen diese Zahlen daher, dass die Angebotsausweitung nicht oder nur teilweise erreicht werden kann, wenn die Integration der Zuwanderer nicht gelingt, die Vereinbarkeit von Familie und Beruf nicht verbessert wird, die altersgerechte Umgestaltung der Arbeitsplätze nicht stattfindet usw.

Das langfristige Maßnahmenpaket aus höheren Geburtenziffern, fortgesetzter Steigerung der Erwerbsbeteiligung und anhaltender Zuwanderung trägt im Vergleich zur Fortsetzung der heute geltenden Verhältnisse 4,5 Millionen Erwerbspersonen bis 2050 bei. Dies wären 11 % der Erwerbspersonen von 2030. Soweit es aber nicht gelingt, die Geburtenziffer nachhaltig zu erhöhen und gleichzeitig die Erwerbsbeteiligung von Frauen und Älteren deutlich anzuheben, bleiben auch diese Zahlen Wunschvorstellungen.

Tab. 2 Wirkungen arbeitsangebotspolitischer Maßnahmen 2015–30 und 2030–50

	Beitrag zur Veränderung der Erwerbspersonen	in % der Erwerbspersonen 2030
Angebotserweiternde Maßnahmen 2015–30	3.572.000	8,5
Nettozuwanderung von 100.000 Personen pro Jahr (2013 bis 2030)	960.000	2,3
Steigerung der Erwerbsbeteiligung von Frauen (<60)	812.000	1,9
Steigerung der Erwerbsbeteiligung von Älteren (60+)	1.800.000	4,3
Angebotserweiternde Maßnahmen 2030–50	4.545.000	10,8

Quelle: Economix

Fazit

Die langfristige Prognose des deutschen Arbeitsmarktes kommt zu dem Ergebnis, dass die jüngste Zuwanderungswelle und die für die Zukunft erwarteten Zuwanderungen in der Lage sind, durch das Füllen der Fachkräftelücken die Perspektiven für Wirtschaft und Arbeitsmarkt nachhaltig zu verbessern. Die Fachkräftesicherungsstrategie der Bundesregierung bleibt gleichwohl wichtig und richtig, denn sie konzentriert sich auf die Entwicklung des inländischen Arbeitsangebots und macht den Arbeitsmarkt damit unabhängiger von wechselnden Wanderungsströmen.

Aus dem Blickwinkel dieser Prognose halten wir die Ausrichtung des Fachkräftekonzepts der Bundesregierung auf die gering Qualifizierten und Benachteiligten für besonders wichtig, da durch diese Maßnahmen die Potenziale für eine gleichgewichtige Aufwertung des gesamten Qualifikationsspektrums erschlossen werden können. Auch der Sicherungspfad Weiterbildung ist nach unserer Auffassung von großer Bedeutung, auch wenn die Maßnahmen in diesem Bereich nicht so weit gehen, wie wir dies für erforderlich halten. Das Fachkräftekonzept der Bundesregierung ist auf die langfristige Entwicklung der Humankapitalbasis ausgerichtet und bindet die Arbeitsmarktpolitik zur Beseitigung der kurzfristigen Engpässe ein. Dies erscheint als die richtige Arbeitsteilung, da der Fachkräftemangel ein wechselhaftes Phänomen ist, die fortlaufende Qualifizierung der Arbeitskräfte hingegen das wichtigste Element einer langfristigen Entwicklungsstrategie darstellt.

Allerdings werden auch damit die Kräfte des demografischen Wandels nur schwer zu bändigen sein. Auf die lange Frist muss daher die Bevölkerungs- und Familienpolitik ins Zentrum der Fachkräftesicherung rücken, denn nur durch die Kombination von steigenden Geburtenziffern, höherer Erwerbsbeteiligung und kontinuierlicher Zuwanderung wird sich der Rückgang des Arbeitskräfteangebots wenn auch nicht aufhalten, so doch nennenswert verlangsamen lassen.

Teil B   Prognose für die Bundesländer

In der Prognose der 16 Bundesländer stellen wir die Ergebnisse unserer sektoralen, beruflichen und qualifikationsspezifischen Vorausberechnungen bis 2030 vor. Sie beruhen auf einem gesamtwirtschaftlich interdependenten Modell, das die regionale Entwicklung in Abhängigkeit von der gesamtdeutschen Entwicklung und unter Berücksichtigung der regionalen Verflechtungen analysiert. Unsere regionale Prognose geht von den Eckwerten der *Basisvariante* auf der Bundesebene aus. In einer Alternativrechnung wird das Arbeitsangebot für die Variante *Hohe Zuwanderung* berechnet. Die Daten der Bundesprognose wurden angereichert mit Zeitreihen der Volkswirtschaftlichen Gesamtrechnung der Länder. Regionalisierte Daten des Mikrozensus wurden zur Reduzierung des Stichprobenfehlers zu Fünf-Jahres-Zeiträumen zusammengefasst.

Starke Unterschiede in Bevölkerungsentwicklung und Alterung

Die Arbeitskräftepotenziale der Bundesländer unterscheiden sich im Hinblick auf die Altersstruktur, das Erwerbsverhalten, die Bildungsstruktur und nicht zuletzt im Mobilitätsverhalten. Dies hat auch deutliche Auswirkungen auf die erwartete Bevölkerungsentwicklung: In den ostdeutschen Bundesländern wird die Bevölkerungszahl bis 2030 deutlich schrumpfen. In Sachsen-Anhalt wird sie um 9 % zurückgehen, in Thüringen um 8 % und in Sachsen um 7 %. In den westdeutschen Bundesländern werden sich die Bevölkerungsverluste hingegen in engeren Grenzen von maximal –2 % halten. Dies gilt allerdings nicht für das Saarland, für das ein Rückgang um –5 % vorausgeschätzt wird. In Hessen und Rheinland-Pfalz wird die Bevölkerungszahl stagnieren. In Berlin, Baden-Württemberg und Schleswig-Holstein wird die Bevölkerungszahl steigen, Bayern und vor allem Hamburg werden nach unseren Vorausberechnungen Zuwächse von 2 bzw. 3 % erreichen.

Die Altersstruktur der Bevölkerung im erwerbsfähigen Alter wird sich in allen Bundesländern verschlechtern. Im Bundesdurchschnitt wird die Relation der Älteren (55–74) zu den Jüngeren (15–34) im Jahr 2030 bei 1,5 liegen, während sie 2013 bei 1,03 lag. Im Jahr 2030 wird Sachsen-Anhalt die älteste Bevölkerung im erwerbsfähigen Alter mit einem wie oben definierten Alterskoeffizienten von 1,82 haben. Die Zahl älterer Personen im erwerbsfähigen Alter wird also fast doppelt so groß sein wie die Zahl jüngerer. Die übrigen ostdeutschen Bundesländer folgen auf den nächsten Plätzen mit Werten von 1,79 in Brandenburg und 1,75 in Thüringen und Mecklenburg-Vorpommern. Die meisten westdeutschen Bundesländer werden um den gesamtdeutschen Mittelwert rangieren. Damit zeigt sich in dieser Kennziffer eine klare Trennung zwischen westdeutschen und ostdeutschen Bundesländern.

Stark rückläufiges Arbeitsangebot in den ostdeutschen Bundesländern

Bei der Zahl der Erwerbspersonen zeigen sich die Tendenzen der Bevölkerungsentwicklung in noch stärker ausgeprägter Form (Abbildung 13). Vor allem in den ostdeutschen Bundesländern nimmt die Zahl der Erwerbspersonen stark ab. Bis 2030 werden sie zwischen 10 und 15 % ihres Arbeitsangebots verlieren. Ausnahme ist nur Berlin, für das wir einen Rückgang um 4 % erwarten. In den westdeutschen Bundesländern sind die Einbußen – bis auf das Saarland – durchweg geringer als der Bundesdurchschnitt von –4,6 %. Hamburg ist in der Lage die Zahl der Erwerbspersonen konstant zu halten, in Bayern, Baden-Württemberg und Bremen bleibt der Rückgang unter 2 %.

Aufgrund der abweichenden Altersstrukturen in den Bundesländern und der unterschiedlichen Erwerbsquoten sieht die altersspezifische Umstrukturierung des Arbeitsangebots ganz verschieden aus: Auf einen Nenner gebracht altern die Arbeitskräfte in den ostdeutschen Bundesländern und dem Saarland vor allem durch den Verlust an Arbeitskräften im mittleren Alter von 25–54, ohne dass dies durch einen

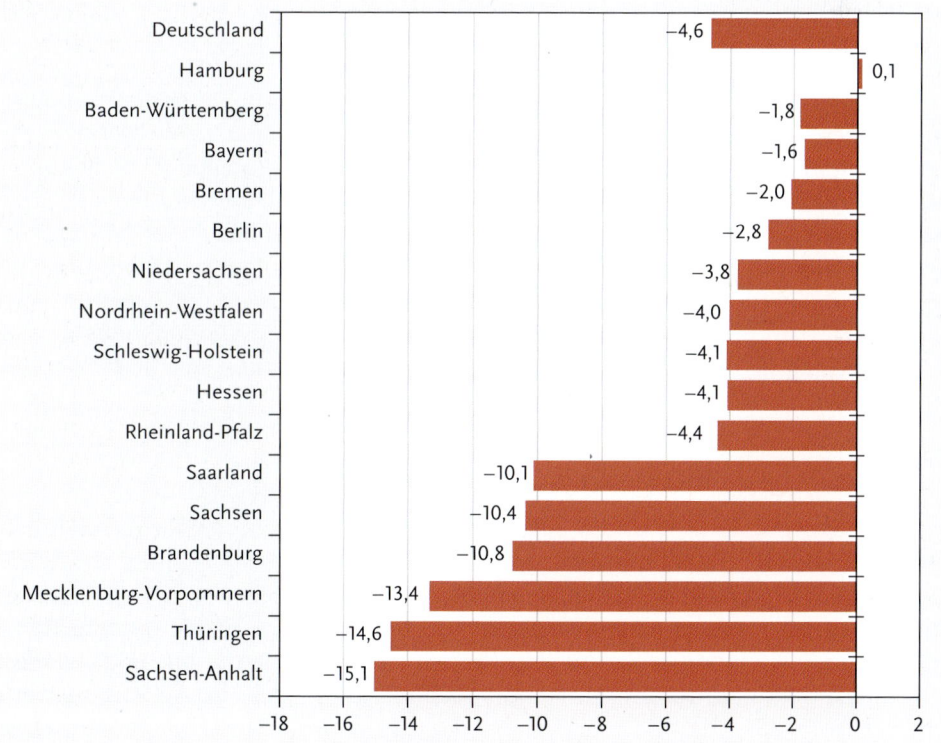

Abb. 13   Erwerbspersonen
Veränderung 2013–2030 in %, *Basisvariante*

Quelle: Economix (R3)

Zuwachs der älteren Erwerbspersonen ab 55 ausgeglichen wird. In den übrigen westdeutschen Bundesländern altern sie in erster Linie durch den Zuwachs an älteren Arbeitskräften, während die Verluste an Arbeitskräften im mittleren und jungen Alter geringer ausfallen.

Der Anteil der Frauen an den Erwerbspersonen steigt in allen Bundesländern. Durchschnittlich werden es 2030 mit 47,6 % etwa 0,7 Prozentpunkte mehr sein als 2013. Die höchsten Frauenanteile werden für die Stadtstaaten Berlin und Hamburg erwartet. Dort wird 2030 die Hälfte der Erwerbspersonen weiblich sein und dort wird der Frauenanteil auch am raschesten unter allen Bundesländern ansteigen.

Der Trend zur Höherqualifizierung wird sich nach unseren Erwartungen bundesweit durchsetzen. Gleichzeitig wird sich der Abstand der Bundesländer im Hinblick auf das Qualifikationsniveau verringern. Die Stadtstaaten, in denen 2013 ein Anteil von 28 % der Erwerbspersonen eine Hochschulausbildung hatte, werden diesen Anteil bis 2030 auf 35 % anheben. Die westdeutschen Flächenstaaten (ohne das Saarland) werden den Anteil der Arbeitskräfte mit Hochschulbildung von 19 auf 26 % anheben, und die ostdeutschen Flächenstaaten (und das Saarland) werden einen ähnlichen Anteilsgewinn von 15 auf 22 % erreichen. Damit bleibt die regionale Rangordnung des Hochschulanteils zwar bestehen, aber die bisher schwächeren Regionen werden deutlich aufholen.

Unsere Prognose setzt voraus, dass der Anteil der Arbeitskräfte ohne Berufsbildung deutlich gesenkt wird, von gegenwärtig 20 % auf künftig unter 14 %. Dieser Rückgang kann nur gelingen, wenn die Bundesländer mit hohen Anteilen an nicht ausgebildeten Arbeitskräften entsprechend hohe Beiträge leisten. Hier sind insbesondere die Stadtstaaten Hamburg und Bremen gefordert, aber auch alle anderen westdeutschen Flächenstaaten. Sie müssen erheblich in die Ausbildung ihrer bisher ungebildeten Arbeitskräfte investieren, das Ausmaß des faktischen Analphabetismus verringern, die berufliche Weiterbildung ausweiten und die Migrantenkinder in die berufliche Bildung führen. Es ist ein anspruchsvolles Programm, das die Länder des Westens hier zu erfüllen haben.

Keine Konvergenz in der Beschäftigungsentwicklung ...

Nach unserer Prognose wird die Beschäftigung in den Bundesländern sehr unterschiedlich verlaufen: Im Zeitraum 2013 bis 2030 wird einem leichten Beschäftigungszuwachs von 1,8 % in Hamburg ein Beschäftigungsverlust von 11 % in Sachsen-Anhalt gegenüberstehen. Alle ostdeutschen Bundesländer werden deutlich an Beschäftigung einbüßen, wobei Sachsen mit einem Rückgang um 8 % noch eine relativ günstige Position einnimmt. Für Brandenburg und Mecklenburg-Vorpommern erwarten wir –11 %, für Thüringen –10 %. Das Saarland kommt den ostdeutschen Bundesländern mit –8 % sehr nahe (Abbildung 14).

Die westdeutschen Flächenstaaten werden ebenfalls Beschäftigungsverluste verzeichnen, die aber fast durchweg geringer als der Bundesdurchschnitt von –2,4 %

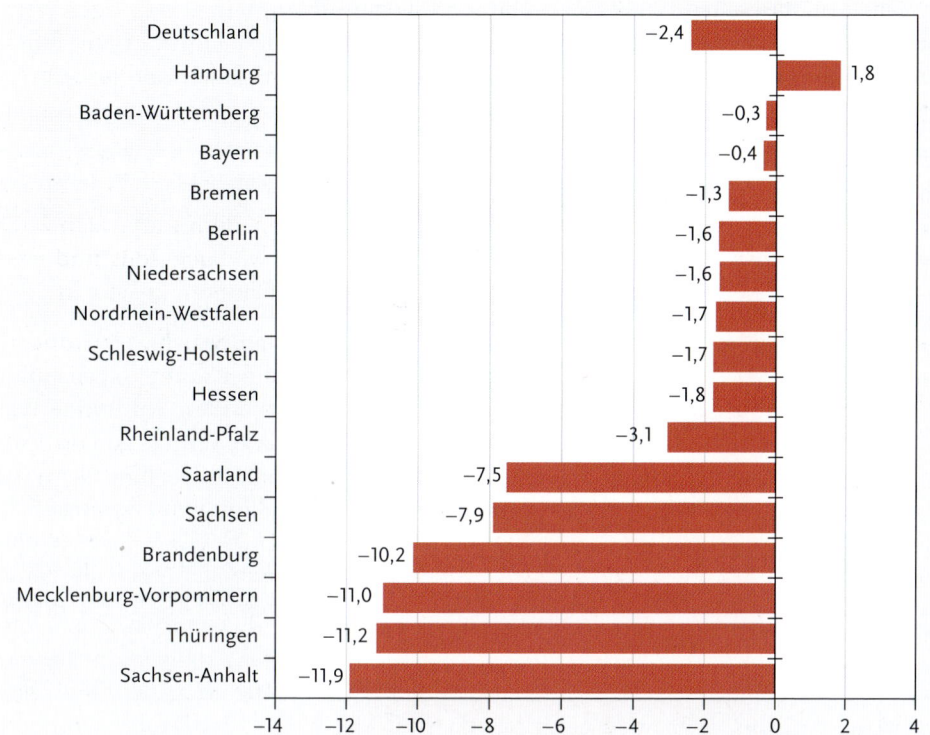

Abb. 14 Erwerbstätigkeit
Veränderung 2013–2030 in %, *Basisvariante*

Quelle: Economix (E31)

sind. Die Stadtstaaten Berlin und Bremen zeigen ebenso wie Bayern und Baden-Württemberg moderate Rückgänge in den Beschäftigtenzahlen, gefolgt von den übrigen westlichen Bundesländern, die zwischen –1 % und –3 % ihrer Beschäftigung verlieren werden.

In diesen Ergebnissen spiegelt sich eine Reihe von Faktoren:
- Die Entwicklung in den Stadtstaaten wird von den Beschäftigungspotenzialen in den wissensbasierten Dienstleistungen profitieren. Die gut bezahlten Arbeitsplätze in diesen Wirtschaftszweigen und die Dynamik einer jungen Generation werden die wirtschaftliche Entwicklung beschleunigen und damit einen immer stärkeren Sog auf andere Regionen – insbesondere den ländlichen Raum – ausüben. Darüber hinaus kann es zu einem bevorzugten Zustrom junger und gut ausgebildeter Arbeitskräfte und Migranten kommen, die in den vorliegenden Zahlen nicht explizit modelliert wurden.
- Ähnliches gilt für den Süden Deutschlands. In Bayern und Baden-Württemberg sind die Voraussetzungen für eine erfolgreiche Entwicklung in der Zukunft bereits jetzt sehr gut und die Attraktivität der Regionen ist hoch. Vergleichsweise

moderne Wirtschaftsstrukturen und ein hohes Einkommensniveau werden gut ausgebildete Arbeitskräfte anziehen und die Entwicklungschancen verbessern.

- Die Flächenstaaten des mittleren und nördlichen Deutschlands werden dem gesamtdeutschen Trend folgen. Hier werden sich begünstigende und belastende Faktoren die Waage halten. Die städtischen Großräume Hannover, Köln und Frankfurt werden sich ähnlich entwickeln wie die Stadtstaaten. Der ländliche Raum wird aber von der Schrumpfung des Arbeitsangebots umso stärker betroffen sein.

- Die Entwicklung in den ostdeutschen Bundesländern und im Saarland wird das eigentliche Problem der Regionalpolitik in Deutschland sein. Zwar sind diese Länder in ihren Wirtschaftsstrukturen inzwischen gut aufgestellt, aber es werden ihnen die Arbeitskräfte fehlen, um Wachstum zu erzielen. Insbesondere Thüringen und Sachsen-Anhalt werden Schwierigkeiten haben, im bundesweiten Wettbewerb um Arbeitskräfte zu bestehen. Die Abwanderung von Arbeitskräften wird zum Dauerproblem werden und die Entwicklungschancen weiter beeinträchtigen. Es wird schwer werden, diesem Teufelskreis zu entkommen.

Nach diesen Ergebnissen wird die Wiedervereinigung und die durch sie verursachte Abwanderung von Arbeitskräften aus den ostdeutschen Bundesländern ein demografisches „Nachbeben" auslösen, das die Regionalstruktur in Deutschland grundlegend verändern wird. Den Verlust von bis zu einem Achtel der Arbeitskräfte können diese Regionen nicht verkraften ohne nachhaltigen Schaden zu nehmen. Ohne wirksame Gegenmaßnahmen wird es zur Entleerung der ländlichen Gebiete kommen und zur Abwanderung von Betrieben. Die regionalen Märkte werden schrumpfen und das Einkommensniveau wird sinken.

... aber Abbau der regionalen Ungleichgewichte

Vom bundesweiten Abbau der Erwerbslosigkeit werden alle Bundesländer profitieren. Nach beiden Prognosevarianten erwarten wir für das gesamte Bundesgebiet einen Rückgang der Erwerbslosenquote von 5,0 % in 2013 auf 2,8 % in 2030. Davon werden nach unserer Einschätzung insbesondere die ostdeutschen Bundesländer profitieren. Die Erwerbslosenquoten werden in diesen Ländern im Jahr 2030 um 3 bis 4 Prozentpunkte niedriger sein als im Basisjahr 2013 und damit einen beachtlichen Beitrag leisten, den demografischen Rückgang des Arbeitsangebots zu dämpfen. Auch für Berlin und Bremen erwarten wir Entlastungen in ähnlicher Größenordnung. In den meisten westlichen Bundesländern wird die Erwerbslosigkeit um etwa 2 Prozentpunkte sinken.

Das Arbeitsangebot in den Bundesländern reagiert auf Engpässe, indem es die regionalen Ungleichgewichte durch Binnenwanderung, also die Verlagerung von Wohn- und Arbeitsplatz in ein anderes Bundesland, oder durch Pendlerbewegungen zwischen Wohn- und Arbeitsplatz auszugleichen versucht. Die Pendlerströme richten sich stark nach der Beschäftigungsdynamik bzw. nach der Höhe der Arbeitslosigkeit in den regionalen Arbeitsmärkten, wobei sich ein differenzierteres Bild ergibt: Die

Stadtstaaten reduzieren ihren Pendelsaldo, während die südlichen Flächenstaaten den Saldo zu ihren Gunsten ausweiten. Auch Hessen, Nordrhein-Westfalen und das Saarland weiten den Pendelsaldo etwas aus. Thüringen ist in der Lage den negativen Saldo etwas zu verringern. In den östlichen Ländern Brandenburg, Mecklenburg-Vorpommern und Sachsen-Anhalt steigt hingegen die Zahl der (Netto-)Auspendler. Gleiches gilt für die westlichen Flächenstaaten Schleswig-Holstein und Rheinland-Pfalz.

Die Prognoseergebnisse deuten darauf hin, dass die Wirkungen von Binnenwanderung und Pendlerströmen meist parallel laufen. In Bundesländern wie Berlin, Brandenburg, Bremen, Mecklenburg-Vorpommern, Sachsen-Anhalt und Nordrhein-Westfalen tragen beide Faktoren maßgeblich zum Rückgang des Arbeitsangebots bei und führen in der Folge zu vergleichsweise hohem Abbau der Erwerbslosigkeit. In Baden-Württemberg und Bayern hingegen sind beide Ströme positiv und der Rückgang der Erwerbslosigkeit bleibt gering. Damit geht die Prognose von einem funktionierenden Anpassungsprozess aus, in dem der Austausch von Arbeitskräften über die Grenzen der Bundesländer den Arbeitsmarkt stabilisiert.

Teil C Fachkräftebedarf kleiner, mittlerer und großer Betriebe

Betriebe unterschiedlicher Größe stehen im Wettbewerb um die Fachkräfte auf den regionalen Arbeitsmärkten, ihre Wettbewerbsposition ist allerdings unterschiedlich. Die abweichende Lage kleiner, mittlerer und großer Betriebe auf dem Arbeitsmarkt hat daher die Debatte um den Fachkräftemangel von Anfang an beherrscht. Diese Konkurrenzsituation wird sich unter den Bedingungen des von uns prognostizierten Arbeitskräftemangels in Zukunft weiter verschärfen.[4]

Entwicklung der Erwerbstätigkeit nach Betriebsgröße

Das größenspezifische Wandlungsmuster der deutschen Wirtschaft wird sich in der Prognoseperiode nicht grundlegend verändern. Wie bereits in der vergangenen Periode zu beobachten war, verlagern sich die Anteile der Beschäftigung sowohl zu den Groß- als auch den Kleinstbetrieben (Tabelle 3).

Tab. 3 Erwerbstätigkeit nach Betriebsgrößenklassen
Basisvariante

Erwerbstätige je Betrieb	2013	2030	Veränderung 2013–30		Veränderung 2000–13
	in 1.000		in 1.000	in %	in %
<10	11.139	10.938	−202	−1,8	2,0
10–49	8.987	8.700	−287	−3,2	−1,7
50–499	13.538	13.135	−402	−3,0	−1,8
500+	8.178	8.071	−106	−1,3	1,6
Insgesamt	41.841	40.844	−997	−2,4	

Quelle: Economix (G1)

Die Entwicklung in den Größenklassen geht maßgeblich auf den erwarteten sektoralen Strukturwandel zurück. Bei differenzierter Betrachtung der Beschäftigungsänderungen bis 2030 zeigt sich, dass die Beschäftigungsverluste der Großbetriebe im Wesentlichen mit dem Rückgang der Warenproduktion zusammenhängen. Relative Gewinne sind im Bereich Handel, Gastgewerbe und Verkehr sowie bei den Unternehmensdienstleistungen zu finden. Die Mittelbetriebe werden ebenfalls in der Warenproduktion an Beschäftigung verlieren, wie auch im Bereich Handel, Gastgewerbe, Verkehr und den öffentlichen und sozialen Diensten. Der Beschäftigungszuwachs bei den Unternehmens- und Finanzdiensten wird diese Verluste nicht kompensieren können. Die Beschäftigungsgewinne der Kleinstbetriebe gehen hingegen

---

4 Unsere Analyse bezieht sich auf den Betrieb als lokale Produktions- und Dienstleistungseinheiten – nicht auf das Unternehmen. Dabei unterscheiden wir zwischen Kleinstbetrieben mit weniger als 10 Beschäftigten, Kleinbetrieben mit 10 bis 49 Beschäftigten, Mittelbetrieben mit 50 bis 499 Beschäftigten und Großbetrieben mit 500 und mehr Beschäftigten.

auf die Zuwächse in den Unternehmensdiensten zurück. Auch bei den Kleinbetrieben wird dies der Fall sein. Sie gewinnen stark durch den Ausbau der Unternehmens- und Finanzdienste.

Die sektorale Analyse zeigt auch, dass die größenspezifische Umschichtung der Beschäftigung in den einzelnen Sektoren der Wirtschaft unterschiedlich verläuft. Während in der Warenproduktion damit zu rechnen ist, dass der Beschäftigungsrückgang überwiegend von den Groß- und Mittelbetrieben getragen wird, werden die Großbetriebe im Handel, Gastgewerbe und Verkehr sogar leichte Zuwächse verbuchen. In den öffentlichen und sozialen Diensten werden die mittelgroßen Betriebe die Hauptlast des Beschäftigungsabbaus zu tragen haben.

Neugründungen

Wir gehen nicht davon aus, dass sich das Gründungsgeschehen in Zukunft beleben wird. Dies liegt zunächst daran, dass einer der Gründe für den Anstieg der Selbstständigkeit in der Vergangenheit, die Arbeitslosigkeit, ihre – in diesem Fall positive – Kraft verlieren wird. Andererseits eröffnen die wachsenden Märkte in den wissensorientierten Diensten gute Chancen für Unternehmensgründer. Auch die Ausgründungen von Dienstleistern aus Industrie-, Handels- und Finanzunternehmen werden steigen, sodass das Gründungsgeschehen neue Impulse erfahren wird. Insgesamt werden sich die beiden genannten Effekte auf der gesamtwirtschaftlichen Ebene weitgehend kompensieren. Wir gehen daher für den Zeitraum bis 2030 davon aus, dass jährlich etwa 2 bis 3 % der Arbeitsplätze in neu gegründeten Betrieben entstehen werden.

Die Gründungsaktivitäten werden sich in den Dienstleistungssektor verlagern, während die Zahl der neu gegründeten Industrieunternehmen rückläufig sein wird. Das stärkste Wachstum erwarten wir für die Unternehmensdienste sowie für das Gesundheits- und Sozialwesen. Zum anderen wird sich die Qualifikationsstruktur der Beschäftigten in neu gegründeten Betrieben verändern. Der Anteil der Hoch- und Fachschulabsolventen liegt in den neuen Betrieben schon heute deutlich höher als in bestehenden Betrieben. Anders als in der jüngeren Vergangenheit werden es daher die Hochschulabsolventen sein, die den entscheidenden Beitrag zu den Neugründungen und ihrem Wachstum leisten werden. Für viele Betriebe wird das wissenschaftliche, technische, juristische oder kaufmännische Know-how die Geschäftsgrundlage bilden. Gleichzeitig bietet das Internet ein breites Spektrum an Gründungschancen, die zu niedrigen Markteintrittskosten genutzt werden können. Handel, Verkehr, technische und handwerkliche Dienste und viele andere Branchen können ihre Dienste nicht nur direkt im Markt anbieten, sondern ihre Absatzgebiete ohne nennenswerte Zusatzkosten ausweiten. Dies wird die Wettbewerbsposition neu eintretender und kleiner Betriebe stärken.

Entwicklung nach Beruf und Qualifikation

Wir erwarten in allen Betriebsgrößen den Abbau der Beschäftigung in Fertigungsberufen. Ebenso wird die Beschäftigung in Verwaltungs- und Büroberufen in großen wie in kleinen Betrieben zurückgehen, in den Gesundheitsberufen hingegen steigen.

Die Berufsprofile der Großbetriebe werden stärker auf das Management, den Warenhandel und die Dienstleistungen sowie auf Wissenschaft und Technik ausgerichtet sein. Auch in den Gesundheitsberufen, den persönlichen Dienstleistungsberufen und den künstlerischen Berufen wird die Beschäftigung in Großbetrieben wachsen.

Bei den Mittelbetrieben wird die Umschichtung des Berufsprofils im Prinzip ähnlich verlaufen. Allerdings werden sie vom Abbau der Fertigungsberufe weniger stark betroffen sein. Aber auch die Nachfrage nach Waren- und Dienstleistungskaufleuten und nach Managern wird weniger expandieren als bei den Großbetrieben.

Die Berufsprofile der Kleinbetriebe werden sich im Vergleich zu den anderen Größenklassen nur moderat verändern. Sie werden sich in Richtung Gesundheitsberufe, persönliche Dienstleistungsberufe, künstlerische und wissenschaftliche Berufe verlagern. Die Expansion der Nachfrage nach Waren- und Dienstleistungskaufleuten und Verkehrsberufen werden sie hingegen nicht mitmachen. Vom Abbau der Fertigungsberufe werden sie weniger betroffen sein als die größeren Betriebe. Der Abbau der Verwaltungs- und Büroberufe wird allerdings besonders forciert sein.

In den Kleinstbetrieben wird sich die Nachfrage vor allem zu Gesundheitsberufen, künstlerischen und wissenschaftlichen Berufen verlagern. Darüber hinaus werden sie mehr Verkehrsberufe nachfragen. Der Rückgang der Fertigungsberufe wird in dieser Größenklasse am geringsten ausfallen.

Die starke Expansion der Beschäftigten mit Hochschulabschluss wird sich in allen Größenklassen niederschlagen. So wird 2030 gut ein Viertel der Beschäftigten in Kleinstbetrieben eine tertiäre Berufsbildung haben. Bei Großbetrieben wird es knapp ein Drittel sein. Die Klein- und Mittelbetriebe werden etwas geringere Anteile an Hochschulabsolventen haben.

Engpässe

Die kleineren Betriebe werden sich rasch an einen Arbeitsmarkt gewöhnen müssen, in dem der Zustrom an jungen Arbeitskräften kontinuierlich zurückgeht. Wir erwarten daher auch für Arbeitskräfte in industriellen und handwerklichen Berufen Engpässe, von denen kleinere Betriebe besonders betroffen sein werden. Für sie wird der Problemdruck am größten sein, da kleinere Betriebe stärker an der dualen Ausbildung beteiligt sind. Dies hat insbesondere Auswirkungen auf das Handwerk. Dabei ist nicht zu übersehen, dass die Umschichtung des Personals von Auszubildenden auf ausgebildete Arbeitskräfte mit höheren Personalkosten verbunden sein wird.

Die kleineren Betriebe, die bisher auf Auszubildende gesetzt haben, werden also mit organisatorischen Umstellungen reagieren müssen, die die Produktivität der Arbeitsleistung auf den bisher von Auszubildenden eingenommenen Arbeitsplätzen entsprechend erhöht. Sie werden sich auch darauf einstellen müssen, dass ein größerer Teil des Fachkräftebedarfs auch durch eine duale Ausbildung für Erwachsene gedeckt werden muss. Dies wird insbesondere für die Arbeitskräfte ohne berufliche Bildung erforderlich sein.

Die Engpässe werden in den verschiedenen Berufs- und Qualifikationssegmenten des Arbeitsmarktes so stark sein, dass sie in der Regel sowohl Groß- als auch Kleinbetriebe betreffen. Gleichwohl steigt nach unseren Berechnungen der Anteil der knappen Berufe an den Erwerbstätigen der einzelnen Größenklassen mit steigender Betriebsgröße an. Dieser Anteil wird im Jahr 2030 bei Kleinstbetrieben 40 % erreichen. Bei Großbetrieben werden es hingegen 47 % sein. Insgesamt haben also Berufsgruppen mit stärkerer Knappheit einen größeren Anteil an der Beschäftigung in Großbetrieben.

Dem steht allerdings die Bevorzugung von Großbetrieben durch die Bewerber für einen neuen Arbeitsplatz gegenüber. Dies wird die Unterschiede zwischen den Größenklassen kompensieren. Kleinere Unternehmen werden sich im Konkurrenzkampf um Beschäftigte an die Strategien der Großunternehmen anpassen müssen. Dies bedeutet, dass sie ähnlich attraktive Angebote machen müssen. Zugleich wird sich ihre Bereitschaft erhöhen müssen im Ausland erworbene Qualifikationen und Berufserfahrung besser einzusetzen. Allerdings werden in der Gesamtlage des Arbeitsmarktes die größenspezifischen Fachkräfteengpässe – insbesondere die der kleineren Betriebe – in der heutigen Diskussion überschätzt.

Schlussfolgerungen und Empfehlungen

Zuwanderung hat einen positiven Multiplikatoreffekt auf Wirtschaft und Arbeitsmarkt ...

Auch wenn wir nicht davon ausgehen, dass die jüngste Einwanderungswelle anhält, bleibt Deutschland nach unserer Einschätzung auch langfristig ein Einwanderungsland. Die Szenarien kommen zu dem gemeinsamen Ergebnis, dass die Zuwanderung sehr wohl in der Lage ist, den Rückgang der inländischen Erwerbspersonenzahl zunächst auszugleichen und die Altersstruktur der Erwerbsbevölkerung zu verbessern. Die Nettozuwanderung erlaubt sowohl die Ausweitung der Beschäftigung als auch ein höheres Wirtschaftswachstum. Die höhere Beschäftigung ist im Wirtschaftskreislauf sofort wirksam und verbessert die Wachstumsaussichten der Investoren, deren Pläne durch die steigende Nachfrage mit hoher Wahrscheinlichkeit realisiert werden.

... beseitigt den Fachkräftemangel aber nicht

Der Multiplikatoreffekt setzt voraus, dass die einwandernden Arbeitskräfte den Qualifikations- und Leistungsanforderungen auf dem deutschen Arbeitsmarkt, entsprechen. Nur unter dieser Voraussetzung kann die wirtschaftliche Integration der Zuwanderer ohne Friktionen ablaufen. In unserer Prognose gehen wir davon aus, dass das Qualifikationsniveau der im Land verbleibenden Zuwanderer den Veränderungen der Arbeitskräftenachfrage in Deutschland folgen wird, d. h. wir erwarten eine steigende Zahl qualifizierter Zuwanderer, insbesondere einen steigenden Anteil an Hochschulabsolventen. Wir erwarten darüber hinaus einen vergleichsweise hohen Anteil junger Arbeitskräfte. Das Angebot an zuwandernden Arbeitskräften füllt daher wichtige Lücken auf dem deutschen Arbeitsmarkt und dies zu niedrigen Kosten.

Die angenommene erfolgreiche Integration der zuwandernden Arbeitskräfte und der dadurch ausgelöste Multiplikatoreffekt sind letztlich aber dafür verantwortlich, dass der Fachkräftemangel durch die Zuwanderung nicht beseitigt wird. Da sich sowohl die Beschäftigungs- als auch die Wachstumschancen verbessern, bleibt es am Ende bei der mehr oder weniger gleichen Engpasslage. Allerdings werden Wirtschaft und Arbeitsmarkt auf einen höheren Wachstumspfad verlagert.

Der Verzicht auf Maßnahmen zur Ausweitung des Arbeitsangebots birgt hingegen viel verteilungspolitisches Konfliktpotenzial. Auch ist nicht sicher ob er das Wachstum nur einschränken oder eine Abwärtsspirale in der wirtschaftlichen Entwicklung in Gang setzen würde. Die Einschränkung der Wachstumsaussichten würde Unternehmen zur Verlagerung ihrer Geschäftätigkeit ins Ausland verleiten, und zwar gerade die wettbewerbsfähigen, auf die man nicht verzichten wollte. Ebenso würden die leistungsorientierten Arbeitskräfte ihre Chancen im Ausland suchen. Vor allem käme durch das geringere – möglicherweise sogar negative – Wachstum die Finanzierung des Sozialsystems ins Wanken, ohne dass die Probleme der Alterung gelöst wären. Bei geringeren Beitrags- und Steuerleistungen aus den Arbeitseinkommen müssten die Vermögen zur Finanzierung herangezogen werden. Generell müssten die Vermögenseinkommen einen größeren Beitrag zur Aufrechterhaltung des Wohlstandsniveaus leisten.

Regionale Unterschiede

Die regionale Prognose zeigt, dass auch zweieinhalb Jahrzehnte nach der Wiedervereinigung und trotz der inzwischen erreichten wirtschaftlichen und gesellschaftlichen Integration eine scharfe Trennlinie zwischen den Entwicklungsperspektiven für die westdeutschen und ostdeutschen Bundesländer verläuft. Diese Trennlinie steht maßgeblich mit der demografischen Entwicklung der Vergangenheit in Zusammenhang. Die starke Abwanderung junger Menschen aus den ostdeutschen Flächenstaaten in den Jahren nach der Wende hat die Entwicklungspotenziale dieser Regionen nachhaltig geschwächt.

Die wirtschaftliche Entwicklung in den Bundesländern wird nach unserer Einschätzung vom Engpassfaktor Humankapital bestimmt. Demografie und die Qualifikation der Erwerbsbevölkerung werden die Wachstumspotenziale der Regionen umso mehr bestimmen als sich die Produktivität auf ihrem Maximalpfad bewegt. Genau dies ist bei raschem Informationsfluss und hoher Mobilität des Kapitals zu erwarten. Beide Faktoren bewirken eine schnelle Angleichung der technologischen Standards, der innerbetrieblichen Organisationsstrukturen und letztlich des strukturellen Wandels in den Regionen. Gleichzeitig weiten sich die Absatzregionen durch die informationstechnische Vernetzung aus und reduzieren damit die strukturgestaltende Wirkung der regionalen Nachfrage. Der Einfluss der regionalen Wirtschaftsstruktur auf das Wachstum schwächt sich damit ab und wird durch den Engpassfaktor „Qualifikation des Humankapitals" abgelöst.

In den ostdeutschen Flächenländern und im Saarland steht die Eindämmung der quantitativen Verluste an Arbeitskräften im Vordergrund. Mit umfangreichen Programmen wäre eine Politik der Arbeitskräftesicherung zu betreiben, die sowohl an der Entwicklung des Arbeitsangebots als auch an der Schaffung von Arbeitsplätzen ansetzt. Dazu gehört es vor allem
- die Attraktivität der kleineren Städte für junge Menschen zu steigern,
- die Gründung und den Ausbau von Bildungseinrichtungen, insbesondere der professionellen Weiterbildung voranzutreiben,
- altersgerechte Arbeitsplätze zu schaffen und ältere Arbeitskräfte durch berufliche Weiterbildung und Umschulung im Arbeitsmarkt zu halten,
- den wirtschaftlichen Strukturwandel voranzutreiben und eine wissensbasierte Dienstleistungsökonomie zu schaffen,
- die Länder durch die Anwerbung von Arbeitskräften aus dem Ausland und die Stärkung der in- und ausländischen Direktinvestitionen zu öffnen.

Dabei geht es eher um Schadensbegrenzung als um Trendumkehr, denn die demografischen Grundstrukturen bestimmen das Geschehen noch lange.

Langfristige Ausrichtung der arbeitsangebotsorientierten Politik

Unser Ausblick auf die Entwicklung des Arbeitsangebots bis 2050 hat gezeigt, dass langfristig der demografische Wandel nicht ohne eine substanzielle Steigerung der Geburtenziffern zu bewältigen sein wird. Dies zeigen unsere Simulationsrechnungen für die Entwicklung des Arbeitsangebots bis 2050 in aller Deutlichkeit. Unter der Annahme eines stetigen Anstiegs der durchschnittlichen Geburtenziffer auf 1,9 bis zum Jahr 2050 und bei fortgesetzter Zuwanderung in Höhe von 200.000 Personen pro Jahr sowie bei weiterem Anstieg der Erwerbsbeteiligung der Frauen und Älteren kann es gelingen, den Rückgang des Arbeitsangebots wenn auch nicht aufzuhalten, so doch nachhaltig zu verlangsamen. Wenn die Überalterung der Bevölkerung als strukturelles Problem angegangen werden soll, kommt es darauf an, ein wirksames und alle Politikbereiche umfassendes, langfristig orientiertes Aktionsprogramm für den demografischen Wandel umzusetzen. Im Folgenden werden Empfehlungen für eine solche Politik formuliert.

Förderung der Erwerbsbeteiligung von Frauen und Verbesserung der Beschäftigungsfähigkeit von Älteren

Auch wenn wir bereits weitgehende Maßnahmen zur Förderung der Erwerbsbeteiligung von Frauen und Älteren in unsere Prognose eingebaut haben, scheint der Aktionsrahmen für die Ausweitung des Arbeitskräfteangebots noch nicht ausgeschöpft zu sein. Eine forcierte Politik der Familienförderung, zur Vereinbarkeit von Familie und Beruf sowie höhere Anreize zur Verlängerung des Arbeitslebens würden nicht nur die Zahl der Erwerbstätigen steigern, sondern auch zur Ausweitung der Arbeitszeiten von Teilzeitbeschäftigten beitragen (Vogler-Ludwig, Düll 2013, S. 149).

Für die Steigerung der Frauenerwerbsquoten bei gleichzeitiger Erhöhung der Geburtenraten sind Maßnahmen zur besseren Vereinbarkeit von Familie und Beruf, insbesondere der massive Ausbau von Ganztagsbetreuungseinrichtungen und Ganztagsschulen und der Pflegeeinrichtungen für Alte sowie die weitere Flexibilisierung und Verknüpfung verschiedener Betreuungsmodelle zentrale Bausteine. Darüber hinaus gehen vom Abbau geschlechtsspezifischer Lohnungleichheiten und der Verbesserung der betrieblichen Karrierewege für Frauen Anreize auf eine stärkere Erwerbsbeteiligung aus.

Die jüngste Rentenreform wird die Erwerbsbeteiligung Älterer nach unserer Einschätzung reduzieren. Es muss allerdings anerkannt werden, dass diese Maßnahmen auf langjährig Versicherte und den Ausgleich von Nachteilen für Mütter gerichtet sind. Insoweit dienen sie dem Lastenausgleich und stellen die langfristige Anhebung des Renteneintrittsalters nicht infrage. Vor dem Hintergrund der Rentenreform werden daher Maßnahmen umso wichtiger, die auf die freiwillige Verlängerung des Arbeitslebens zielen. Dies muss bereits in frühen Phasen der Erwerbstätigkeit beginnen, da Lernfähigkeit und Anpassungsbereitschaft maßgeblich vom Arbeitsprozess bestimmt werden. Förderprogramme zur Entwicklung flexibler Arbeitssysteme, fortlaufende Weiterbildung und die Gestaltung altersgerechter Arbeitsplätze könnten helfen, die Arbeitskräfte nicht nur auf ein längeres Arbeitsleben vorzubereiten, sondern sie auch dafür zu motivieren. Die Unternehmen sind weiterhin gefordert, ihre Arbeitsorganisation, Aufgabenverteilung und die Qualität der Arbeitsplätze an die älter werdenden Belegschaften anzupassen als auch deren Leistungspotenziale zu entwickeln. Dabei besteht erheblicher Nachholbedarf.

Einstieg in die Erwachsenenbildung und Aufstiegsqualifizierung

Nachholbedarf besteht auch bei der Entwicklung eines strukturierten Weiterbildungssystems (Vogler-Ludwig, Düll 2013, S.152). Dieses Weiterbildungssystem soll nicht nur die Zahl der Teilnehmer an der beruflichen Bildung steigern, sondern die vorhandenen informellen Kompetenzen durch geeignete Validierungsverfahren für den Arbeitsmarkt sichtbar und verwertbar machen. Die Realität ist demgegenüber ernüchternd. Die Validierung beruflicher Kenntnisse ist nur im Rahmen bestehender Prüfungsordnungen möglich. Die Teilnehmerzahlen sind gering, ebenso wie die Zahlen für die Anerkennung von ausländischen Berufsabschlüssen. Die institutionelle Verankerung im deutschen Berufsbildungssystem fehlt.

Dazu gehört auch die Förderung des beruflichen Aufstiegs durch geeignete Kurse für die Absolventen der beruflichen Ausbildung. Modulare Systeme scheinen am besten geeignet, die Beteiligung am lebenslangen Lernen zu steigern. Schließlich gehört dazu auch die Förderung des lebenslangen Lernens durch den Staat, zumal er bei der beruflichen Erstausbildung Einsparungen durch die sinkenden Kinderzahlen erzielt. Eine höhere Beteiligung an der Weiterbildung wird nicht gelingen, wenn die Arbeitskräfte und die Unternehmen die direkten und indirekten Kosten der Weiterbildung allein tragen müssen. Die staatliche Bildungspolitik ist daher gefordert, den institutionellen und finanziellen Rahmen für die Weiterbildung zu schaffen.

Die duale Ausbildung steht schon lange vor der Forderung, den Spezialisierungsgrad der Ausbildungsordnungen zu reduzieren, und hat darauf auch reagiert. Aber der Wandel der Arbeitswelt läuft nach wie vor schneller ab, als dies in den Verordnungen berücksichtigt wird. Es kommt daher auch hier darauf an, die Erstausbildung auf den Erwerb von Basiskompetenzen zu konzentrieren und durch weitere Module im Laufe des lebenslangen Lernens zu ergänzen. Im Rahmen der dualen Ausbildung muss von den Betrieben auch ein höheres Maß an Ausbildungsleistungen eingefordert werden, insbesondere von jenen, die eher an der Arbeitskraft als an der Ausbildung interessiert sind. Schließlich sollte das Verhältnis von Schule und Betrieb flexibel gehandhabt werden, um den unterschiedlichen Bildungsanforderungen zu genügen und die Aufstiegsmobilität der Teilnehmer zu sichern. Das holländische Berufsbildungssystem bietet dafür eine gute Vorlage.

Die entscheidende Umschichtung innerhalb der Arbeitskräfte erfolgt durch die Verringerung der Zahl der Arbeitskräfte ohne beruflichen Abschluss. Wir gehen davon aus, dass der Fachkräftemangel nicht nur die Politik, sondern auch die Unternehmen dazu veranlassen wird, in die Ausbildung ihrer Arbeitskräfte zu investieren. Am unteren Ende des Qualifikationsspektrums wird dies sowohl durch verstärkte Anstrengungen zur Integration von ausbildungsferneren Jugendlichen geschehen als auch durch den Ausbau der beruflichen Weiterbildung. Dies sind die Voraussetzungen, damit die Wirtschaft ihren Qualifikationsbedarf überhaupt in wirksame Nachfrage umsetzen kann.

Politikmaßnahmen bei stetiger Zuwanderung

Wir haben in unserer Prognose gezeigt, welche insgesamt positiven Effekte von der Zuwanderung ausgehen. Es kommt jedoch auf eine möglichst reibungslose Integration der einwandernden Arbeitskräfte und das Anknüpfen an die mitgebrachten Kompetenzen an. Es besteht die Gefahr, dass die Einwanderer, anders als in der Prognose angenommen, zu häufig ihr bisher erworbenes Humankapital nicht in vollem Umfang verwerten können. Wie die Vergangenheit gezeigt hat, müssen Zuwanderer im ersten Jahr der Zuwanderung häufig Jobs unterhalb ihres Qualifikationsniveaus annehmen um ein existenzsicherndes Einkommen zu gewährleisten. Die Gefahr einer dauerhaften Entwertung des Humankapitals ist nicht ausgeschlossen.

Die Anerkennung von ausländischen Berufsabschlüssen und praktischer Berufserfahrung sollte daher nicht nur im Rahmen der bestehenden Berufsbildung ausgeweitet, sondern durch praktikable Verfahren implementiert werden. Die Berufsbildungspolitik sollte den einwandernden Arbeitskräften neben der sprachlichen Förderung die notwendige Anpassungsqualifizierung bieten. Dazu können der Ausbau der Weiterbildung in den Hochschulen, Universitäten und privaten Bildungsinstitutionen sowie eine stärkere Öffnung der dualen Berufsausbildung für Erwachsene beitragen. Für die Jugendlichen mit Migrationshintergrund kommt es darauf an, ihren Zugang zur dualen Ausbildung und den Hochschulen zu fördern. Dies ist eine seit Langem unbefriedigend gelöste Aufgabe, die ein wichtiges Qualifikationspotenzial ungenutzt lässt.

Fachkräftebedarf nach Betriebsgröße

Die sich abzeichnenden Engpässe auf dem deutschen Arbeitsmarkt werden nach unseren Erwartungen am ehesten den Mittelstand treffen. Großbetriebe erfreuen sich einer starken Beliebtheit unter den Bewerbern um neue Stellen. Kleinstbetriebe gewinnen durch die Gründungsaktivitäten von Selbstständigen im Dienstleistungsbereich. Es bleiben die mittelgroßen Betriebe, die ihre Beschäftigungspläne in einem enger werdenden Arbeitsmarkt vermutlich am wenigsten durchsetzen können. Auch die Kleinstbetriebe, die bisher einen Schwerpunkt auf die duale Ausbildung gesetzt haben, werden durch den Rückgang der jungen Generation stark betroffen sein.

Aufgrund der Vielschichtigkeit der Entwicklungen, die sich in den Größenklassen auswirken, erscheint eine größenspezifische Arbeitsmarktpolitik kaum sinnvoll. Sie hätte eine zu geringe Zielgenauigkeit. Ähnliches gilt auch für die Mittelstandspolitik, die erst zielführend ist, wenn sie sich auf sektorspezifische oder regionale Wachstums- und Innovationskerne bezieht. Es sind daher immer weitere Zielsetzungen erforderlich, um größenbezogene Politikmaßnahmen wirksam zu machen. Eine größenspezifische Angebotspolitik dürfte auch deshalb ins Leere laufen, weil die Nachfrage nach Arbeitskräften zwar nach Betriebsgrößen segmentiert ist, das Angebot aber nicht. Die Wahlfreiheit der Beschäftigten in Betrieben beliebiger Größe zu arbeiten, entzieht einer solchen Politik den Boden.

Gleichwohl stehen die Betriebe mit einem hohen Anteil an dual ausgebildeten Arbeitskräften vor dem Problem, dass der Zustrom aus der beruflichen Ausbildung deutlich abnehmen wird. Wir haben im Rahmen unserer Prognose den Vorschlag gemacht, diesem Problem durch den Aufbau eines strukturierten, zertifizierten, allgemeinen Weiterbildungssystems zu begegnen. Hier sind vor allem Klein- und Kleinstbetriebe und ihre Interessenvertretungen gefordert, den Nachwuchs durch den Ausbau der dualen Ausbildung für Erwachsene zu sichern. Ebenso sollten die Hochschulen stärker dazu beitragen, durch eine duale Hochschulbildung und andere Formen der beruflichen Weiterbildung das Nachwuchsproblem zu lösen.

Aufgabenstellung, Konzept und Methodik

Aufgabenstellung und Inhalt

Zwei Jahre nach der Erstellung des ersten Prognoseberichts für den deutschen Arbeitsmarkt (Vogler-Ludwig, Düll 2013) legen wir mit der Prognose 2014 nicht nur eine Neuauflage des damaligen Berichts vor, sondern erweitern die bisherigen Arbeiten in wichtigen Teilen:

- zwei alternative Bevölkerungsprognosen bis 2030, die es uns erlauben, alternative Wanderungsszenarien abzuschätzen;
- eine langfristige Vorausschau auf das Arbeitsangebot bis zum Jahr 2050;
- die Prognose der Arbeitsmärkte in den Bundesländern;
- die Prognose des Fachkräftebedarfs kleiner, mittlerer und großer Betriebe.

> ### Aufgabenstellung durch das BMAS
>
> Das Bundesministerium für Arbeit und Soziales hat uns im Jahr 2011 mit der „Analyse der zukünftigen Arbeitskräftenachfrage und des -angebots auf Basis eines Rechenmodells" beauftragt. Die Absicht war „... regelmäßig und dauerhaft transparente, detaillierte und wissenschaftlich fundierte Einschätzungen über die zukünftige Entwicklung der gesamtwirtschaftlichen Arbeitskräftenachfrage und des -angebots in Deutschland abgeben zu können." (Bundesministerium für Arbeit und Soziales 2011). Dazu war ein Prognosemodell zu entwickeln, das als Frühwarnsystem dient, um mögliche Arbeitskräfteengpässe besser abzuschätzen und zielgerichtete Maßnahmen zur Arbeitskräftesicherung abzuleiten.

Darüber hinaus haben wir die Datenbasis unserer Modelle bis zum Jahr 2013 aktualisiert, neu verfügbare Daten, wie den Zensus 2011, einbezogen und die Modelle neu geschätzt.

Die Erstellung einer eigenen Bevölkerungsprognose war notwendig geworden, weil die bisher von uns verwendete 12. koordinierte Bevölkerungsvorausberechnung des Statistischen Bundesamts (2009) sowohl durch die Ergebnisse des Zensus 2011 als auch durch die Entwicklung der Zuwanderung in der jüngsten Vergangenheit überholt war (vgl. Abschnitt A 3.1). Dies eröffnete die Möglichkeit, sowohl im Hinblick auf die Zuwanderung alternative Szenarien zu berechnen, als auch im Hinblick auf die langfristige Entwicklung des Arbeitsangebots bis 2050. Es war der Wunsch des BMAS, über den Zeithorizont von 2030 hinauszublicken, da der demografische Wandel den Arbeitsmarkt langfristig bestimmen wird. Wir haben diesen Ausblick auf die quantitative Entwicklung des Arbeitskräfteangebots beschränkt (vgl. Abschnitt A 3.5). Eine umfassende Einschätzung der ökonomischen, gesellschaftlichen und politischen Entwicklungen muss künftigen Arbeiten im Rahmen dieses Projekts vorbehalten bleiben.

Wir haben diesen Bericht in drei Teile gegliedert:

- *Teil A* enthält die Prognose des Arbeitsmarktes auf der Bundesebene. Er behandelt die langfristigen Trends von Arbeitskräfteangebot und Arbeitskräftenachfrage bis 2030 in tiefer sektoraler, beruflicher und qualifikationsspezifischer Gliederung. Diese Differenzierung wird genutzt, um neben der gesamtwirtschaftlichen Arbeitsmarktbilanz die strukturelle Dimension des Problems Fachkräftemangel aufzuzeigen. In diesem Teil ziehen wir auch die wesentlichen Schlussfolgerungen der Prognose im Hinblick einer auf die Deckung des Fachkräftebedarfs ausgerichteten Arbeitsmarkt- und Beschäftigungspolitik. Im Aufbau entspricht dieser Teil weitgehend dem Hauptbericht 2012 (Vogler-Ludwig, Düll 2013).
- *Teil B* beinhaltet die Prognose für die Bundesländer, die wir im November 2013 erstmals erstellt und als Arbeitspapier veröffentlicht haben (Vogler-Ludwig, Düll, Kriechel 2013). Für den vorliegenden Bericht wurde die Datenbasis aktualisiert und das Regionalmodell mit dem neuen Datensatz berechnet. Dabei spielt die Zuwanderung auch für die Abschätzung der Arbeitsmarktentwicklung in den Bundesländern eine wichtige Rolle, zumal die Verteilung der Wanderungsströme über die Bundesländer sehr unterschiedlich ist.
- *Teil C* behandelt die Vorausschau auf den Fachkräftebedarf nach Betriebsgröße. Auch dieser Bericht wurde erstmals als Arbeitspapier zusammen mit der Regionalprognose veröffentlicht (Vogler-Ludwig, Kriechel 2013). Für den vorliegenden Bericht haben wir die Datenbasis auf den aktuellen Stand gebracht und das Modell neu geschätzt.

Für jeden Berichtsteil wurde ein ausführlicher Datenanhang erstellt, der die quantitativen Prognoseergebnisse enthält. Die Anhänge sind online verfügbar. Die Modellstruktur und die angewandten Methoden werden im Methodenbericht dargestellt (Kriechel, Vogler-Ludwig 2013).

Wir sehen diesen Bericht sowohl als Neuauflage unserer Prognose von 2012 als auch als Erweiterung der Analysen und Modellrechnungen unter Berücksichtigung neuer Daten und Erkenntnisse. Dazu gehören, neben den bereits genannten Bevölkerungsvorausschätzungen,

- die Berücksichtigung der Reformmaßnahmen der Bundesregierung im Jahr 2014, insbesondere die Auswirkungen der Rentenreform und die Einführung des Mindestlohnes,
- die Einbeziehung der jüngsten Zuwanderungswelle in den Jahren 2010–14 und die Beantwortung der Frage, wie sich Zuwanderung und Zuwanderungspolitik in Zukunft entwickeln werden,
- die Identifizierung eines veränderten Arbeitsmarktregimes, das im Zuge der Arbeitsmarktreformen während der letzten zehn Jahre entstanden ist.

Unsere Annahmen zum strukturellen Wandel von Arbeitskräfteangebot und -nachfrage haben wir hingegen nicht verändert. Dazu fehlte uns einerseits die Datengrundlage, da zwei bis drei Jahre an zusätzlichen Informationen nicht ausreichen, um strukturelle Trends zu validieren. Andererseits sehen wir aus unterschiedlichen Informationsquellen wiederholte Bestätigung für den von uns erwarteten Wandel in Richtung eines wissensorientierten, globalisierten und flexiblen Arbeitsmarktes. Auch diese Trendüberprüfung muss späteren Arbeiten überlassen bleiben.

Methodik

Das quantitative Zukunftsmodell besteht unverändert aus vier Modulen[5]:
- *G3M:* ein sektorales Strukturmodell, das Angebot und Nachfrage auf dem Arbeitsmarkt simultan schätzt.
- *EMOD:* das Modell der beruflichen und qualifikationsspezifischen Nachfrage nach Arbeitskräften. Es schätzt die Veränderungen der beruflichen und qualifikationsspezifischen Zusammensetzung der Beschäftigten in 44 Wirtschaftszweigen, 88 Berufen und 29 Qualifikationsgruppen[6] voraus.
- *RMOD:* das Ersatzbedarfsmodell, das die langfristige, überwiegend demografisch bedingte Ersatznachfrage von Arbeitskräften nach Berufen und Qualifikationen vorausschätzt.
- *SMOD:* das Strommodell des Arbeitsmarktes, das Zu- und Abgänge auf dem Arbeitsmarkt vorausschätzt und damit die Engpässe bzw. Überschüsse nach Berufen und Qualifikationen ermittelt.

Datengrundlage

Die Datengrundlage der Modellrechnungen besteht aus der Volkswirtschaftlichen Gesamtrechnung, dem Mikrozensus, der Arbeitsmarktstatistik der Bundesagentur für Arbeit und der Erhebung des gesamtwirtschaftlichen Stellenangebots. Wir danken dem Statistischen Bundesamt und der Bundesagentur für Arbeit für die konstruktive Zusammenarbeit bei der Erstellung von Sonderauswertungen.

Das Jahr 2014 hat eine Vielzahl von Neuerungen im Bereich der amtlichen Statistik gebracht, und weitere Änderungen sind gegenwärtig in Arbeit. Dazu gehören insbesondere die
- Bevölkerungsdaten des Zensus 2011 (Stand April 2014)
- Umstellung der Berufsdaten auf die Klassifizierung der Berufe 2010 (Mikrozensus 2012, in der Sonderauswertung vom Mai 2014)
- Neuberechnung der Statistik der sozialversicherungspflichtig Beschäftigten (September 2014)

---

5 Die genauere Beschreibung findet sich im Hauptbericht 2013, Abschnitt „Bauplan des Zukunftsmodells" (Vogler-Ludwig, Düll, 2013, S. 31 ff.) sowie im Methodenbericht (Kriechel, Vogler-Ludwig, 2013b).
6 Vgl. Anhang I 6

- Revision der Volkswirtschaftlichen Gesamtrechnung (September 2014)
- Neuberechnung der Bevölkerungsvorausschätzung (geplant)
- Neuberechnung des Mikrozensus auf Basis des Zensus 2011 (geplant)

Diese Neuerungen wurden einbezogen, soweit die Daten Mitte 2014 vorlagen. Dies gilt insbesondere für den Zensus 2011 und die neue Klassifizierung der Berufe. Im Übrigen können einige der Änderungen erst in der Projektphase 2015–16 zum Thema gemacht werden. Dies eröffnet die Möglichkeit, die Umstellungen eingehend zu prüfen und eventuelle Revisionen einzubeziehen.

Forschungsteam

Dieses Projekt wurde von einem Forschungsteam aus zwölf Mitarbeitern erstellt:

Kurt Vogler-Ludwig (Economix, Gesamtkoordination)

Nicola Düll (Economix, Angebot an Arbeitskräften)

Ben Kriechel (Economix, Koordination der Modellrechnungen)

Tim Vetter (Economix)

Hector Pollitt (CE, Koordination des Strukturmodells)

Eva Alexandri (CE, G3M)

Rob Wilson (IER, Koordination der Erwerbstätigenschätzung)

Peter Millar (IER, EMod)

Luke Bosworth (IER, EMod)

Pamela Meil (ISF, Fachexpertisen)

Bernd Dworschak (IAO, Fachexpertisen)

Helmut Zaiser (IAO, Fachexpertisen)

Glossar

Zur besseren Verständlichkeit möchten wir die Verwendung einiger grundlegender Begriffe in diesem Bericht erläutern:
- *Erwerbstätige* umfassen alle tätigen Arbeitskräfte nach dem Konzept der Volkswirtschaftlichen Gesamtrechnung. Damit sind neben den Arbeitnehmern und Selbstständigen auch die geringfügig Beschäftigten eingeschlossen, die in den Zahlen des Mikrozensus nicht vollständig enthalten sind. Durch entsprechende Schätzungen haben wir die Mikrozensusdaten ergänzt. Die Erwerbstätigen sind identisch mit der Nachfrage nach Arbeitskräften in der Bestandsbetrachtung. Wir verwenden den Begriff synonym mit *Beschäftigten*.

- *Arbeitsangebot nach der Bestandsrechnung:* Dies ist identisch mit der Zahl der *Erwerbspersonen,* die aus den Erwerbstätigen und den Erwerbslosen bestehen.
- *Erwerbslose* sind nicht nur die registrierten Arbeitslosen nach der Statistik der Bundesagentur für Arbeit, sondern der Bestand an Erwerbslosen nach ILO-Konzept, ebenfalls in der Abgrenzung der Volkswirtschaftlichen Gesamtrechnung. Eine stille Reserve gibt es in unseren Schätzungen nicht, da sie langfristig gegen Null geht. Wir verwenden die Begriffe Angebot und Nachfrage auf dem Arbeitsmarkt jeweils synonym mit den Begriffen Arbeitskräfteangebot und Arbeitskräftenachfrage.
- *Arbeitsangebot nach der Stromrechnung:* Dies sind die Zugänge und Abgänge von Erwerbspersonen in dynamischer Betrachtungsweise. Sie umfassen die unter- und zwischenjährigen Berufswechsel sowie die Wechsel zwischen Erwerbslosigkeit, Nicht-Erwerbstätigkeit und Beschäftigung. Dies schließt die Zugänge aus dem Bildungssystem und die Wanderungsbewegungen mit ein. Der Saldo aus Zu- und Abgängen entspricht der Bestandsveränderung der Erwerbspersonen.
- *Gesamtnachfrage und Ersatzbedarf:* Die Gesamtnachfrage nach Arbeitskräften besteht aus dem *Erweiterungsbedarf* – die Bestandsveränderung der Erwerbstätigkeit – und dem *Ersatzbedarf.* Der Ersatzbedarf misst die langfristigen, überwiegend altersbedingten Abgänge aus der Erwerbstätigkeit. Unterjährige Abgänge werden nicht berücksichtigt. Die Gesamtnachfrage kann negativ sein, wenn der immer positive Ersatzbedarf durch einen negativen Beschäftigungsverlauf aufgehoben wird.
- Die Bezeichnungen *Wirtschaftszweig, Wirtschaftssektor, Branche* werden synonym verwendet. Sie bezeichnen Untergliederungen der Klassifikation der Wirtschaftszweige von 2008 ohne Bezugnahme auf ein spezifisches Aggregationsniveau.
- Die *Löhne* sind der durchschnittliche, reale Bruttojahreslohn je Arbeitnehmer.
- *Berufliche Bildung* umfasst alle Bildungsebenen einschließlich der Hochschulbildung.
- *Berufliche Ausbildung* bezeichnet Ausbildungen nach dem Berufsbildungsgesetz und der Handwerksordnung an den beiden Lernorten Betrieb und Berufsschule. Dafür verwenden wir auch den Begriff *duale Ausbildung.*
- *Fachschulen* umfassen Meister- und Technikerschulen, Verwaltungsfachschulen und andere schulische Berufsausbildungen.
- Aus Gründen der besseren Lesbarkeit schließen wir die weibliche Form in die männlichen Bezeichnungen ein, soweit dies angebracht erscheint.

Teil A Prognose für den deutschen Arbeitsmarkt

A 1 Rückblick

A 1.1 Gesamtwirtschaftliche Entwicklung

Der Arbeitsmarkt hat sich in den letzten zehn Jahren grundlegend verändert. Er zeichnet sich heute durch krisenfestes Beschäftigungswachstum und sinkende Arbeitslosigkeit aus. Nach langen Jahren steigender Arbeitslosenzahlen ist es Mitte des letzten Jahrzehnts gelungen, die verfestigten Strukturen aufzubrechen und auf Basis eines flexiblen Arbeitsmarktes beschäftigungsintensives Wachstum zu generieren. Die gesamtwirtschaftlichen Arbeitsmarktindikatoren zeigen dies im Vergleich der Perioden 1995–2004 und 2005–2013 deutlich (Abbildung A 1):

- Die Erwerbstätigkeit ist ab 2005 im Jahresdurchschnitt um 0,9 % gestiegen; in der vorangehenden Periode waren es nur 0,3 % pro Jahr. Das Arbeitsvolumen, d. h. die Summe aller geleisteten Arbeitsstunden, ist um 0,5 % pro Jahr gestiegen, während es vorher jedes Jahr um 0,3 % geringer war. Gleichzeitig hat sich die Arbeitszeitverkürzung in der Phase 2005–13 verlangsamt (von –0,7 % auf –0,4 % pro Jahr).
- Die Zahl der Erwerbslosen ist in der Phase 2005 bis 2013 um 2,3 Millionen gesunken, während sie zwischen 1995 und 2004 um 1,3 Millionen gestiegen ist.[7]
- Gleichzeitig wurde das Arbeitsangebot ausgeweitet: Zwischen 2005 und 2013 stieg die Zahl der Erwerbspersonen um 0,2 % pro Jahr, in der vorangehenden Phase um 0,6 % pro Jahr.
- Das Beschäftigungswachstum wurde in der zweiten Phase bei fast gleichem Wirtschaftswachstum und bei ähnlich hohen Lohnsteigerungen wie in der Vorperiode erreicht. Das Wirtschaftswachstum lag in beiden Perioden bei 1,3 % pro Jahr und der Anstieg der realen durchschnittlichen Stundenlöhne bei 0,6 %. Die Arbeitnehmer haben mit ihrer zurückhaltenden Lohnpolitik wesentlich zu Beschäftigung und Wachstum beigetragen.
- Der Anstieg der Arbeitsproduktivität hat sich von 1,6 % auf 0,9 % pro Jahr verlangsamt. Das Wachstum ist mithin beschäftigungsintensiver geworden.

Diese Beobachtungen senden an die Prognostiker die Warnung, dass sich einmal als gültig erkannte Verhaltensweisen im Zeitraum von wenigen Jahren grundlegend verändern können. Die Auflösung des Systems fester Wechselkurse in den 1960er

---

7 Die jahresdurchschnittlichen Veränderungen der Erwerbslosen übersteigen den Rahmen von Abbildung A 1 mit Werten von +3,5 % für 1995–04 und –8,5 % für 2005–13.

Jahren, die Ölkrisen der siebziger und achtziger Jahre, die Wiedervereinigung in den neunziger Jahren und die Arbeitsmarktreformen der zurückliegenden Dekade haben – mit anderen Faktoren – zu derartigen Regimewechseln geführt, in denen sich das Wirtschaftssystem binnen weniger Jahre neu justiert hat. In der Modelltheorie spricht man von Strukturbrüchen, die Veränderungen kennzeichnen sollen, die das Modell selbst nicht erklären kann. Wir sprechen in diesem Zusammenhang von historischen Entwicklungsphasen, in denen sich nicht allein die Rahmenbedingungen eines Wirtschaftssystems ändern, sondern auch die Reaktionsweisen der Wirtschaftssubjekte einer veränderten – möglicherweise besseren – Logik folgen. Unsere Prognose hat daher der Identifizierung von Strukturbrüchen – sei es in der Vergangenheit oder in der Zukunft – besondere Aufmerksamkeit geschenkt.

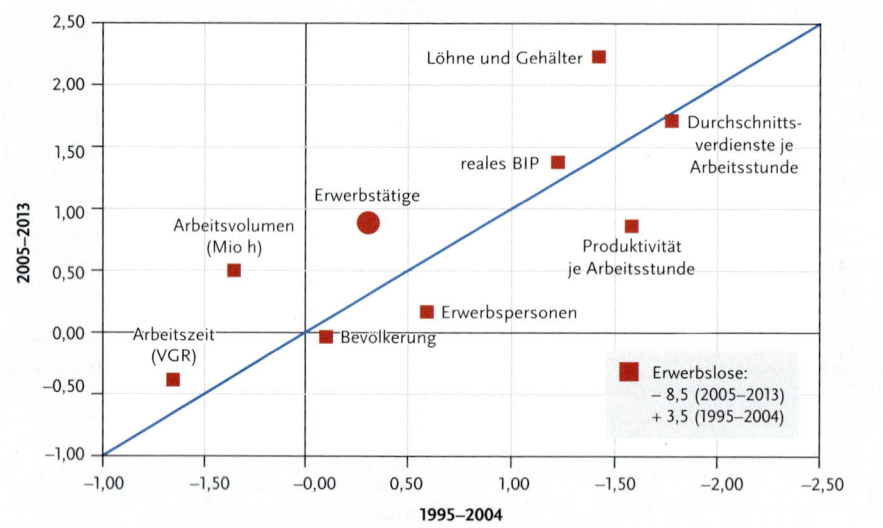

Abb. A 1 Arbeitsmarktindikatoren 1995–2004 und 2005–2013 im Vergleich
Durchschnittliche jährliche Veränderung in %

Quelle: Statistisches Bundesamt (VGR); Economix (U01)

Die Daten weisen darauf hin, dass sich das Verhalten von Arbeitgebern, Arbeitnehmern, Gewerkschaften und Politik im Laufe des letzten Jahrzehnts grundlegend geändert hat. Dafür waren nach unserer Ansicht drei Elemente von Bedeutung:

- Die Hartz-Reformen von 2005 haben das finanzielle Risiko von Arbeitslosigkeit spürbar erhöht und damit das Such- und Beschäftigungsverhalten der Arbeitnehmer verändert. Weniger attraktive und schlechter bezahlte Arbeitsplätze wurden akzeptiert, die Lohndifferenzierung hat zugenommen und der Niedriglohnsektor wurde ausgeweitet. Der so erreichte Abbau der Arbeitslosigkeit hat entscheidend dazu beigetragen, die Beschäftigung bei insgesamt schwachem Anstieg des Arbeitskräftepotenzials auszuweiten.

- Die Arbeitgeber haben steigende Reallöhne bei schwächerem Produktivitätswachstum akzeptiert. Die Sorge um zu hohe Arbeitskosten ist der Sorge um zu wenige Fachkräfte gewichen. Es scheint als ob die Sicherung einer leistungsfähigen Humankapitalbasis für die Unternehmen wichtiger geworden ist als die Optimierung der Kostenstrukturen. Dahinter steht vermutlich der von uns als so wichtig erachtete Strategiewandel von einer kostenorientierten zu einer qualitätsorientierten Wettbewerbsstrategie. Wir werden im nächsten Abschnitt zeigen, dass dieser Strategiewandel auch messbar ist.
- Ähnlich wie die Schaffung des gemeinsamen europäischen Binnenmarktes in den 1990er Jahren die Freizügigkeit auf den Gütermärkten erweitert hat, hat die Einführung der vollständigen Arbeitnehmerfreizügigkeit im Jahr 2011 den deutschen Arbeitsmarkt nach Europa geöffnet. Gestützt durch die hohe Arbeitslosigkeit in einer Reihe von EU-Ländern ist die Zuwanderung nach Deutschland stark angestiegen, sehr viel stärker als dies in den amtlichen Bevölkerungsvorausberechnungen unterstellt wurde. Damit ist auch auf der Angebotsseite ein Ventil aufgegangen, das nicht nur das Angebot an Fachkräften ausgeweitet, sondern auch die Auswahlbedingungen auf den Arbeitsmärkten verbessert hat. Damit waren positive Allokationseffekte verbunden.

Die empirischen Beobachtungen zeigen, dass dieser Wandel um das Jahr 2005 stattgefunden hat. Dies fällt mit der Einführung der Hartz-Reformen zusammen, die diesen Wandel durch rechtliche und institutionelle Reformen umgesetzt und vorangetrieben haben. Die politischen Reformen sind aber auch Ausdruck oder Konsequenz eines Umdenkens unter Arbeitgebern und Arbeitnehmern, das sich schon vor 2005 deutlich manifestiert hatte.

Für unsere Prognose ist diese Beobachtung von großer Bedeutung, denn sie hat zur Folge, dass die Zusammenhänge, wie sie für die Periode 1995 bis 2005 galten, nicht mehr in gleicher Weise für die nachfolgenden Jahre unterstellt werden können. Gleichzeitig stellt sich die Frage, für wie lange das aktuelle Modellverhalten Gültigkeit behält. Dies wird noch im Einzelnen zu diskutieren sein.

A 1.2 Fachkräftesicherung als Beschäftigungsstrategie

Der Vergleich der Nachfragefunktionen für die Beschäftigung in den beiden Perioden 1995–04 und 2005–13 zeigt in der Tat beträchtliche Unterschiede (vgl. Box „Beschäftigungsfunktion"): In der Periode 1995–04 entspricht die Schätzung dem traditionell neoklassischen Arbeitsnachfragemodell: Die Erwerbstätigkeit steht in einem positiven Zusammenhang mit dem Wertschöpfungsvolumen (BIP) und in einer negativen Abhängigkeit zu den realen Stundenlöhnen (W). Die Parameter der Schätzung sind gut gesichert, ebenso wie die Gleichung selbst.

Beschäftigungsfunktion

Für die Identifizierung des Strukturbruchs in der Beschäftigungsfunktion wurde die Zahl der Erwerbstätigen (ET) in Abhängigkeit zum realen Bruttoinlandsprodukt (BIP) und den durchschnittlichen realen Stundenlöhnen (W) gesetzt. In logarithmischer Darstellung lautet die Gleichung:

$$\ln(ET) = a + b_1 \ln(BIP) + b_2 \ln(W)$$

Dies ist eine vereinfachte neoklassische Schätzgleichung, die allerdings den Kapitalnutzungspreis außer Acht lässt, ebenso wie mögliche zeitliche Verzögerungen in der Anpassung. Sie reicht aber aus, um unser Argument zu verdeutlichen. Das Ergebnis der Schätzungen für die beiden Basisperioden ist:

1995–2004:	$\ln(ET) = 2{,}1 + 0{,}61 \ln(BIP) - 0{,}17 \ln(W)$		
T-Werte:	1,71ˈ 6,46	−2,64	
R² adj.	0,924		
2005–2013:	$\ln(ET) = 6{,}4 + 0{,}22 \ln(BIP) + 0{,}32 \ln(W)$		
T-Werte:	7,51 3,44	7,01	
R² adj.	0,966		

In der Periode 2005–2013 gilt aber ein anderer Zusammenhang: Der Einfluss der insbesondere während der Finanz- und Wirtschaftskrise stark volatilen Nettoproduktion ist nur mehr ein Drittel so hoch wie in der vorangehenden Periode (0,22). Dagegen bekommen die weniger schwankenden Durchschnittslöhne einen größeren Einfluss und obendrein ein positives Vorzeichen (0,32). Dieses Ergebnis weist auf erhebliche Verhaltensänderungen zwischen den beiden Perioden hin.

Um diese Verhaltensänderung zu verdeutlichen, wurden in Abbildung A 2 die Schätzwerte beider Basisperioden für die jeweils fehlenden Jahre extrapoliert. Es zeigt sich, dass die Schätzung auf Basis der Jahre 1995–2004 den Beschäftigungsverlauf nach 2004 zunächst deutlich überschätzt. Für das Jahr der Finanzkrise 2009 wird hingegen ein zu starker Beschäftigungsrückgang erwartet: Der Ansatz schätzt für das Jahr 2009 einen Beschäftigungseinbruch von 1,5 Millionen, während die Erwerbstätigkeit tatsächlich stagnierte.[8] Am Ende des Prognosezeitraums 2013 liegt die Schätzung um 700.000 unter dem tatsächlichen Wert. Der durchschnittliche Schätzfehler der Extrapolationsperiode beträgt 5 %.

Die Schätzung auf Basis der Jahre 2005–13 kommt während der Stützperiode naturgemäß zu einer sehr viel besseren Anpassung. Hier beträgt der durchschnittliche Schätzfehler 1,1 % und für 2013 wird die Zahl der Erwerbstätigen um 200.000 unterschätzt. Sowohl der steilere Trendanstieg als auch die geringeren zyklischen Schwan-

---

8   Dieses Ergebnis deckt sich mit Schätzungen des Sachverständigenrats: „Wären rein hypothetisch im Jahr 2009 bei einem Rückgang des realen Bruttoinlandsprodukts in Höhe von 5,0 vH die Arbeitszeit je Erwerbstätigen und die Arbeitsproduktivität je Erwerbstätigenstunde unverändert geblieben, wäre dies rein rechnerisch mit einem Rückgang der Anzahl der Erwerbstätigen in Höhe von rund 2 Millionen Personen einhergegangen. Ein Anstieg der Arbeitsproduktivität in Höhe der langfristigen Trendwachstumsrate hätte zu einem zusätzlichen Rückgang in Höhe von 468 000 Personen geführt." (Sachverständigenrat zur Begutachtung der gesamtwirtschaftlichen Entwicklung 2009, Ziffer 409).

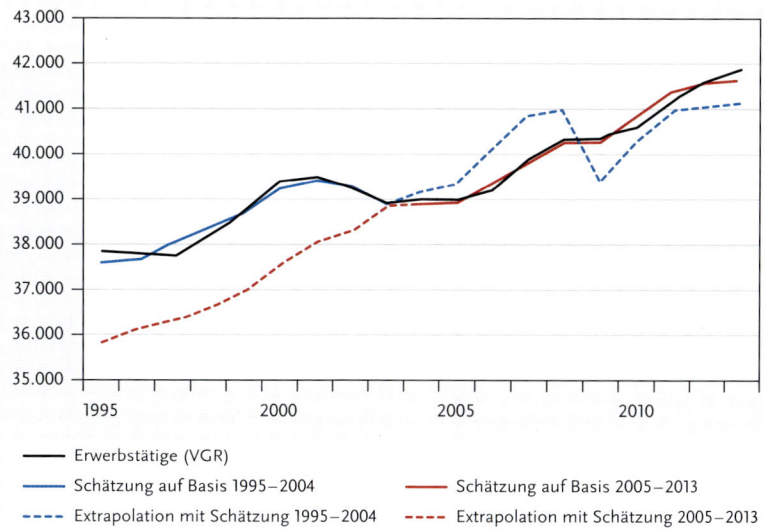

Abb. A 2 Strukturbruch in der gesamtwirtschaftlichen Beschäftigungsfunktion
Schätzung der Erwerbstätigkeit für die Basisperioden 1995–04 und 2005–13
Erwerbstätige in 1.000

Quelle: Statistisches Bundesamt (VGR); Economix

kungen werden besser erfasst. Allerdings gilt diese Schätzung wiederum nicht für die Periode vor 2005. Hier wäre mit diesem Ansatz die Beschäftigungsentwicklung der Jahre 1995–2004 durchschnittlich um 11 % unterschätzt worden. Der geringere Einfluss des BIP lässt die Schätzwerte absinken.

Das Ergebnis dieser Schätzungen bedeutet, dass es in der Tat zu einem Strukturbruch in der Beschäftigungsfunktion gekommen ist. Die Erwerbstätigkeit hat in der Phase 2005–13 ihre vorherige Zyklizität verloren. Sie ist dem BIP weder im Aufschwung bis 2008 noch im Abschwung 2009 in gleicher Weise gefolgt wie dies zuvor der Fall war. Nun bilden die realen Durchschnittslöhne mit ihrem stetig nach oben gerichteten Trend den Stabilitätsanker der Schätzung. Es sei dahingestellt, ob die Löhne tatsächlich in einem positiven Zusammenhang mit der Beschäftigung stehen, auch wenn es dafür durchaus theoretische Argumente aus der Effizienzlohntheorie gibt. Fest steht, dass die Arbeitgeber ihre Beschäftigungsstrategie – unterstützt durch flexible Arbeitszeitregelungen und staatliche Kurzarbeitsprogramme – verstetigt haben.

Dahinter verbergen sich auf der Arbeitgeberseite vermutlich langfristige Ziele zur Sicherung des Qualifikationsniveaus der Beschäftigten im Unternehmen. Angesichts der Knappheiten auf dem Arbeitsmarkt ist die Gefahr dauerhafter Humankapitalverluste durch Abwerbung oder Abwanderung deutlich gestiegen. Demgegenüber sind die früheren Kostenargumente in den Hintergrund getreten. Auf der Arbeitnehmerseite hat hingegen das Interesse an langfristig sicherer Beschäftigung und an stetigen Karriereverläufen im Unternehmen gegenüber der Wahrnehmung von Beschäftigungschancen auf dem externen Arbeitsmarkt überwogen. Damit haben sich die langfristigen Zielsetzungen der Arbeitsmarktakteure trotz der Wirtschaftskrise verstärkt. Dieser Orientierungswandel ist die eigentliche Ursache des „Strukturbruchs" in der Beschäftigungsfunktion.

A 1.3   Öffnung des Arbeitsmarktes

Die Entwicklung der letzten Jahre hat gezeigt, dass es Auswege aus der demografischen Falle gibt. Bei sinkendem inländischem Arbeitskräfteangebot und starker ausländischer Zuwanderungsbereitschaft hat die deutsche Wirtschaft die Möglichkeiten zur Erweiterung des Arbeitskräftepotenzials genutzt. Von 2010 bis 2013 sind per Saldo 1,2 Millionen Menschen nach Deutschland eingewandert, und unter ihnen standen schätzungsweise 700.000 dem Arbeitsmarkt zur Verfügung. Dies hat nicht nur den Rückgang der inländischen Erwerbspersonen kompensiert, sondern das Arbeitskräfteangebot per Saldo um eine halbe Million erweitert.

Die Antwort auf den Fachkräftemangel fiel also ganz anders aus als erwartet: Statt sich mit dem Schicksal des Fachkräftemangels abzufinden, hat die Wirtschaft die Freizügigkeitsregelungen genutzt und die Beschäftigung vor allem durch Arbeitskräfte aus dem Ausland ausgeweitet. Statt auf Produktivität und Arbeitskosten zu achten, hat sie die Humankapitalbasis erweitert und damit das Produktionspotenzial der Zukunft geschaffen. Aber auch auf der Arbeitnehmerseite hat sich das Verhalten geändert: Statt die Engpasslage auf dem Arbeitsmarkt für Lohnsteigerungen zu nutzen, sind die Arbeitnehmer und die Gewerkschaften bei ihrer Präferenz für mehr Beschäftigung geblieben. In der Folge ist die Arbeitslosigkeit gesunken, die Wirtschaft ist integrativer und internationaler geworden, und sie hat Fortschritte in Richtung eines beschäftigungsintensiven Wachstums gemacht. Trotz starker Vorbehalte in den eigenen Reihen wurde die Ausdehnung des Niedriglohnsektors zunächst hingenommen und erst 2014 mit der Einführung des generellen Mindestlohnes begrenzt.

Die Entwicklung der letzten Jahre war auch für die amtliche Bevölkerungsvorausberechnung eine Überraschung. Während die 12. koordinierte Bevölkerungsvorausberechnung (Variante 1W2) für das Jahr 2013 von einem Wanderungssaldo in Höhe von 100.000 ausging, sind im Jahr 2013 per Saldo 429.000 Personen nach Deutschland eingewandert. In den Jahren davor waren es 369.000 (2012) und 279.000 (2011). Die neuerliche Einwanderungswelle zeigt, dass sich das Wanderungsgeschehen in einem offenen Arbeitsmarkt sehr schnell verändern kann.[9] Arbeitsmarktungleichgewichte haben dann einen großen Einfluss, ebenso wie die bestehenden Einkommensunterschiede. Eine isolierte und schematische Schätzung der Wanderungen –

---

9   Die negativen Wanderungssalden der Jahre 2008 und 2009 sind daher als Reaktion auf die Wirtschafts- und Finanzkrise zu verstehen und nicht als Anzeichen eines veränderten Wanderungstrends.

wie sie den amtlichen Schätzungen zugrunde liegt – wird diesen Abhängigkeiten daher nicht gerecht. Aus diesem Grund haben wir uns in der Prognose 2014 entschlossen, die Bevölkerungsentwicklung mit unserem eigenen Modell vorauszuschätzen (vgl. Abschnitt A 3.2). Damit verlieren wir zwar den Vorteil, mit den amtlichen Vorausberechnungen konsistent zu sein, gewinnen aber an Realitätsnähe.

A 2 Beschäftigungsstrategien bis 2030

A 2.1 Demografie und Arbeitsmarkt

In unserer Prognose von 2012 sind wir davon ausgegangen, dass der deutsche Arbeitsmarkt zunehmend vom Mangel an Arbeitskräften bestimmt sein wird. Der Bevölkerungsschwund und die Alterung der Bevölkerung würden nicht nur das Angebot an Arbeitskräften begrenzen, sondern die Beschäftigung verringern und das Wirtschaftswachstum dämpfen. Diese These hing eng mit den Vorgaben der zu dieser Zeit geltenden amtlichen Bevölkerungsvorausberechnung zusammen, die mit Prognosebeginn 2010 einen Rückgang der Bevölkerung von durchschnittlich 129.000 Personen pro Jahr bis 2030 unterstellte.[10] Trotz der Annahme, dass umfangreiche Gegenmaßnahmen zur Ausweitung des Arbeitsangebots eingeleitet würden – insbesondere durch die Steigerung der Erwerbsbeteiligung von Frauen und Älteren, kamen wir zu dem Ergebnis, dass die Zahl der Erwerbspersonen unter diesen Bedingungen ab 2011 immer stärker zurückgehen wird. Der Grund für diese Entwicklung liegt vor allem in der Alterung der Bevölkerung, die sich mit dem Ausscheiden der Baby-Boom-Generation aus dem Erwerbsleben beschleunigen wird.

Die jüngsten Entwicklungen zeigen, dass die Zuwanderung in der Lage ist, den Rückgang der in Deutschland ansässigen Bevölkerung zu kompensieren. Die Zuwanderungswelle 2010–14 hat dies eindrucksvoll bewiesen. Darüber hinaus stellte der Arbeitsmarkt ein hinreichend großes Potenzial an erwerbslosen Arbeitskräften bereit, die von den Unternehmen nach und nach integriert wurden. In der Summe erlaubten die beiden Effekte die Fortsetzung des Beschäftigungsanstiegs bis ins Jahr 2014.

Es stellt sich allerdings die Frage, wie lange diese Entwicklung weitergehen kann, denn

- die konjunkturelle Entwicklung schwächt sich gegenwärtig nicht nur im EU-Ausland, sondern auch in Deutschland deutlich ab. Es ist daher kurzfristig sowohl mit einem Rückgang der Zuwanderung als auch mit einer Abflachung des Beschäftigungswachstums zu rechnen.

---

10 Statistisches Bundesamt 2009, Tabelle „Variante 1-W2-EJ". Diese Vorausschätzung wurde im Einvernehmen mit dem BMAS als Grundlage unserer Arbeitsmarktprognose verwendet.

- die Zuwanderung wird auch aus den Krisenländern Europas gespeist. Da langfristig von der wirtschaftlichen Erholung dieser Länder auszugehen ist, wird auch die Zuwanderung zurückgehen. Das Potenzial an Fachkräften im Ausland ist außerdem nicht unbegrenzt. Es kann also knapp werden auf den ausländischen Arbeitsmärkten, insbesondere bei Fachkräften.
- die Alterung der Bevölkerung, die verstärkt nach dem Jahr 2020 in Erscheinung treten wird, ist vermutlich zu stark um durch Zuwanderung ausgeglichen zu werden. Da die Alterung unter den Erwerbstätigen schneller als in der Bevölkerung insgesamt eintreten wird, wären sehr hohe Zuwanderungsquoten erforderlich, um die Erwerbstätigkeit auf unverändertem Niveau zu halten.
- das Potenzial an Erwerbslosen ist nicht nur begrenzt, sondern mit sinkender Erwerbslosenzahl treten die qualifikatorischen Differenzen zur Nachfrage nach Arbeitskräften immer stärker in Erscheinung. Trotz verstärkter Integrationsmaßnahmen wird es also immer unwahrscheinlicher, dass die Arbeitgeber ihren Arbeitskräftebedarf aus den Erwerbslosen decken können.

Aus diesen Überlegungen haben wir die Schlussfolgerung gezogen, dass wir im Rahmen der Prognose 2014 zwei Szenarien berechnen:
- In der *Basisvariante* gehen wir – nach dem Anstieg bis 2014 – von einem stetigen Rückgang der Zuwanderung auf das Niveau von 200.000 pro Jahr ab dem Jahr 2020 aus.
- In der Variante *Hohe Zuwanderung* legen wir den Wanderungssaldo ab 2020 auf 300.000 Personen pro Jahr fest.

Mit diesen Alternativen wollen wir nicht nur der aktuellen Entwicklung Rechnung tragen, sondern die Frage beantworten, welchen Beitrag die Zuwanderung zur Lösung des Arbeitskräftemangels leisten kann. Die Einzelheiten der beiden Szenarien und ihre Effekte werden in Abschnitt A 3 erläutert.

A 2.2   Demografie und Wachstum

Über viele Jahrzehnte war der Zusammenhang zwischen Bevölkerungsentwicklung und Wirtschaftswachstum in den Hintergrund getreten. Solange das Arbeitskräfteangebot nicht als Engpassfaktor in Erscheinung trat, war Arbeitslosigkeit unser Problem. Dies hat sich seit 2005 grundlegend geändert, und nun ist der Arbeitskräftemangel unsere Sorge. Damit kommt auch in unserem G3M-Strukturmodell ein Wirkungsmechanismus zur Geltung, der vorher keinen Einfluss hatte: der Kapazitätsengpass beim Faktor Arbeit. Dabei gibt es einen über die Gütermärkte und einen über die Arbeitsmärkte vermittelten Zusammenhang.

Über die Gütermärkte führt die Schrumpfung der Bevölkerungszahl – zumindest in der ersten Anpassungsrunde – zu geringerer Nachfrage nach Konsumgütern und nach staatlichen Leistungen. Wenn der Bevölkerungsrückgang auch die Zahl der Erwerbspersonen reduziert, gehen als Ersteffekt auch die Arbeitseinkommen zurück.

In der Folge kommt es zu zahlreichen Anpassungsvorgängen von Preisen, Produktionsstrukturen, Arbeitsproduktivität usw., sodass die in der Erstrunde auftretenden Verluste bei hinreichender Flexibilität der Produktion zumindest teilweise kompensiert werden können. Soweit dies nicht gelingt, sind Wachstumsverluste zu verbuchen. Davon sind vor allem die weniger mobilen Produktionssegmente betroffen, wie z. B. die Grundstücksmärkte, die personenbezogenen Dienste und der Staatssektor.

Umgekehrt führt die Ausweitung der Bevölkerung durch Zuwanderung zu einer höheren Güternachfrage, soweit die zuwandernde Bevölkerung Zugang zum Arbeitsmarkt erhält, durch staatliche Transfers unterstützt wird oder von eigenem Vermögen lebt. Da die Nachfragestruktur der Zuwanderer besser zur bestehenden Produktionsstruktur passt als die Nachfrageausfälle durch den Bevölkerungsrückgang, bleibt die Strukturwirkung der Zuwanderung gering. Damit steigt die Nachfrage auf allen – oder zumindest vielen – Gütermärkten an. Je besser die Integration der Zuwanderer in den Arbeitsmarkt gelingt, umso größer sind die gesamtwirtschaftlichen Wirkungen. Dabei ist die Zuwanderung kein Nullsummenspiel, sondern das Wirtschaftswachstum wird über die Beschäftigungssteigerung angehoben. Es entsteht ein Multiplikatoreffekt der Zuwanderung. Da dieser Effekt auch für andere Beschäftigungsausweitungen, wie für die steigende Frauenerwerbstätigkeit gilt, kann man vom Multiplikatoreffekt der Erwerbstätigkeit sprechen. Er tritt vor allem dann auf, wenn die Wirtschaft bei der Auslastung des Faktors Arbeit an der Kapazitätsgrenze angekommen ist.

Über den Arbeitsmarkt wird die Veränderung der Bevölkerungszahl auf zweifache Weise berücksichtigt (Abbildung A 3). Der Bevölkerungsrückgang wird fast ausschließlich durch die Alterung der inländischen Bevölkerung verursacht. Darauf reagiert das Modell endogen durch Abbau der Arbeitslosigkeit, höhere Arbeitsproduktivität, steigende Löhne und nicht zuletzt durch die Verlangsamung des Wirtschaftswachstums. Darüber hinaus sind exogene Reaktionen eingebaut, die vor allem die Ausweitung des Arbeitsangebots durch höhere Erwerbsbeteiligung von Frauen und Älteren, längere Arbeitszeiten der Teilzeitkräfte und Zuwanderung vorsehen.

In Abbildung A 3 sind die Modellzusammenhänge dargestellt. Die Bevölkerung steht in Abhängigkeit zur Zuwanderung einerseits und der Alterung der inländischen Bevölkerung andererseits. Das Arbeitsangebot leitet sich aus der Erwerbsbeteiligung der Bevölkerung ab. Die Erwerbsorientierung der Bevölkerung wird sowohl durch die Nachfrageseite des Arbeitsmarktes beeinflusst – im Wesentlichen durch Löhne und Arbeitsbedingungen – als auch durch politische Maßnahmen, wie z. B. die Verkürzung der Bildungsdauer, Maßnahmen zur Vereinbarkeit von Familie und Beruf oder die Rentenreform. Die Nachfrage nach Arbeitskräften wiederum hängt unmittelbar von der Nettoproduktion (Wertschöpfung) ab, aber auch von den Arbeitskosten (Löhne und Arbeitsbedingungen) und der Arbeitsproduktivität, die durch Arbeitsorganisation und Kapitalausstattung der Arbeitsplätze festgelegt ist.

Es bestehen zahlreiche Rückkoppelungen zwischen dem Ungleichgewicht auf dem Arbeitsmarkt und den angebots- bzw. nachfragebestimmenden Faktoren. Von Arbeitslosigkeit bzw. Fachkräftemangel gehen nicht nur Wirkungen auf Löhne und Arbeitsbedingungen aus. Auch die Arbeitsproduktivität und die Arbeitszeiten stehen in Abhängigkeit zu den Ungleichgewichten. Darüber hinaus beeinflussen sie die Höhe der Zuwanderung, die Erwerbsbeteiligung und – soweit die Maßnahmen keine Wirkung auf das Beschäftigungsniveau haben – gehen von ihnen auch Rückwirkungen auf die Wertschöpfung aus.

Das Ungleichgewicht des Arbeitsmarktes wird nicht nur durch den quantitativen Saldo von Angebot und Nachfrage bestimmt. Vielmehr kommt es auf die strukturelle Kongruenz der beiden Größen an. Je stärker das Arbeitsangebot und die -nachfrage im Hinblick auf ihre berufliche, qualifikationsspezifische oder regionale Zusammensetzung divergieren, umso stärker sind die Rückwirkungen auf Beschäftigung und Wertschöpfung.

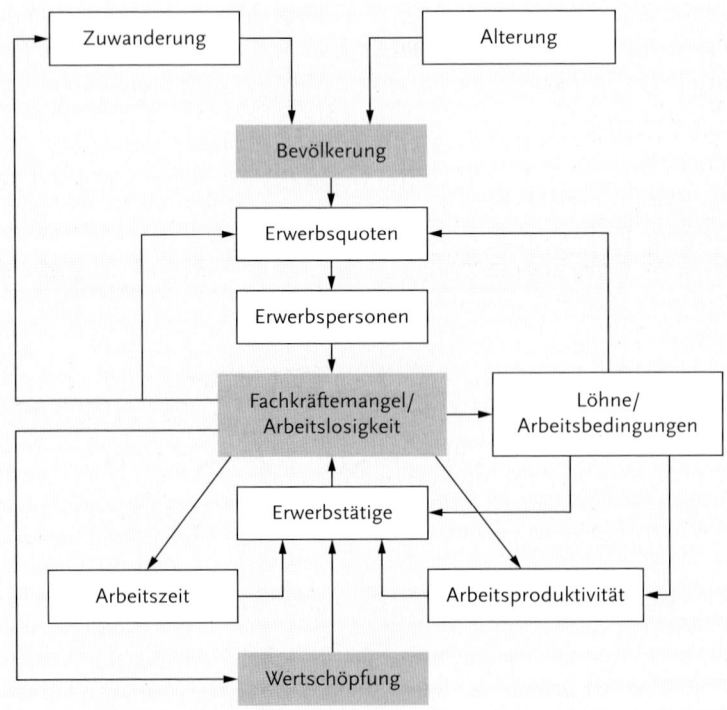

Abb. A 3 Demografie, Beschäftigung und Wirtschaftswachstum
Zusammenhänge im G3M-Strukturmodell

Quelle: Economix, CE

A 2.3 Makroökonomische Rahmenbedingungen

Das gesamtwirtschaftliche G3M-Modell wird – neben der Bevölkerungsprognose – von einer Reihe von Eckwerten für die staatlichen Budgets, die Kapitalmärkte und wichtige Güterpreise gesteuert. Unsere Annahmen sind bis 2018 mit der mittelfristigen Finanzplanung der Bundesregierung abgestimmt (Tabelle A 1). Darüber hinaus gehen wir von ausgeglichenen Budgets der Gebietskörperschaften und der Sozialversicherung aus, von gleichgewichtigen Zinssätzen und niedriger, wenn auch leicht steigender Inflation.

Tab. A 1   Gesamtwirtschaftliche Eckwerte

	2010	2020	2030
Durchschnittsrente (zu jeweiligen Preise, in Euro/ Person und Jahr)	18.291	19.713	23.084
Sozialversicherungsbeiträge der Arbeitnehmer (in % der gesamten Lohn- und Gehaltszahlungen)	16,8	19,3	20,0
Sozialversicherungsbeiträge der Arbeitgeber (in % der gesamten Lohn- und Gehaltszahlungen)	18,8	21,3	22,0
Direkte Steuern (in % der gesamten Lohn- und Gehaltszahlungen)	26,6	26,0	26,0
Indirekte Steuern (in % der gesamten Konsumausgaben)	23,4	23,5	23,4
Langfristiger Nominalzinssatz (%)	2,7	3,4	4,0
Verbraucherpreisinflation (%)	0,5	1,5	1,9
Verbraucherpreisinflation (Index 2.000=1)	1,143	1,258	1,481

Quelle: CE

Der Anstieg der Verbraucherpreisinflation geht in starkem Maße auf höhere Energie- und Rohstoffpreise zurück. Insbesondere für Metalle und Mineralien sowie für Rohöl sind wir von beschleunigtem Preisanstieg ausgegangen, während sich der Energiepreisanstieg nach 2020 verlangsamen wird.

A 2.4 Langfristiges Wachstum der Weltwirtschaft

Zunächst aber ein Blick auf die Entwicklung der Weltwirtschaft: Die OECD legt im Rahmen ihres „Wirtschaftlichen Ausblicks" jährlich ein Szenario für die langfristige Entwicklung der Weltwirtschaft vor. Dabei geht es um die Abschätzung des Wachstums in den Weltregionen und um die Ableitung wirtschafts- und finanzpolitischer Empfehlungen. Im Grundsatz ist es ein angebotsorientiertes Wachstumsmodell, das die Entwicklung des Produktionspotenzials in Abhängigkeit von Sachkapital, Humankapital, potenzieller Beschäftigung und arbeitssparendem technischem Fortschritt vorausschätzt. Es ist ein Konvergenzmodell, in dem sich langfristig die Wachstumsraten des technischen Fortschritts und die Zinssätze weltweit anglei-

chen. Die Bewegungen der globalen Zinssätze gewährleisten, dass die weltweite Er-
sparnis und die weltweiten Investitionen im Gleichgewicht bleiben. Dazu gehört
auch die Konvergenz der Staatsverschuldung und der Leistungsbilanzsalden (OECD
2014a, S. 237). Für unsere Vorausschau liefert die OECD-Prognose die Möglichkeit,
unsere Annahmen zur weltwirtschaftlichen Arbeitsteilung zu überprüfen.

Für den Zeitraum 2012–30 sieht die OECD-Prognose ein weiterhin starkes Produk-
tionswachstum in den asiatischen Ländern, vor allem in China und Indien (Abbildung A 4). Zwar werden die Produktionszuwächse der chinesischen Wirtschaft in
der Phase nach 2020 deutlich niedriger ausfallen als zuvor. Aber selbst dann werden
die OECD-Länder nicht die Hälfte dieses Wachstums erreichen. Diese Vorausschätzung bestätigt unsere auch für diese Prognose grundlegende Erwartung, dass der
Anteil Asiens am globalen BIP bis 2030 auf etwa 40 % steigen wird. Deutschland
wird mit einer Wachstumsrate von 1,1 % zunehmend in eine Nebenrolle der weltwirtschaftlichen Produktion gedrängt werden. Im Hinblick auf das Pro-Kopf-Einkommen wird es aber seinen Platz auf Rang 11 der Weltrangliste behaupten können
(OECD 2014a, S. 247).

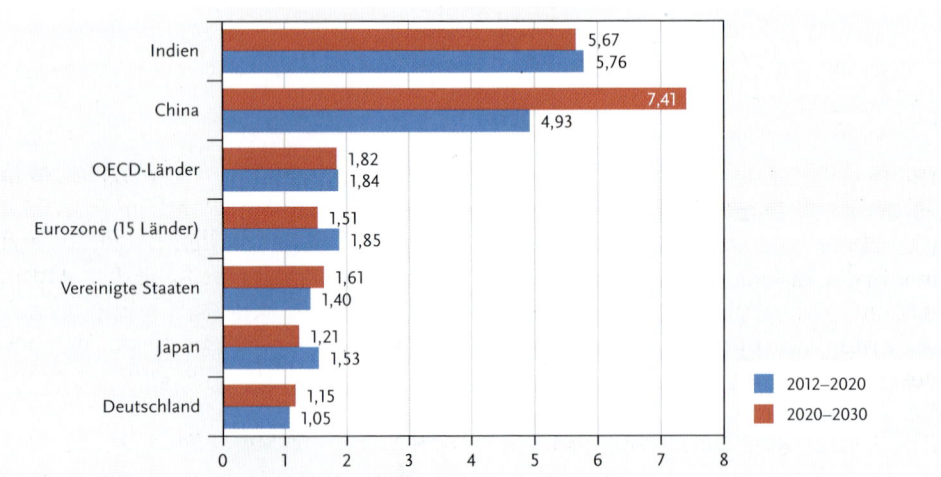

Abb. A 4 Langfristiges Wachstum der Weltwirtschaft
Durchschnittliche jährliche Veränderungsraten des BIP in Kaufkraftparitäten von 2005 in %

Quelle: OECD 2014a

Das Wachstum des Produktionspotenzials in Deutschland wird nach den OECD-Mo-
dellergebnissen ausschließlich vom Produktivitätszuwachs getragen, während sich
das quantitative Arbeitsangebot mit einer Rate von jährlich −0,3 Prozentpunkten negativ niederschlagen wird. Auch dies entspricht unseren Modellergebnissen (Tabelle
A 2).

Der Produktivitätszuwachs Deutschlands wiederum wird nach den Berechnungen der OECD fast ausschließlich von der Verbesserung der Arbeitseffizienz getragen, während das Humankapital (gemessen als durchschnittliche Bildungsjahre je Arbeitskraft) keinen Beitrag leisten wird. Die Kapitalausstattung als Verhältnis von Sachkapital zu Wertschöpfung trägt nur wenig zum Wachstum bei. Als fortgeschrittenes Land liegt das Niveau der Arbeitseffizienz in Deutschland bereits sehr nahe an der sogenannten Technologiegrenze, für die eine Fortschrittsrate von jährlich 1,3 % unterstellt wird.

Tab. A 2 Wachstumskomponenten
Durchschnittliche jährliche Wachstumsbeiträge in %

Wachstumskomponente	Beitrag zur langfristigen Wachstumsrate 2012–30		
	Deutschland	OECD-Länder	Nicht-OECD-Länder
Potenzielles BIP	1,1 %	2,2 %	4,8 %
Produktivität	1,6 %	1,7 %	4,1 %
Arbeitseffizienz	1,5 %	1,4 %	3,0 %
Humankapital	0,0 %	0,3 %	0,7 %
Kapitalkoeffizient	0,1 %	0,1 %	0,5 %
Beschäftigungsquote	−0,3 %	0,0 %	0,1 %

Quelle: OECD 2014a, S. 242, 248

Die Botschaft dieser Schätzungen lautet, dass insbesondere die Nicht-OECD-Länder, zu denen China, Indien, Indonesien, Brasilien, Argentinien, Russland und Südafrika zählen, ihr Wachstum durch höhere Fortschrittsraten in allen Bereichen erzielen: in der Arbeitseffizienz, dem Humankapital, aber auch in der Kapitalausstattung, während die Beschäftigungsquote, also die relative Ausweitung der arbeitenden Bevölkerung, nur wenig beiträgt. Deutschland hingegen ist nicht nur durch ein sinkendes Arbeitsangebot beeinträchtigt, sondern schneidet auch in den qualitativen Wachstumskomponenten schlechter ab. Vor allem erwartet die OECD für Deutschland keinen Wachstumsbeitrag aus der Verbesserung des Humankapitals, also einer besseren Bildung. Damit wird auch gleichzeitig die Lösung des demografischen Problems in Deutschland angezeigt: Würde Deutschland durch verstärkte Bildungsinvestitionen auch nur die Humankapitalbeiträge der OECD-Länder in Höhe von 0,3 % erreichen, könnte damit der Effekt der sinkenden Beschäftigungsquote ausgeglichen werden. Dies unterstreicht unsere Auffassung, dass die Bildungspolitik im Zentrum der künftigen Wachstums- und Beschäftigungspolitik stehen sollte.

A 2.5 Risiken der langfristigen Entwicklung

Wir haben unsere Prognose von 2012 von vornherein als „strategische Vorausschau" bezeichnet (Vogler-Ludwig, Düll 2013, S. 32). Dies sollte die Einschätzung unterstreichen, dass es angesichts der vielen Unwägbarkeiten in den wirtschaftlichen, gesellschaftlichen und politischen Entwicklungen keine Punktprognose geben kann, die uns die Welt von 2030 beschreibt. Wir können aber darüber nachdenken, welche Entwicklung der deutsche Arbeitsmarkt angesichts der vermuteten Rahmenbedingungen in den nächsten 20 Jahren nehmen kann und welche Politik notwendig sein wird, um ein optimales Ergebnis zu erreichen. Dies ist auch für diese Vorausschätzung nicht anders, und es stellt sich die Frage, inwieweit sich die Rahmenbedingungen der Langfristprognose grundlegend geändert haben.

A 2.5.1 Verschlechterung der geopolitischen Lage

Die Welt hat sich geändert, seit wir im Herbst 2012 unsere Prognose vorgelegt haben: Die arabische Welt ist nicht nur in Aufruhr, sondern steht unter der Bedrohung immer stärker werdender radikal-islamischer Bewegungen, die sich als Gegensatz zu westlich geprägten Gesellschafts- und Wirtschaftssystemen begreifen. Der Konflikt in der Ukraine hat sich zu einem europäischen Konflikt ausgeweitet, in dem nicht nur nationalistische Interessen aufscheinen, sondern auch die wirtschaftlichen Interessengegensätze zwischen der EU und den oligarchisch geprägten Staaten Osteuropas. Anders als wir angenommen haben, sind die Konflikte schärfer geworden und mit ihnen die Gefahr einer Desintegration der Weltwirtschaft. Darüber hinaus haben sich die ethnischen Konflikte in Afrika verschärft und in Südamerika sind die alten, schon überwunden geglaubten sozialen Spannungen wieder aufgetreten. Dies stellt zwar kein neues Risiko dar, begrenzt aber weiterhin die Aussicht auf eine nachhaltige wirtschaftliche Erholung dieser Länder und damit auf ein stetiges Wachstum des Welthandels.

Auch in Europa sind die Dinge langsamer gelaufen, als wir dies unterstellt hatten: Die Finanzkrise ist auch sechs Jahre nach ihrem Ausbruch bei Weitem noch nicht bewältigt. Trotz der wirtschaftlichen Erholung in einer Reihe von Ländern liegt die Produktion in der Euro-Zone noch immer unter dem Vorkrisenniveau von 2008. In manchen Ländern – wie Spanien, Portugal und Irland – beträgt die Differenz 8 bis 10 %, ganz zu schweigen von Griechenland, dessen Produktionsniveau noch immer um ¼ niedriger ist als damals. Auch Frankreich und Italien bleiben hinter den Erwartungen zurück, da sich die Umstrukturierung der Wirtschaft schwierig und konfliktreich gestaltet. Die Notwendigkeiten struktureller Reformen werden zudem von einer großzügigen Geldpolitik mehr verdeckt als gefördert. Damit steigt die Wahrscheinlichkeit, dass sich die Ungleichgewichte im Euroraum verfestigen. Nach wie vor werden die europäischen Banken als unzureichend kapitalisiert eingestuft (Weltbank 2014, S. 33) und die Reformen des Finanzsystems – insbesondere die Schaffung einer Bankenunion – gehen nur schleppend voran. Europa bleibt damit der Gefahr neuer Turbulenzen auf den Finanzmärkten ohne hinreichenden Schutz und ohne die Basis einer international wettbewerbsfähigen Wirtschaft ausgesetzt. Zwar ist zu erwarten, dass es Fortschritte bei der Bewältigung der Eurokrise geben wird, aber der Dissens über die angemessene Krisenpolitik und die Zeitverzögerungen bei der Umsetzung der Reformen müssen mittlerweile auch für Deutschland als Wachstumshemmnis betrachtet werden.

A 2.5.2 Anhaltende wirtschaftliche Stagnation

Am Ende des Jahres 2014 trüben sich die Konjunkturaussichten für Deutschland aufgrund der geopolitischen Risiken merklich ein. Dies wäre für sich genommen noch keine Gefahr für die langfristige Perspektive. Allerdings steckt in den genannten Entwicklungen das Risiko einer nachhaltigen Verschlechterung der wirtschaftlichen Rahmenbedingungen, wie sie von Sanktionen für Handelspartner, Export- und Importverboten, höheren Militärausgaben usw. ausgehen. Je länger die Konflikte dauern, umso nachhaltiger sind ihre negativen Effekte auf die wirtschaftliche Entwicklung und umso höher das Risiko einer anhaltenden Stagnation. Je weniger die EU-Länder zu strukturellen Reformen bereit und in der Lage sind, umso eher verfestigen sich die Wettbewerbsnachteile und umso geringer fällt das Wachstum aus. Zum gegenwärtigen Zeitpunkt ist daher die Einmündung der europäischen Wirtschaft in eine über Jahre andauernde Wachstumspause nicht auszuschließen. Die deutsche Wirtschaft hängt damit umso mehr am Tropf der chinesischen Wirtschaft, für die ebenfalls geringere Wachstumsraten vorausgesagt werden.

Allerdings machen wir diese Einschätzung nicht zur Grundlage unserer Vorausschätzung, denn noch haben sich die Risiken nicht deutlich manifestiert. Sie erhöhen gegenwärtig die Unsicherheit unserer Annahmen und verstärken das Element Hoffnung, stellen aber die Wachstumsannahmen unserer Prognose noch nicht infrage.

A 2.5.3 Rückkehr zum traditionell neoklassischen Arbeitsmarkt

Schließlich bleibt es eine offene Frage, ob die Arbeitgeber bei ihrem derzeitigen Beschäftigungsverhalten bleiben. Unter weniger optimistischen Annahmen, die von einer deutlichen Verlangsamung des Wirtschaftswachstums, geringeren Exporten und verstärkter Konkurrenz im Hochtechnologiesegment ausgehen, wäre die humankapitalorientierte Beschäftigungsstrategie, wie sie oben beschrieben wurde, in Gefahr. Dann würden die Unternehmen wieder zu einer kostenorientierten Beschäftigungspolitik zurückkehren und die Anpassungen der Beschäftigung an zyklische Schwankungen kämen ebenso zur Geltung wie die inversen Reaktionen auf Lohnsatzänderungen. Die Rückkehr zum traditionell neoklassischen Arbeitsmarkt würde auch die sozialen Spannungen verschärfen. Dies bedeutet eine größere Zahl von Streiks, stärkeren Lohnanstieg vor allem in den Engpass-Segmenten des Arbeitsmarktes, aber auch mehr prekäre Beschäftigung. Das soziale Gleichgewicht käme in Gefahr.

In unserer Prognose überwiegt die Erwartung, dass die Unternehmen bei ihrem humankapitalorientierten Ansatz bleiben, denn nur so können sie den qualitativen Vorsprung in ihrer Wettbewerbsfähigkeit erhalten. Dies hängt aber von günstigen Wachstumsbedingungen ab, die wir nicht mehr für so gesichert halten, wie dies in der Prognose 2012 der Fall war.

A 3 Angebot an Arbeitskräften

A 3.1 Rückblick und Methodik

Zwischen 2010, dem Basisjahr unserer ersten Arbeitsmarktprognose (Vogler-Ludwig, Düll 2013), und dem Jahr 2013 ist die Bevölkerung gestiegen. Die Abweichung zur Entwicklung, die von der 12. koordinierten Bevölkerungsvorausberechnung für diesen Zeitraum in ihrer Variante mit hoher Zuwanderung (1W2) geschätzt wurde, ist groß: statt um 300.000 Personen zu sinken ist sie um rund eine halbe Million Personen gestiegen. Dies liegt an der hohen Nettozuwanderung, die in diesem Zeitraum stattgefunden hat und sich zunächst weiter fortsetzt. Dennoch hat auch die starke Zuwanderung den Rückgang der Bevölkerung im erwerbsfähigen Alter zwischen 2010 und 2013 um rund 100.000 Personen nicht aufhalten können. Allerdings fiel dieser Rückgang weit geringer aus als unter den Annahmen der 12. koordinierten Bevölkerungsvorausberechnung, die auch hier ein Minus von mehr als 300.000 Personen prognostiziert hat.

A 3.1.1 Zuwanderung

Die jährliche Nettozuwanderung von 128.000 Personen in 2010 ist auf 429.000 in 2013 gestiegen (Statistisches Bundesamt[11]). Im Durchschnitt lag die Zahl der jährlichen Nettoimmigration bei rund 300.000 Personen zwischen 2010 und 2013 und nicht bei durchschnittlich 58.000, wie in der 12. koordinierten Bevölkerungsvorausberechnung für den Zeitraum 2010 bis 2013 angenommen wurde. Die durchschnittliche Nettoimmigration der letzten 30 Jahre (1983–2013) lag bei 231.000 Personen und der langjährige Durchschnitt seit 1950 bei 173.000 Personen. Dabei kam es im Zeitverlauf zu großen Schwankungen in der Zahl der Nettozuwanderer. In der kurz- und mittelfristigen Betrachtung sind Abweichungen vom Langzeittrend also durchaus üblich.

---

11   Statistisches Bundesamt, Wanderungsstatistik

Zwei Gründe haben vor allem zu einer steigenden Nettoimmigration zwischen 2010 und 2013 geführt:

- die anhaltende Wirtschaftskrise in einer Reihe von europäischen Ländern
- die Änderungen der Arbeitnehmerfreizügigkeit für die neuen Mitgliedstaaten (ab 2011 für die acht neuen mittel- und osteuropäischen Mitgliedstaaten, die vollständige Freizügigkeit für Rumänen und Bulgarien gilt erst ab 2014).

Die Nettozuwanderer kommen daher mehrheitlich aus EU-Ländern, wenngleich sich langfristig der Trend abzeichnet, dass die Zuwanderer zunehmend auch aus dem EU-Ausland kommen (Sachverständigenrat für Integration und Migration 2013). Dies wird durch die gegenwärtigen Flüchtlingswellen verstärkt. Auf Europa insgesamt (inklusive dem nicht EU-Ausland) entfiel in 2013 76 % der Nettozuwanderung, aus Asien kamen 16 %, aus Afrika 7 %. Die größten Nettozuwanderergruppen kamen im Jahr 2013 aus Polen und Rumänien, gefolgt von Italien, Ungarn und Spanien, Bulgarien und Griechenland. Aus dem EU-Ausland waren die Russische Föderation sowie Syrien und die Arabische Republik als Herkunftsländer vergleichsweise stark vertreten. Unterschiede in den Erwerbslosenquoten (vor allem mit Blick auf die südeuropäischen Länder), Lohnunterschiede, Armut und Unterdrückung sowie politische Krisen und Kriege führten zur steigenden Nettoimmigration.

Die Anzahl der Migranten ist auch durch direkte Rekrutierung aus dem Ausland gestiegen, allerdings zeigen die Ergebnisse des neuen Linked Personal Panels, dass in etwa nur 10 % der Betriebe international rekrutieren, wobei große Unternehmen erwartungsgemäß häufiger international rekrutieren als kleinere (Bellmann et al. 2013).

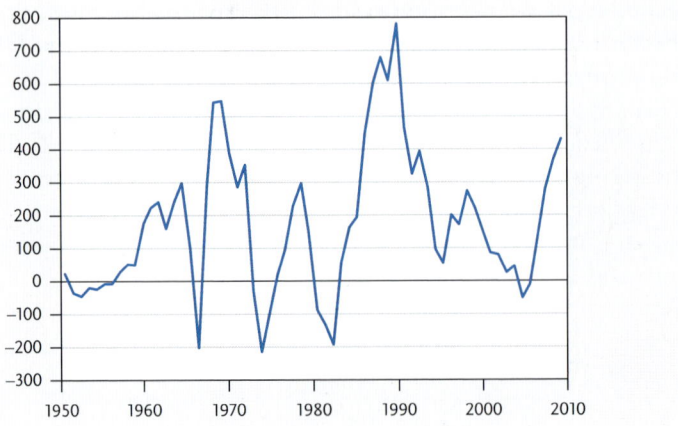

Abb. A 5 Wanderungssaldo
Differenz zwischen Zuzügen nach und Fortzügen aus Deutschland in 1.000

Quelle: Statistisches Bundesamt (Wanderungsstatistik)

Der Einsatz neuer Instrumente der gesteuerten Zuwanderungspolitik zeigt erste Erfolge, der Beitrag zur Nettozuwanderung bleibt jedoch noch bescheiden. So ist seit August 2012 in Deutschland das Gesetz zur Umsetzung der Hochqualifiziertenrichtlinie (Blaue Karte EU) in Kraft und insgesamt wurden 13.500 Blue Cards bis Ende 2013 erteilt (Bundesministerium für Arbeit und Soziales 2014). Auch die OECD konstatiert, dass in Deutschland trotz vergleichsweise liberalisierter Einwanderungspolitik die arbeitsmarktorientierte Zuwanderung aus Drittstaaten relativ gering bleibt (OECD 2013b). Ein Wandel in der Einwanderungspolitik und Willkommenskultur deutet sich jedoch an durch die geänderten Aufgaben des Bundesamts für Migration und Flüchtlinge, die Förderung der sprachlichen Integration sowie durch Initiativen wie „Make it in Germany".

A 3.1.2 Auswirkungen des Zensus

Der im Jahr 2011 durchgeführte Zensus hat für die Abschätzung des Arbeitsangebots bedeutende Auswirkungen. Entsprechend den Ergebnissen des Zensus war in 2011 die Bevölkerung um ca. 1,56 Millionen Personen geringer als nach der Fortschreibung der Bevölkerungszahlen. Die Zensusergebnisse sind 2014 in die Überarbeitung der Arbeitsmarktprognose eingeflossen. Dies hat in erster Linie Auswirkungen auf die Zahl der Personen im erwerbsfähigen Alter und die Berechnung der Erwerbsquoten, während die Zahl der Erwerbspersonen weitgehend unverändert bleibt.

Da sich durch den Zensus 2011 auch die Daten zur Altersstruktur der Bevölkerung verändert haben, mussten altersspezifische Änderungen in den Erwerbsquoten vorgenommen werden. Für das Jahr 2011 liegt der zensusbedingte Unterschied in den Erwerbsquoten im Vergleich der Arbeitsmarktprognose von 2012 und dem vorliegenden Update der Prognose von 2014 bei etwa einem Prozentpunkt für die jüngeren Altersgruppen und bei 1,4 Prozentpunkten bei den 30- bis 49-Jährigen, die sich häufiger in der Familienphase befinden.[12] Für die Erwerbspersonen ab 60 ist der Zensuseffekt weit geringer ausgefallen (Tabelle A 3).

Tab. A 3 Zensusbedingte Unterschiede in den Erwerbsquoten nach Alter

Altersgruppe	Erwerbsquoten 2011		
	Hauptbericht 2012	Hauptbericht 2014	Abweichung in Prozentpunkten
15–29	68,0	68,9	+1,0
30–49	90,2	91,6	+1,4
50–59	84,6	85,8	+1,2
60–64	49,4	50,2	+0,7
65–74	9,0	9,3	+0,3

Quelle: Economix

---

12 Die Bevölkerungsdaten wurden mit den Zensusdaten angepasst und wurden zwecks der Vergleichbarkeit zwischen der Arbeitsmarktprognose von 2012 und der vorliegenden Prognose zurückgerechnet.

A 3.1.3 Entwicklung der Erwerbspersonen

Da die an den Zensus angepassten Erwerbsquoten zwischen 2010 und 2013 weiter gestiegen sind, konnte der Rückgang der Erwerbspersonen im erwerbsfähigen Alter nicht nur verhindert, sondern umgekehrt werden. So ist das Arbeitsangebot um eine halbe Million Personen gestiegen, und zwar von 43,5 Millionen auf 44 Millionen Personen. Hierzu haben zwei Effekte beigetragen: die höhere Zuwanderung sowie die verhaltensbedingte Erhöhung der Erwerbsquoten (unabhängig vom Zensuseffekt). Es sind die Erwerbsquoten der Frauen, die zwischen 2010 und 2013 in allen 5-Jahres-Altersklassen (zwischen 15 und 74 Jahren) um 0,2 bis 2,3 Prozentpunkte gestiegen sind. Der stärkste Anstieg war für ältere Frauen zu verzeichnen (+1,2 Prozentpunkte für 55- bis 59-Jährige, 2,3 Prozentpunkte für 60- bis 64-Jährige und 1,1 Prozentpunkt für 65- bis 69-Jährige) sowie für 30- bis 39-jährige Frauen, die häufig noch jüngere Kinder haben (+1,2 Prozentpunkte). Steigende Erwerbsquoten für Frauen in diesen beiden Altersklassen entsprechen durchaus unseren Annahmen (Vogler-Ludwig, Düll, 2013, S. 99 ff.). Für ältere Männer konnte ebenfalls eine Steigerung der Erwerbsquoten beobachtet werden, wenngleich diese aufgrund des höheren Ausgangsniveaus etwas niedriger ausfiel (zwischen 0,7 und 2,0 Prozentpunkten bei den 55- bis 69-Jährigen). Im Gegensatz zu den Frauen sind jedoch die Erwerbsquoten der Männer zwischen 25 und 49 Jahren leicht gesunken oder nur sehr leicht gewachsen (–0,1 bis +0,1 Prozentpunkte). Auch diese Entwicklung entspricht in ihrer Richtung unseren Annahmen.

A 3.2 Zwei alternative Bevölkerungsprognosen

Mit der Berücksichtigung der Zensusergebnisse und der abweichenden Bevölkerungsentwicklung hat sich die vorliegende amtliche Bevölkerungsvorausberechnung überholt. So müsste die Nettoimmigration in den nächsten Jahren stark sinken, um den Nettomigrationspfad der 12. koordinierten Bevölkerungsvorausberechnung auch in ihrer höheren Variante 1-W2 in der langen Frist zu erreichen. Die durchschnittliche jährliche Nettomigration dürfte in diesem Fall nur 129.000 Personen zwischen 2014 und 2030 erreichen.

Annahmen der Bevölkerungsprognosen

Die Prognosen setzen auf den Bevölkerungsdaten des Zensus 2011 auf. Die Geburtenziffer bleibt in beiden Varianten konstant bei 1,4 Kindern pro Frau. Die Lebenserwartung bei Geburt wird sich bis 2060 im Vergleich zum Jahr 2006/2008 bei den Männern um 7,8 Jahre und bei den Frauen um 6,8 Jahre in beiden Varianten erhöhen. Die beiden Varianten unterscheiden sich allein durch die Höhe der Nettozuwanderung. Der jährliche Durchschnitt 2014–30 beträgt:
- 214.000 in der *Basisvariante*
- 330.000 in der Variante *Hohe Zuwanderung*

Da uns dies nicht plausibel erscheint, haben wir zwei alternative Bevölkerungsprognosen erstellt, auf deren Basis wir das zukünftige Arbeitsangebot schätzen (Abbildung A 6):

- In unserer *Basisvariante* gehen wir davon aus, dass die Zuwanderung von ihrem derzeitig hohen Niveau bis 2020 auf 200.000 Personen zurückgehen und danach auf diesem Niveau verharren wird. Dies erlaubt es uns für den Zeitraum 2020 bis 2030, mit der Annahme der Variante 1W2 der 12. koordinierten Bevölkerungsvorausberechnung konsistent zu sein. Insgesamt liegt die durchschnittliche Nettozuwanderung zwischen 2014 und 2030 bei 214.000 Personen und damit deutlich über dem Durchschnitt von 161.000 Personen der amtlichen Prognose.

- In der Variante *Hohe Zuwanderung* gehen wir von einer durchschnittlichen Nettozuwanderung von 330.000 aus. Dies gründet auf der Annahme, dass die Nettoimmigration aus dem EU-Ausland weiter anhalten wird, wenngleich auf niedrigerem Niveau. Die wirtschaftlichen Rahmenbedingungen in den Quellenländern der Migration werden sich zwar verbessern, es wird aber noch einige Zeit dauern, bis sich dies entsprechend auch am Arbeitsmarkt bemerkbar macht. Die wirtschaftlichen Verwerfungen waren so stark, dass strukturelle Probleme am Arbeitsmarkt bestehen bleiben. Zusätzlich wird in diesem Szenario davon ausgegangen, dass die gesteuerte Zuwanderung aus Drittstaaten die Nettozuwanderung merklich erhöht. Dies bedeutet, dass Unternehmen und die öffentliche Hand ihr Rekrutierungsverhalten unter dem Eindruck des Fachkräftemangels ändern, Nachqualifizierungsmaßnahmen massiv ausgedehnt und schließlich vom Arbeitsmarkt angenommen werden, Englisch sich als Arbeits-

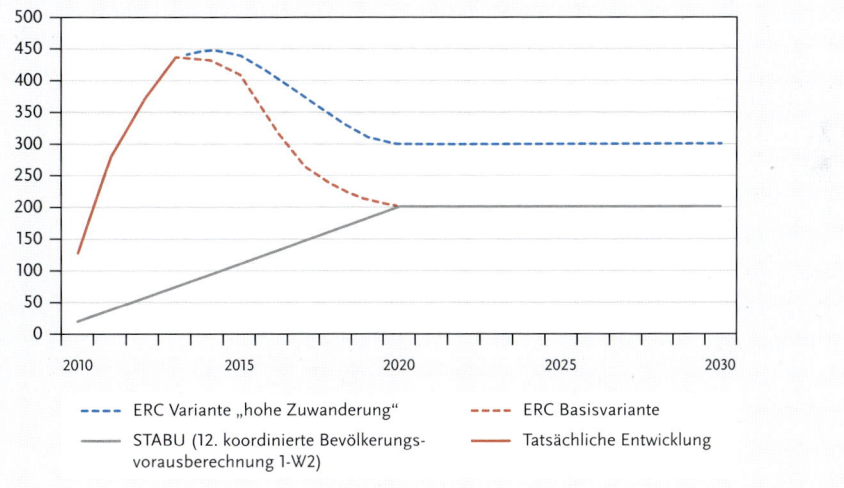

Abb. A 6 Nettozuwanderung der alternativen Bevölkerungsprognosen
in 1000

Quelle: Economix, Statistisches Bundesamt

sprache stärker durchsetzt, das Deutschniveau der Zuwanderer dank Integrationsmaßnahmen deutlich verbessert wird und sich zugleich ein pragmatischer Umgang mit dem erwarteten Deutschniveau durchsetzt. Die politische Instabilität und Kriege in Osteuropa und im Nahen Osten könnten zudem noch einige Zeit andauern und den Flüchtlingsstrom erhöhen. Es gelingt in diesem Szenario weit besser als heute die Qualifikationen der Flüchtlinge am Arbeitsmarkt zu verwerten und damit die Akzeptanz für Flüchtlinge zu erhöhen.

In der Summe wandern bis 2030 nach der *Basisvariante* in etwa 4 Millionen Personen, nach der Variante *Hohe Zuwanderung* um 5,6 Millionen Personen nach Deutschland netto zu. Die Zahl der Erwerbspersonen erhöht sich um 2,1 Millionen Personen in der *Basisvariante* und um 3,2 Millionen Personen in der Variante *Hohe Zuwanderung*.

A 3.3 Erwerbsquoten und Rentenreform

A 3.3.1 Erwerbsbeteiligung

Wir gehen für die vorliegenden Prognosen von steigenden Erwerbsquoten für Frauen in allen Altersgruppen und für Männer ab 55 Jahren aus, allerdings mit etwas geringeren Erwerbsquoten bei den älteren Frauen und Männern, als wir es ursprünglich angenommen hatten. Grund hierfür ist die in 2014 beschlossene Rentenreform (siehe unten).

Für die Erwerbsquoten von jüngeren Frauen und Frauen mittleren Alters halten wir an den Annahmen der ersten Prognose fest (Vogler-Ludwig, Düll 2013, S. 99 ff.). Der Erwartung eines weiteren Anstiegs der Erwerbsquoten wurde die Annahme zugrunde gelegt, dass sich unter bestimmten Voraussetzungen Erwerbsquoten erreichen lassen, wie sie in Dänemark, Norwegen oder Schweden vorliegen. Dies setzt voraus, dass Politik und Unternehmen die Weichen so stellen, dass die Vereinbarkeit von Familie und Beruf deutlich verbessert wird. Wir gehen davon aus, dass die Politik auf den Fachkräftemangel langfristig reagieren und Maßnahmen in den folgenden Bereichen treffen wird: Ausweitung und Verbesserung der Kinderbetreuungsangebote in allen Altersstufen, Ausweitung der Schul- und Unterrichtszeiten, Anreize für kürzere Familienpausen. Auf diesen Gebieten sind seit der letzten Arbeitsmarktprognose Fortschritte erzielt worden (Bundesministerium für Arbeit und Soziales 2014).

Wir vermuten auch, dass sich die Betriebe in Zusammenarbeit mit den Sozialpartnern unter dem Eindruck des Fachkräftemangels verstärkt bemühen werden, das weibliche Arbeitskräftepotenzial besser zu nutzen und in der Folge zunehmend flexible Arbeitszeitmodelle für Frauen und Männer einzuführen, ausgeweitete Teilzeit oder „kurze" Vollzeitjobs in den Betrieben zu schaffen und eine Reihe weiterer Maßnahmen zur Verbesserung der Vereinbarkeit von Familie und Beruf umzusetzen.

Die Unternehmen und die betrieblichen Sozialpartner werden voraussichtlich verstärkt Karrieremanagementsysteme für Teilzeitbeschäftigte und Beschäftigte mit familienbedingten Erwerbsunterbrechungen entwickeln und umsetzen. Auch das steigende Qualifikationsniveau von Frauen dürfte zu steigenden Erwerbsquoten führen, da sich ihre Opportunitätskosten der Nichterwerbstätigkeit erhöhen. Schließlich erhöhen die verbesserten Rahmenbedingungen sowie die höhere Wertschätzung des weiblichen Arbeitskräftepotenzials in Folge eines drohenden oder tatsächlichen Fachkräftemangels die gesellschaftliche Akzeptanz von arbeitenden Müttern, was sich wiederum positiv auf die Erwerbsneigung von (jungen) Müttern auswirken dürfte und den Wandel im Rollenbild der Frau befördert.

Bei jüngeren Männern gehen wir davon aus, dass sich die Verkürzung der Gymnasialzeit und der Trend zur Höherqualifizierung in ihrer Wirkung weitgehend aufheben werden. In der Familienphase werden die Erwerbsquoten der Männer leicht sinken, da Männer mehr an der Familienarbeit beteiligt sein werden (z. B. werden Männer zumindest für kurze Zeiträume verstärkt Erziehungsurlaub nehmen). Darüber hinaus halten wir auch an unserer ursprünglichen Annahme fest, dass die Erwerbsquote der Migrantinnen und Migranten steigen wird als Folge von Fortschritten bei der Anerkennung von Berufsabschlüssen und der Ausweitung entsprechender Weiterbildung und Nachqualifizierung. Zudem dürfte eine stärker gesteuerte Zuwanderungspolitik eher jene Arbeitskräfte nach Deutschland ziehen, die auch eine Chance auf dem Arbeitsmarkt haben.

A 3.3.2 Auswirkungen der Rentenreform

In der Prognose 2012 sind wir von weiter steigenden Erwerbsquoten von älteren Frauen und Männern ausgegangen. Dabei wurden auch die vermuteten Effekte der schrittweisen Erhöhung des Rentenalters auf 67 Jahre, die restriktivere Frühverrentung, die zunehmende Verbreitung von altersgerechten Maßnahmen in der Personalpolitik sowie eine stärkere Arbeitsorientierung der Frauen in ihrer Wirkung auf die Erwerbsquoten berücksichtigt. Davon gingen nach unserer Einschätzung spürbare Effekte auf das Arbeitsangebot aus. Die Zahl der Erwerbspersonen lag so um 1,5 Millionen oder 37 % höher als bei konstanten Erwerbsquoten von 2010 (Vogler-Ludwig, Düll 2013, S. 102).

Mit dem in 2014 beschlossenen Gesetz über Leistungsverbesserungen in der gesetzlichen Rentenversicherung (RV-Leistungsverbesserungsgesetz) haben vor allem folgende Elemente der Reform eine Auswirkung auf die Erwerbsbeteiligung:

- Die Zahlung einer abschlagfreien Rente bei 45 Beitragsjahren, unter Berücksichtigung von Kindererziehungs- und Pflegezeiten, kurzfristiger Arbeitslosigkeit und beruflicher Weiterbildung („Rente mit 63").
- Die Anrechnung einer Kindererziehungszeit von zwölf Monaten für Mütter und Väter, die vor 1992 geborene Kinder erzogen haben („Mütterrente").

In unserer Angebotsanalyse steht die Frage im Vordergrund, wie sich die Reformmaßnahmen auf die Erwerbsbeteiligung im Alter auswirken werden. Die Rentenreform 2014 reduziert nach unseren Berechnungen den bis 2030 erwarteten Zuwachs der älteren Erwerbspersonen um etwa 15 % der bisher angenommenen Angebotsausweitung. Die Effekte lassen sich zu in etwa gleichen Teilen auf die beiden Maßnahmen zurückführen. Die „Mütterrente" wird sich zu Beginn der Reformphase stärker auswirken, die „Rente mit 63" gegen Ende.[13]

Während wir bei der Rente mit 63 davon ausgehen, dass fast alle Anspruchsberechtigten die Regelung in Anspruch nehmen werden, liegen die Dinge bei der „Mütterrente" etwas anders. Hier erhalten die Mütter und Väter, die vor 1992 geborene Kinder erzogen haben, ein zusätzliches Kindererziehungsjahr für ihre Rentenansprüche. Sie haben damit die Option früher in Rente zu gehen oder weiterhin erwerbstätig zu sein und das zusätzliche Jahr zur Verbesserung ihrer Rentenansprüche zu nutzen. Dies dürfte für die Frauen der Nachkriegsgeneration von Interesse sein, da sie ihre Erwerbstätigkeit häufiger als die Frauen von heute unterbrochen haben. Unsere Annahme ist, dass etwa ein Drittel der anspruchsberechtigten Frauen an einer höheren Rente interessiert sein wird. Zwei Drittel von ihnen könnten den Anspruch für einen früheren Renteneintritt nutzen.

Die Älteren bleiben die wichtigste Arbeitskräftereserve der nächsten Jahrzehnte. Es ist daher zu erwarten, dass mit steigendem Altenquotienten die Notwendigkeit für weitere Rentenreformen steigt, die dem früheren Ausstieg aus dem Erwerbsleben entgegenwirken. Untersuchungen der OECD haben die möglichen rentenpolitischen Ansätze für die Verlängerung des Erwerbslebens im internationalen Vergleich aufgezeigt (vgl. Box „Rentenpolitische Ansätze für eine längere Erwerbstätigkeit").

Rentenpolitische Ansätze für eine längere Erwerbstätigkeit

Einige Anreizeffekte, wie etwa die bereits unterhalb des OECD-Durchschnitts liegende Nettoersatzquote der Renten in Deutschland, insbesondere der Bezieher niedriger Lohneinkommen (OECD 2013a, Grafik 4.8 und Grafik 4.9, Tabelle 4.10) und das zu erwartende langfristig weitere Absinken des relativen Rentenniveaus aus der gesetzlichen Rentenversicherung hatten wir bereits berücksichtigt. Nicht alle Arbeitskräfte haben ihre Altersvorsorge auf der zweiten und dritten Säule aufgebaut, und die Frage des Armutsrisikos künftiger Generationen nimmt in der politischen Debatte in Deutschland einen immer größeren Raum ein (Sachverständigenrat zur Begutachtung der gesamtwirtschaftlichen Entwicklung, 2011). Verschiedene Studien zeigen, dass das Armutsrisiko älterer Frauen eng mit der Instabilität der Ehen, den unterbrochenen beruflichen Laufbahnen, der Teilzeitarbeit, den „Mini-Jobs" und der Ausweitung der Niedriglohnbranchen, in denen die Frauen überrepräsentiert sind, zusammenhängt. In vielen Fällen entrichten Frauen keine Beiträge in Altersrentensysteme, die auf dem Kapitaldeckungsverfahren beruhen, und sie verfügen auch nicht über andere Sparpläne. Dies gilt insbesondere für Niedriglohnbezieherinnen (Riedmüller und Schmalreck, 2012).

---

13   Zur Ableitung der Effekte der Rentenreform 2014 vgl. Methodenbericht (Kriechel, Vogler-Ludwig 2014)

Nicht nur in Deutschland, sondern auch in verschiedenen anderen OECD-Ländern wurden Mechanismen zur automatischen Anpassung an die demografische Entwicklung umgesetzt, und die Beispiele aus dem Ausland zeigen mögliche Richtungen wie die Anpassung vorgenommen werden kann (D'Addio, Whitehouse, 2012). Reformelemente in den europäischen Ländern betreffen die Einschränkung des vorzeitigen Rentenbezugs, die (Neu-)Festlegung der Kürzungen und der Zuschläge und/oder eine Ausdehnung der Kapitalisierung von zusätzlichen Rentenansprüchen im Fall, dass der Rentenbezug aufgeschoben wird, die Erhöhung des Renteneintrittsalters oder die Aufhebung eines gesetzlichen Rentenalters wie in Schweden (siehe für eine Übersicht: EBO, 2012 und OECD 2013a). Schließlich müssen langfristig die Berücksichtigung der bereits erbrachten Arbeitsleistung, auch unter Berücksichtigung der Schwere bzw. der psychischen und physischen Belastung in der Berufslaufbahn, nicht dem Setzen verstärkter Anreize zur Verlängerung des Arbeitslebens entgegenstehen. Die negativen Effekte der Rentenreform 2014 auf die Erwerbsbeteiligung könnten also durchaus durch andere Maßnahmen wieder rückgängig gemacht werden. In der Vergangenheit hat sich gezeigt, dass sich die Rentenpolitik nicht linear entwickelt hat und auch die Verteilung der Lasten zwischen verschiedenen Arbeitnehmer- und Rentnergruppen Änderungen unterliegt. Zugleich könnte auch die stärkere Berufsorientierung der Frauen dazu führen, dass sie weniger häufig als heute den Arbeitsmarkt verlassen, wenn ihre Lebenspartner das Rentenalter erlangen.

Wir rechnen in unserer Prognose mit einem Anstieg der Erwerbsquoten der 60- bis 74-Jährigen um 10 Prozentpunkte auf 35 %. Dies ist bis 2030 mit einem Angebotseffekt von 1,8 Millionen Erwerbspersonen verbunden. Weitere Maßnahmen, wie sie oben genannt wurden, könnten nach unserer Einschätzung durchaus bessere Ergebnisse liefern und mit einem Anstieg der Erwerbsquoten auf 45 % zu einer Verdoppelung dieses Effekts führen.

A 3.3.3 Erwerbsquoten bis 2030

Die an den Zensus, die Bevölkerungsprognose sowie die Auswirkungen der Rentenreform angepassten Erwerbsquoten zeigen für die Frauen trotz Rentenreform eine beachtliche Erhöhung der Erwerbsquoten der über 60-Jährigen (Zunahme um 10,5 Prozentpunkte bei den 60- bis 64-Jährigen, um 12,2 Prozentpunkte bei den 65- bis 69-Jährigen und um 6,3 Prozentpunkte bei den 70- bis 74-Jährigen). Bei den 30- bis 39-Jährigen werden die Erwerbsquoten entsprechend unserer Annahmen zur Erhöhung der Erwerbsbeteiligung von Frauen und insbesondere auch von Müttern ebenfalls deutlich steigen.

Abbildungen A 7 und A 8 zeigen die Entwicklung der Erwerbsquoten von Frauen und Männern bis 2030. Wir haben für die *Basisvariante* und die Variante *Hohe*

Arbeitsangebot bei vollkommener Gleichstellung zwischen Frauen und Männern

Unter der Annahme, dass die Erwerbsquote der Frauen bis 2030 auf das Niveau der Männer steigt, würden im Jahr 2020 3,1 Millionen Personen und in 2030 2,5 Millionen Personen mehr Erwerbspersonen dem Arbeitsmarkt zur Verfügung stehen.

In Vollzeitäquivalenten wäre die Angebotsausweitung nicht ganz so groß. Auch wenn in diesem Szenario der Gleichstellung am Arbeitsmarkt auch die Arbeitsstunden der Frauen ausgeweitet würden, könnte erwartet werden, dass die Männer ihre durchschnittliche Arbeitszeit etwas reduzieren. Der Anpassungsprozess bei der Aufteilung der Familienarbeit zwischen Männern und Frauen könnte in einem solchen Szenario über eine Neuverteilung der Arbeitszeiten laufen. Der Effekt auf die Ausweitung des Arbeitsangebots in Vollzeitäquivalenten dürfte in jedem Fall geringer sein.

Zuwanderung dieselben zukünftigen Erwerbsquoten unterstellt. In der Summe der verschiedenen Effekte ergeben sich für 2030 höhere Erwerbsquoten, insbesondere bei den 30- bis 59-Jährigen (Tabelle A 4). Die angenommene Entwicklung der Erwerbsquoten der Frauen bis 2030 geht bereits von der Annahme aus, dass sich die Erwerbsquoten auf das heutige durchschnittliche Niveau der Frauen in skandinavischen Ländern erhöhen lassen. Die Erwerbsquoten könnten auch höher liegen. Um die Effekte einer weiteren Erhöhung der Frauenerwerbsquoten zu verdeutlichen, haben wir die Hypothese einer vollkommenen Gleichstellung von Männern und Frauen aufgestellt.

Tab. A 4 Vergleich der Erwerbsquoten nach Alter – Hauptberichte 2012 und 2014

Altersgruppe	Erwerbsquoten 2030*		
	Hauptbericht 2012	Hauptbericht 2014	Abweichung in Prozentpunkten
15–29	70,2	71,0	+0,8
30–49	92,2	93,7	+1,5
50–59	87,6	89,0	+1,4
60–64	62,3	62,4	+0,2
65–74	20,5	19,8	−0,7
* Erwerbspersonen in % der Bevölkerung gleichen Alters			

Quelle: Economix

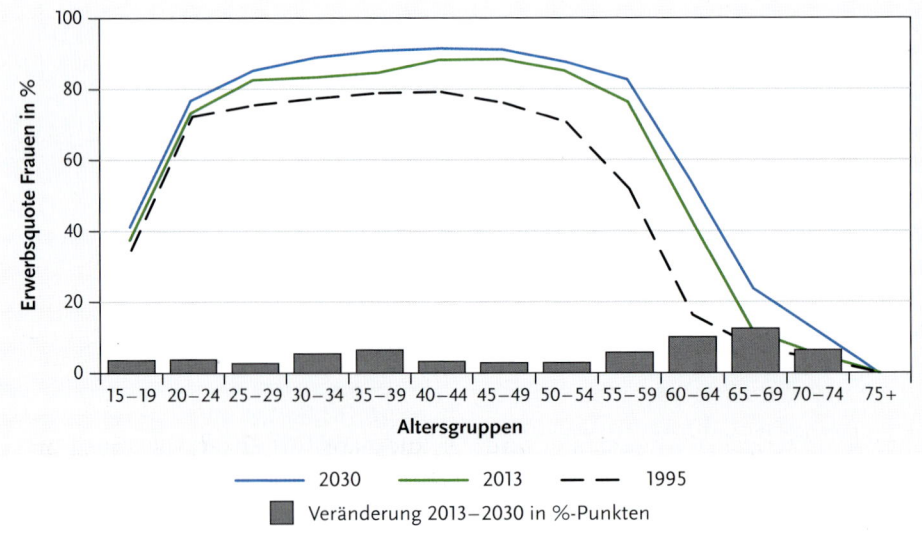

Abb. A 7 Erwerbsquoten der Frauen

Quelle: Economix (Y13a)

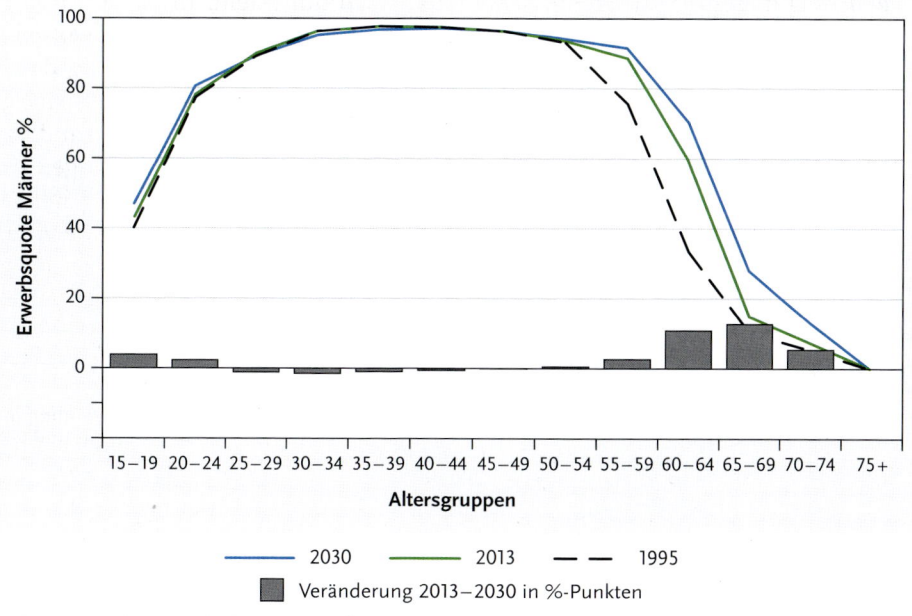

Abb. A 8 Erwerbsquoten der Männer

Quelle: Economix (Y13a)

A 3.4 Entwicklung des Arbeitsangebots

A 3.4.1 Zahl der Erwerbspersonen

In der Basisvariante wird die Zahl der Erwerbspersonen von 2013 bis 2017 um insgesamt 170.000 auf 44,2 Millionen steigen (Abbildung A 9). Dann setzen sich die demografischen Faktoren für die inländische Bevölkerung und die nachlassende Zuwanderung durch. Dies führt zu einer kontinuierlichen Abnahme der Erwerbspersonenzahl um ebenfalls 170.000 im Durchschnitt. Im Jahr 2030 wird die Zahl der Erwerbspersonen bei 42 Millionen Personen liegen und damit um 2 Millionen Personen niedriger als 2013.

In der Variante *Hohe Zuwanderung* wird der Rückgang der Erwerbspersonen hingegen nur rund 900.000 Personen betragen. Bereits im Jahr 2020 liegt die Zahl der Erwerbspersonen in der Variante Hohe Zuwanderung um 370.000 Personen höher als in der Basisvariante und schließlich in 2030 um 1,1 Millionen Personen höher. Die Zuwanderung der zusätzlichen 116.000 Personen pro Jahr, die den Unterschied zwischen der *Basisvariante* und der Variante *Hohe Zuwanderung* ausmachen, erhöhen das Arbeitsangebot damit bis 2030 um 2,6 %. Die Elastizität des Arbeitsangebots in Bezug auf den Bevölkerungszuwachs ist größer als 1. Jedes Prozent an zusätzlicher Bevölkerung erhöht das Arbeitsangebot um 1,3 %. Dies ist Folge der höheren Erwerbsorientierung und der günstigeren Altersstruktur der zuwandernden Bevölkerung.

Ähnliche Effekte lassen sich aus dem Vergleich der *Basisvariante* mit den aus der 12. koordinierten Bevölkerungsvorausberechnung 1-W2 abgeleiteten Erwerbspersonenzahlen unserer Prognose 2012 erkennen. Auch hier bringt die im Durchschnitt der Periode 2014–30 um rund 100.000 Personen höhere Zuwanderung der *Basisvariante* im Vergleich zur amtlichen Prognose einen ähnlich hohen Gewinn beim Arbeitsangebot (Abbildung A 9). Bis 2030 wird die höhere Zuwanderung 1,2 Millionen zusätzliche Arbeitskräfte ins Land bringen als nach der bisherigen Bevölkerungsprognose zu erwarten gewesen wäre.

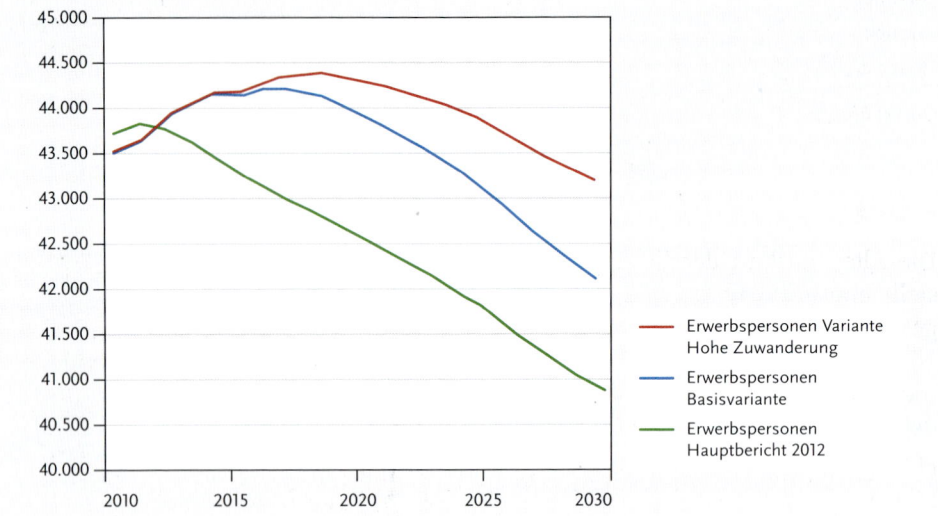

Abb. A 9 Prognose der Erwerbspersonen
Absolutwerte in 1.000

Quelle: Economix (Y10d)

A 3.4.2 Geschlechterproportionen

Die Schrumpfung der Erwerbspersonenzahl bis 2030 wird überwiegend zu Lasten der Männer gehen. In der *Basisvariante* sinkt die Zahl der männlichen Erwerbspersonen um 1,4 Millionen und die Zahl der weiblichen Erwerbspersonen um 0,7 Millionen (Tabelle A 5). Dennoch wird sich der Frauenanteil am Arbeitsangebot nur geringfügig um 0,6 Prozentpunkte auf 47,4 % im Jahr 2030 erhöhen.

Die höhere Zuwanderung wird die Erwerbspersonenzahlen von Männern und Frauen in etwa gleichem Ausmaß erhöhen. Im Vergleich zur *Basisvariante* steigt die

Zahl der Männer um 580.000, die der Frauen um 540.000. Der Frauenanteil wird nur geringfügig um 0,1 Prozentpunkte höher liegen.

Tab. A 5 Erwerbspersonen nach Geschlecht

	Absolutwerte in 1.000			Anteile in %	
	2013	**2030**	**Veränderung 2013–30**	**2013**	**2030**
Basisvariante					
Männer	23.433	22.082	−1.351	53,2	52,6
Frauen	20.607	19.938	−669	46,8	47,4
Insgesamt	44.040	42.020	−2020	100,0	100,0
Variante Hohe Zuwanderung					
Männer	23.433	22.660	−773	53,2	52,5
Frauen	20.607	20.476	−131	46,8	47,5
Insgesamt	44.040	43.136	−904	100,0	100,0

Quelle: Economix (Y17d)

A 3.4.3 Altersstruktur

Die Altersstruktur der Erwerbspersonen stellt eine der großen Herausforderungen des demografischen Wandels dar. Bis zum Jahr 2030 wird nach unseren Berechnungen in der *Basisvariante* die Zahl der ab 60-Jährigen um 3 Millionen steigen, während alle jüngeren Altersgruppen schrumpfen werden (Tabelle A 6). Die Altersgruppe der 15- bis 29-Jährigen wird um 1,6 Millionen geringer sein, die Altersgruppe der 45- bis 59-Jährigen sogar um 2,9 Millionen. Die Zahl der 30- bis 44-Jährigen wird – begünstigt durch die Zuwanderung – nur um eine halbe Million schrumpfen. Dies bedeutet, dass sich der Anteil der Alten (60+) bis 2030 fast verdoppeln wird (15,2 %). Der Anteil der 30- bis 44-Jährigen wird annähernd

Wanderungseffekte

Die Berechnung der Wanderungseffekte auf die Altersstruktur und andere Verteilungen, wie Berufe und Qualifikationen, leitet sich aus der Differenz zwischen der *Basisvariante* und der Variante *Hohe Zuwanderung* ab.

Es wird angenommen, dass die zwischen den beiden Szenarien festgestellten Unterschiede, z. B. in der Zahl der Erwerbspersonen, für die Gesamtzahl der Zuwanderer während der Periode 2013–30 gilt. Der Wanderungseffekt gilt daher jeweils für alle 214.000 bzw. 330.000 Zuwanderer, die im Durchschnitt pro Jahr in den Arbeitsmarkt eintreten.

Die Übertragung der Differenz der Szenarien auf die gesamten Wanderungsströme erscheint gerechtfertigt, weil alle Hypothesen zum Wanderungsverhalten und der beruflichen Integration für die Gesamtheit der Zuwanderer formuliert sind, und nicht nur für die Differenz der beiden Szenarien.

konstant bei 33 % bleiben. Die Anteile der Jungen (15–29) und die Erwerbspersonen mittleren Alters (45–59) werden hingegen um drei bis fünf Prozentpunkte sinken.

Durch die höhere Zuwanderung in der Variante *Hohe Zuwanderung* gewinnt vor allem die Altersgruppe der 30- bis 44-Jährigen (Tabelle A 6). Im Vergleich zur *Basisvariante* liegt ihre Zahl im Jahr 2030 um eine halbe Million höher, während die Jungen und die Erwerbspersonen mittleren Alters jeweils rund 300.000 gewinnen. Die Zahl der alten Erwerbspersonen steigt nur um etwa 100.000. Dennoch hebt auch die hohe Zuwanderung von durchschnittlich 330.000 Personen pro Jahr die Auswirkungen des demografischen Wandels nicht auf. Auch unter dieser Entwicklung wird der Anteil der alten Erwerbspersonen auf 15 % steigen. Die Effekte der Zuwanderung auf die Altersstruktur bewegen sich im Zehntelprozentbereich.

Tab. A 6 Erwerbspersonen nach Alter

	Absolutwerte in 1.000			Anteile in %	
	2013	2030	Veränderung 2013–30	2013	2030
Basisvariante					
15–29	9.476	7.866	−1.610	21,5	18,7
30–44	14.206	13.676	−529	32,3	32,5
45–59	16.960	14.102	−2.857	38,5	33,6
60+	3.399	6.375	2.976	7,7	15,2
Insgesamt	44.040	42.020	−2.020	100,0	100,0
Variante Hohe Zuwanderung					
15–29	9.476	8.082	−1.394	21,5	18,7
30–44	14.206	14.167	−39	32,3	32,8
45–59	16.960	14.426	−2.534	38,5	33,4
60+	3.399	6.462	3.063	7,7	15,0
Insgesamt	44.040	43.136	−904	100,0	100,0

Quelle: Economix (Y17d)

In Abbildung A 10 ist der zeitliche Verlauf der Wanderungsgewinne durch die höhere Zuwanderung in der Variante *Hohe Zuwanderung* für die Altersgruppen dargestellt. Dabei zeigt sich, dass der Zugewinn an 30- bis 45-jährigen Erwerbspersonen kontinuierlich ansteigt, ebenso wie die Zugewinne bei den 45- bis 59-Jährigen und der Älteren. Der Zugewinn an 15- bis 29-Jährigen flacht sich hingegen ab. Dies hängt mit der schwächer werdenden direkten Zuwanderung in dieser Altersgruppe zusammen, während sich bei höheren Altersgruppen die indirekten Effekte der Zuwanderung aus früheren Jahren kumulieren.

Die Dramatik des demografischen Wandels im Arbeitsangebot zeigt sich in der Aufspaltung der Veränderungen der Altersstruktur in ihre statistischen Bestimmungsfaktoren.[14] Die Altersstruktur der Erwerbspersonen wird durch die Veränderungen in der Altersstruktur der Bevölkerung einerseits und die Änderungen der altersspezifi-

---

14 Dabei wird eine hypothetische Altersstruktur mit unveränderten Erwerbsquoten berechnet. Sie zeigt den Einfluss der Verschiebung in der Altersstruktur (= Bevölkerungseffekt). Umgekehrt wird eine hypothetische Altersstruktur bei konstanter Altersverteilung und veränderten Erwerbsquoten berechnet (= Erwerbsquoteneffekt). Durch die gleichzeitige Änderung aller Faktoren ergibt sich zusätzlich ein sog. Kombinationseffekt, der sich den einzelnen Komponenten nicht zuordnen lässt.

schen Erwerbsquoten andererseits bedingt. In Abbildung A 11 sind die Bevölkerungs- und Erwerbsbeteiligungseffekte dargestellt. Sie zeigt, dass die Verluste an Erwerbs- personen stark durch den Bevölkerungsschwund bei den 20- bis 34-Jährigen und den 40- bis 59-Jährigen bedingt sind. Die steigenden Erwerbsquoten können diese Verluste bei Weitem nicht kompensieren. Bei den älteren Erwerbspersonen ab 60 verstärken sich die Effekte von Bevölkerungszuwachs und steigenden Erwerbsquo- ten.

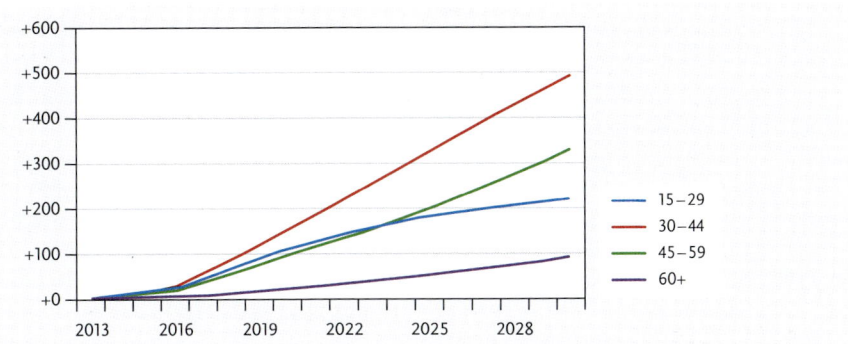

Abb. A 10 Wanderungseffekte der Zuwanderung auf die Erwerbspersonen nach Alter
Differenz zwischen der Variante *Hohe Zuwanderung* und der *Basisvariante* in 1.000

Quelle: Economix Y17d

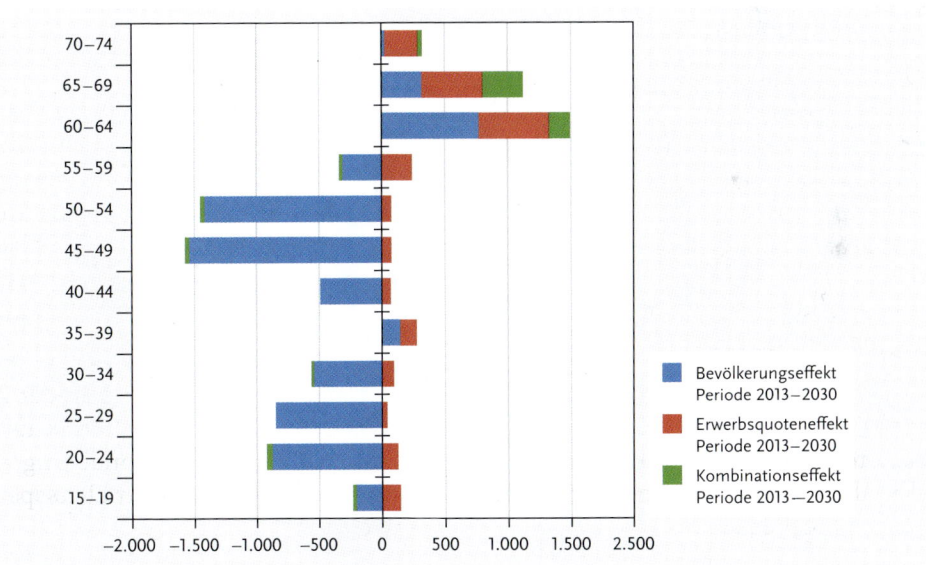

Abb. A 11 Bevölkerungs- und Erwerbsbeteiligungseffekt auf die Altersstruktur
Veränderung der Erwerbspersonenzahl nach Alter in 1.000; Basisvariante

Quelle: Economix (Y17a)

Die Ergebnisse zeigen, dass sich die quantitativen Einbußen im Arbeitsangebot und die Alterung der Erwerbspersonen ohne eine Änderung der Bevölkerungsentwicklung nicht aufhalten lassen. Die gilt zumindest auf die lange Frist und unter den von uns gesetzten Prämissen (vgl. Abschnitt A 3.5).

Der Effekt der Zuwanderung ist hingegen von größerer Bedeutung. Nach unseren obigen Berechnungen weitet die höhere Zuwanderung in der Variante *Hohe Zuwanderung* im Vergleich zur Basisvariante das Arbeitsangebot bis 2030 um 1,1 Millionen aus. Überträgt man diesen Effekt auf die gesamte Nettozuwanderung, dann ist das Arbeitsangebot des Jahres 2030 in der *Basisvariante* durch die Nettozuwanderung von durchschnittlich 214.000 pro Jahr um 2,1 Millionen höher. In der Variante *Hohe Zuwanderung*, bei der eine durchschnittliche Zuwanderung von 330.000 pro Jahr angenommen wurde, beträgt der Effekt 3,2 Millionen. Dies sind 4,9 % der Erwerbspersonen in der *Basisvariante* und 7,6 % in der Variante *Hohe Zuwanderung*.

In den mittleren Altersgruppen trägt die Zuwanderung erheblich zur Ausweitung des Arbeitsangebots bei. Der höchste Beitrag wird zur Gruppe der 30- bis 34-Jährigen geleistet. Dort erhöhen die Zuwanderer aus dem Zeitraum 2013–30 die Erwerbspersonenzahl um 8 % nach der *Basisvariante* bzw. 13 % nach der Variante *Hohe Zuwanderung* (Abbildung A 12). Dies sind zwar die höchsten Beiträge, aber auch zu allen anderen Altersgruppen leistet die Zuwanderung positive Beiträge. Selbst bei den 70- bis 74-Jährigen wird die Zahl der Erwerbspersonen um 1 bis 2 % erhöht.

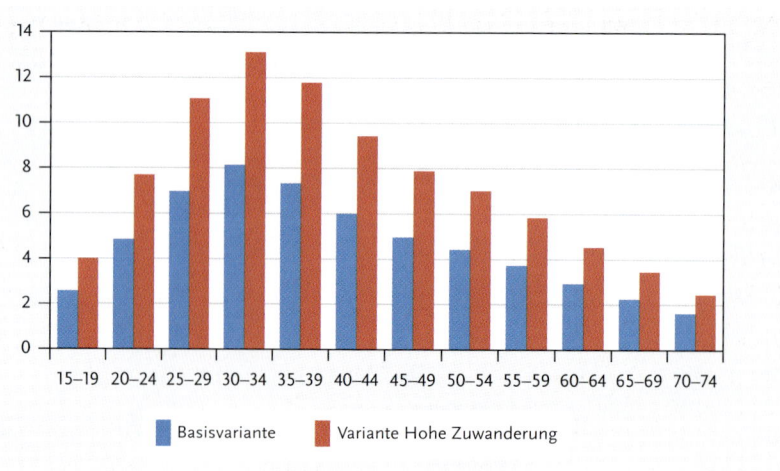

Abb. A 12 Beitrag der Zuwanderer zum Arbeitsangebot nach Alter, 2030
Relation der Zuwanderung in % der Erwerbspersonen ohne Zuwanderer

Quelle: Economix (Y17a)

A 3.4.4 Erwerbspersonen nach Berufen

Nach der *Basisvariante* wird das Arbeitsangebot zwischen 2013 und 2030 in folgenden Berufsgruppen zunehmen (Abbildung A 13):
* Warenprüfer, Versandfertigmacher (+14 %; +81.000)
* Künstler, Publizisten (+11 %; +90.000)
* Ingenieure und Naturwissenschaftler (+11 %; +135.000)
* Geistes- und naturwissenschaftliche Berufe (+10 %; +45.000)
* Finanzfachleute (+7 %; +63.000)
* Manager und leitende Beamte (+5 % bzw. +136.000)

Hingegen würde entsprechend unserer Prognose das Angebot in folgenden Berufen schrumpfen:
* Keramiker, Glasmacher (−32 %; −11.000)
* Textil-, Bekleidungs-, Lederberufe (−27 %; −44.000)
* Hilfsarbeiter (−24 %; −221.000)
* Sonstige Arbeitskräfte (−24 %; −177.000)
* Papier- und Druckberufe (−21 %; −32.000)

Zu den Berufen mit den stärksten absoluten Rückgängen zählen die Büroberufe (−827.000 bzw. −17 %), die Lehrer und sozialen Berufe (−270.000 bzw. −8 %), die bereits genannten Hilfsarbeiter (−221.000 bzw. −24 %) und die persönliche Dienstleistungsberufe (−208.000 bzw. −6 %).

Der Beitrag der Zuwanderung im Vergleich der *Basisvariante* und der Variante *Hohe Zuwanderung* zwischen 2013 und 2030 ist in allen Berufsgruppen positiv. Die höchsten Beiträge leistet die Zuwanderung in den Berufsgruppen
* Finanzfachleute (11 % der Erwerbspersonen in der *Basisvariante* und weitere 6 % in der Variante *Hohe Zuwanderung*),
* Ingenieure/Naturwissenschaftler (10 % und 6 %),
* Techniker (8 % und 4 %)
* Manager/leitende Beamte und Meister (6 % und 4 %)

Es gibt fast keine Berufsgruppe, in der die Zahl der Erwerbspersonen ohne Zuwanderung steigen würde. Dies sind die geistes- und naturwisenschaftlichen Berufe, Künstler und Publizisten sowie die Warenprüfer/Versandfertigmacher, bei denen der starke Nachfragesog inländische Arbeitskräfte anzieht. In allen anderen Berufsgruppen wäre der Rückgang des Arbeitsangebots ohne die Zuwanderung negativ bzw. der Rückgang liefe noch schneller ab.

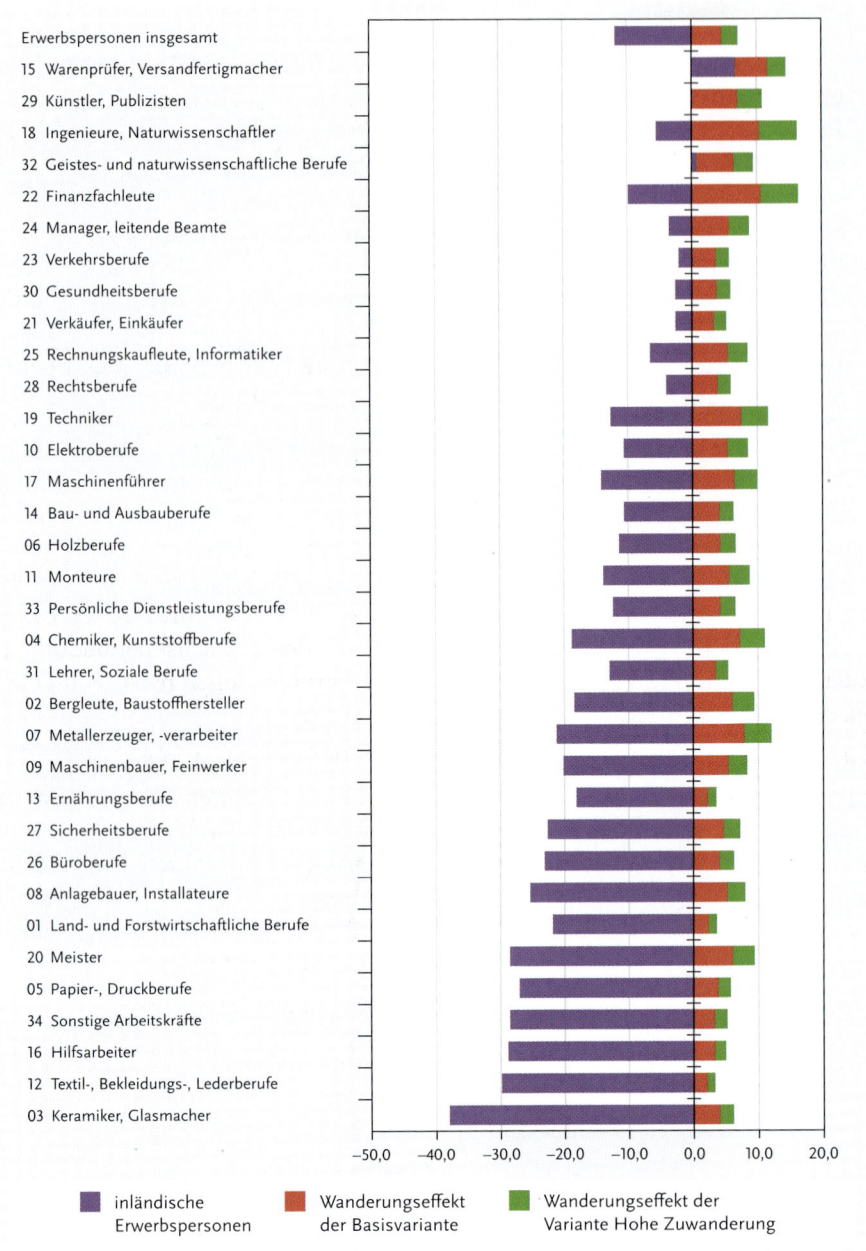

Erwerbspersonen insgesamt
15 Warenprüfer, Versandfertigmacher
29 Künstler, Publizisten
18 Ingenieure, Naturwissenschaftler
32 Geistes- und naturwissenschaftliche Berufe
22 Finanzfachleute
24 Manager, leitende Beamte
23 Verkehrsberufe
30 Gesundheitsberufe
21 Verkäufer, Einkäufer
25 Rechnungskaufleute, Informatiker
28 Rechtsberufe
19 Techniker
10 Elektroberufe
17 Maschinenführer
14 Bau- und Ausbauberufe
06 Holzberufe
11 Monteure
33 Persönliche Dienstleistungsberufe
04 Chemiker, Kunststoffberufe
31 Lehrer, Soziale Berufe
02 Bergleute, Baustoffhersteller
07 Metallerzeuger, -verarbeiter
09 Maschinenbauer, Feinwerker
13 Ernährungsberufe
27 Sicherheitsberufe
26 Büroberufe
08 Anlagebauer, Installateure
01 Land- und Forstwirtschaftliche Berufe
20 Meister
05 Papier-, Druckberufe
34 Sonstige Arbeitskräfte
16 Hilfsarbeiter
12 Textil-, Bekleidungs-, Lederberufe
03 Keramiker, Glasmacher

−50,0   −40,0   −30,0   −20,0   −10,0   0,0   10,0   20,0

■ inländische Erwerbspersonen
■ Wanderungseffekt der Basisvariante
■ Wanderungseffekt der Variante Hohe Zuwanderung

Abb. A 13 Erwerbspersonen nach Berufen
34 Berufsgruppen, geordnet nach der Veränderung 2013–30 in %*

(*) Wanderungseffekt je Beruf gemessen als Differenz zwischen den Erwerbspersonen nach Variante *Hohe Zuwanderung* und *Basisvariante* in Relation zu den Erwerbspersonen 2013

Quelle: Economix (Y21a), IER

A 3.4.5 Erwerbspersonen nach fachlicher Berufsbildung

Der Trend zur Höherqualifizierung wird die Qualifikationsstruktur des Arbeitsangebots bis 2030 spürbar verändern. Im Vergleich zum Jahr 2013 erwarten wir nach der
Basisvariante (Abbildung A 14)

- die Zunahme des Arbeitskräfteangebots an Akademikern um 2,1 Millionen Personen (+24 %).
- den Rückgang der Erwerbspersonen mit dualer Berufsausbildung um 840.000
  (–4 %).
- das Absinken der Zahl der Erwerbspersonen mit einem Fachschulabschluss um
  480.000 (–12 %).
- Darüber hinaus werden 2,8 Millionen Menschen das Segment der Arbeitskräfte
  ohne abgeschlossene Berufsausbildung verlassen (–33 %).

Die Prognose geht davon aus, dass es einerseits gelingen wird, bislang bildungsbe-
nachteiligte Bevölkerungsgruppen zu höheren Schulabschlüssen und beruflichen
Abschlüssen zu bringen. Andererseits geht sie davon aus, dass der Zustrom in die
Hochschulen trotz nachlassender Jahrgangsstärken bei den Schulabgängern anhalten wird. Beides wird gelingen, wenn die Notwendigkeit zur Investition in die Bildung nicht nur beschworen, sondern tatsächlich umgesetzt wird. Die Prognose unterstellt vor allem, dass Fortschritte im Bereich der Erwachsenenbildung erzielt
werden. Das Bildungssystem muss sich auf die Anforderungen nach beruflicher Mobilität in einer älter werdenden Gesellschaft einstellen.[15]

Bei der Interpretation dieses Ergebnisses muss allerdings bedacht werden, dass sich
die Trennlinien zwischen der dualen Ausbildung auf der einen Seite und der univer-
sitären Ausbildung auf der anderen Seite aufweichen. So findet neben dem viel beschriebenen Trend einer Akademisierung durchaus auch ein Trend der „Verberuflichung" der akademischen Bildung statt. Dies zeigt sich in der Entwicklung einer
Vielzahl neuer spezialisierter Bachelorstudiengänge, der Entwicklung dualer Studiengänge und der Verbesserung der Übergänge zwischen beiden Systemen.

Die Zuwanderung trägt auf allen Qualifikationsstufen zur besseren Versorgung mit
Arbeitskräften bei (Abbildung A 14).

---

15 Die Ergebnisse der PIAAC-Studie der OECD zeigen, dass sich Erwachsene in Deutschland bezüglich der Lesefähigkei-
   ten lediglich im Mittelfeld bewegen und bezüglich der Rechenfähigkeit nur leicht über dem OECD-Niveau liegen
   (OECD 2013c). Die Ergebnisse der PIAAC-Studie bestätigen die Ergebnisse der PISA-Studie über die geringe soziale
   Durchlässigkeit des deutschen Bildungssystems.

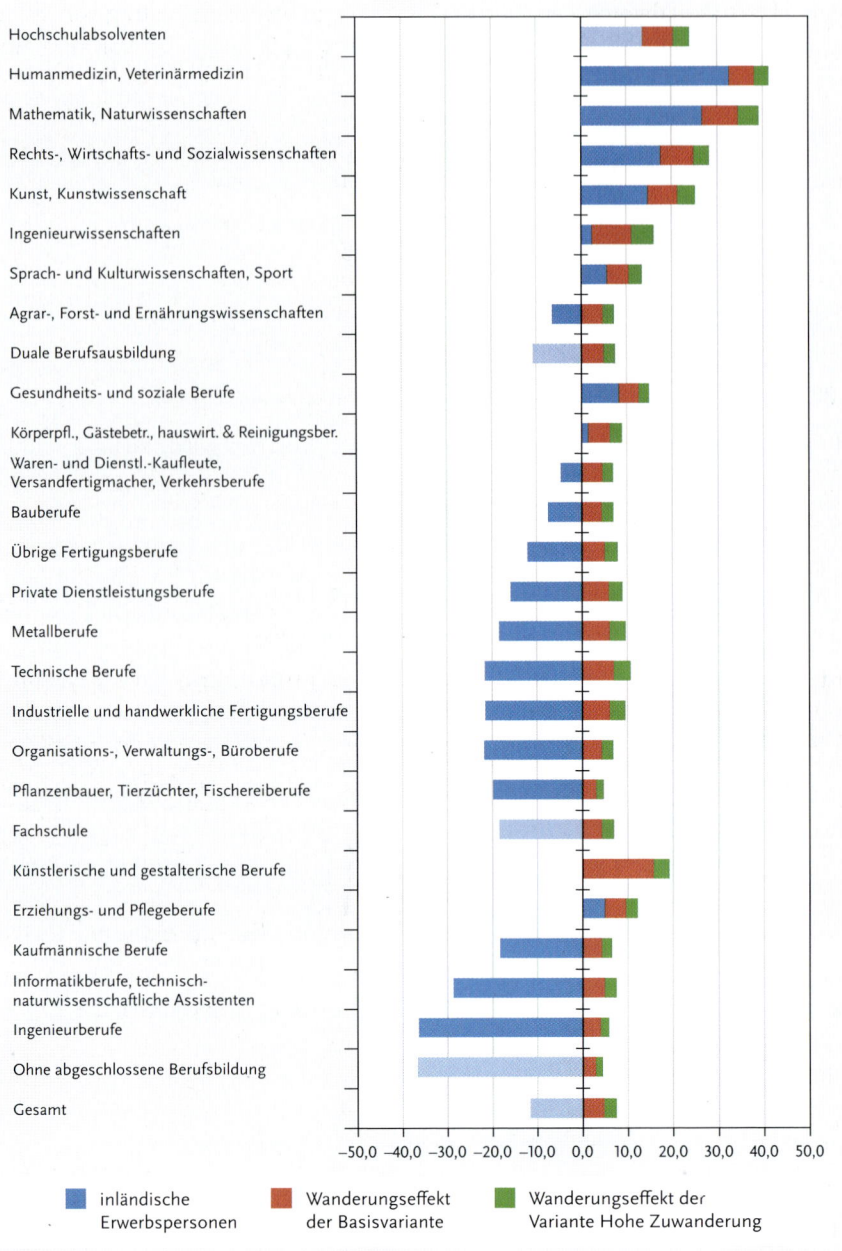

Abb. A 14 Erwerbspersonen und Wanderungseffekte nach fachlicher Berufsbildung
Veränderung 2013–30 in %*

(*) Wanderungseffekt je Beruf gemessen als prozentualer Beitrag der *Basisvariante* und der Variante *Hohe Zuwanderung* zur Veränderung der Erwerbspersonen 2013–30

Quelle: *Economix (Y26a)*

Bei den Hochschulabsolventen leisten die Zuwanderer einen Beitrag von 7 % der Erwerbspersonen nach der *Basisvariante* und weitere 4 % nach der Variante *Hohe Zuwanderung*. Insbesondere die Zahl der Ingenieure/Naturwissenschaftler könnte ohne die Zuwanderung nicht gesteigert werden. Bei dual ausgebildeten Arbeitskräften tragen die Zuwanderer einen Anteil von 5 % und 3 % zur Erwerbspersonenzahl bei. Bei Fachschulabsolventen sind es nur mehr 4 % und 2 % und bei Arbeitskräften ohne Berufsbildung 3 % und 1 %. Dabei ist zu berücksichtigen, dass es sich bei der Einstufung der Zuwanderer zu den Qualifikationsgruppen nur um gleichwertige Abschlüsse oder entsprechende Berufserfahrung handeln kann, soweit sie vom Arbeitsmarkt anerkannt werden. Sie müssen nicht notwendigerweise formell gleichwertig sein.

Das Bildungsniveau der Neuzuwanderer ist in den letzten 20 Jahren beträchtlich gestiegen. Die Nettozuwanderer haben im Durchschnitt ein höheres formales Bildungsniveau als die ansässige Bevölkerung. Wir gehen in unserer Angebotsprognose weiterhin davon aus, dass der Anteil an Hochschulabsolventen unter den 25- bis 65-jährigen Neuzuwanderern von in etwa 42 % auf 56 % in 2030 steigen wird. Der Anteil der Zuwanderer mit einer beruflichen Ausbildung wird von 23 % auf 15 % sinken und der Anteil ohne berufliche Bildung von 28 % auf 24 % zurückgehen (Vogler-Ludwig, Düll 2013, S. 122; Wöllert, Klingholz 2014).

Allerdings stellt die Verwertbarkeit der Qualifikationen sowohl die Immigranten als auch die Politik vor große Herausforderungen: Seitdem das Anerkennungsgesetz in Kraft ist, wurden im Zeitraum von April bis Dezember 2012 rund 11.000 Verfahren zur Anerkennung im Ausland erworbener Berufsqualifikationen beantragt, von denen bis dahin rund 8.000 positiv entschieden wurden (Bundesministerium für Arbeit und Soziales 2014). Es ist noch zu früh zu beurteilen mit welcher Dynamik sich die Anerkennung weiterentwickeln wird. Im Vergleich allein zu den schätzungsweise 300.000 eingewanderten Erwerbspersonen bleibt die Zahl sehr niedrig. Mithilfe von Brückenangeboten zur beruflichen Nachqualifizierung werden die Chancen für eine Verwertung mitgebrachter Qualifikationen sicherlich steigen. Der Weiterbildungspolitik kommt somit auch in diesem Bereich eine neue Aufgabe zu. Es besteht aber weiterhin die Gefahr, dass es nicht gelingen wird, Neuzuwanderer und junge Erwerbspersonen der zweiten und dritten Generation beruflich zu integrieren. In diesem Fall könnte der Mismatch der Qualifikationen zu einem dauerhaften Problem der strukturellen Arbeitslosigkeit führen.

Wenn die Zuwanderer in Zukunft ihre Qualifikationen nicht besser verwerten können als heute...

Das Auseinanderklaffen von formalen Qualifikationen und auf dem Arbeitsmarkt tatsächlich verwerteten Qualifikationen beeinflusst entscheidend die potenzielle Fachkräftelücke bzw. das potenzielle Überangebot an Arbeitskräften mit nicht nachgefragten Qualifikationen. Nach Schätzungen der OECD arbeiten rund 30 % der Zuwanderer weit unter ihrem Qualifikationsniveau (Widmaier, Dumont 2011). Unter der Annahme, dass 15 % der Hochqualifizierten im mittleren Qualifikationsbereich und weitere 15 % im unteren Qualifikationsbereich ihre Arbeit anbieten, würde der Anteil der Nettozuwanderer mit tertiärem Qualifikationsniveau in 2030 statt 56 % nur 39 % betragen, jene mit mittlerem Qualifikationsniveau statt 20 % 29 % erreichen und die ohne berufliche Qualifizierung hätten einen Anteil von 32 % statt 24 %. Damit wäre der Zustrom zum Arbeitsangebot mit Hochschulbildung aus der Nettozuwanderung im Jahr 2013 um 55.000 niedriger als ursprünglich aufgrund der formalen Qualifikationsstruktur angenommen, und im Jahr 2030 um 34.000 Personen niedriger. Das Angebot im mittleren und unteren Qualifikationsniveau würde entsprechend höher sein. Das Angebot an Hochqualifizierten könnte über den gesamten Prognosezeitraum um fast 800.000 Personen geringer, das Angebot im mittleren und im unteren Qualifikationsniveau um jeweils fast 400.000 Personen höher ausfallen.

A 3.4.6 Qualifikation der Erwerbslosen

In unserer Prognose gehen wir davon aus, dass es gelingen wird, das Qualifikationspotenzial der Erwerbslosen weitgehend auszuschöpfen. Die Erwerbslosigkeit wird daher weiter sinken, und gleichzeitig wird sich die Qualifikationsstruktur der Erwerbslosen verschlechtern, da die besser ausgebildeten Erwerbslosen eine höhere Chance haben werden, in die Beschäftigung zu wechseln. Damit zeigt sich, dass der Anteil der Erwerbslosen ohne qualifizierenden Abschluss steigen wird, während der Anteil der Hochschulabsolventen sinken wird (Tabelle A 7). Im Einzelnen werden diese Vorgänge im Abschnitt A 5.2.2 näher beleuchtet.

Tab. A 7   Erwerbslose nach fachlicher Berufsbildung, Basisvariante
Anteile in %

fachliche Berufsbildung	2013	2015	2020	2025	2030
01–09 Hochschulabsolventen	5,0	4,7	4,0	3,5	3,0
10–21 Duale Berufsausbildung	48,8	48,8	49,0	47,6	46,3
22–28 Fachschule	2,5	2,4	2,0	1,9	1,8
29 Ohne qualifizierenden Abschluss	43,5	43,8	44,8	46,8	48,8
Keine Angabe	0,2	0,2	0,2	0,2	0,2
Gesamt	**100,0**	**100,0**	**100,0**	**100,0**	**100,0**

Quelle: Economix (Y80a)

Die Realisierung dieser Prognoseergebnisse stellt hohe Anforderungen an die Politik, da sie voraussetzt, dass Langzeitarbeitslosigkeit abgebaut werden kann. Es zeigt sich für Deutschland bereits heute, dass der Anteil der Langzeitarbeitslosen vergleichsweise hoch ist. Die Wahrscheinlichkeit arbeitslos zu werden steigt mit niedrigerem Bildungsniveau. In 2012 lag die Erwerbslosenquote der Personen mit niedrigem Bildungsniveau bei 12,8 % und damit nur leicht unter dem OECD-Durchschnitt (13,4 %), während die Arbeitslosenquote der Personen mit einem tertiären Bildungsabschluss lediglich bei 2,4 % lag und damit weniger als halb so hoch wie im OECD-Durchschnitt von 5 % (OECD 2014b). Der Anteil der Arbeitslosen mit Qualifikationsdefiziten lag 2013 bei 44 %. Zählt man die Personen hinzu, die zwar formal qualifiziert sind, aber aufgrund langer Arbeitslosigkeit kaum noch Integrationschancen haben, liegt der Anteil der Personen mit Qualifikationsdefiziten gemäß einer Sonderauswertung der Statistik der BA sogar bei 70 % (Weber 2014). Dieses Problem könnte sich im Zuge des demografischen Wandels wieder verschärfen. Bereits heute zeigt sich eine hohe Diskrepanz zwischen Verbleibsrate älterer Arbeitnehmer in ihren Beschäftigungsverhältnissen und Einstellungsrate: Sind ältere erst einmal arbeitslos, dann haben sie es in der Regel sehr viel schwerer als Jüngere eine neue Anstellung zu finden. Bei längerer Arbeitslosigkeit und sinkender Passgenauigkeit zwischen akkumuliertem betriebsspezifischem Humankapital und nachgefragten Kenntnissen besteht die Gefahr, dass die Qualifikationsdefizite bei älteren Arbeitnehmern zunehmen.

A 3.5 Ausblick: Arbeitsangebot 2050

Der demografische Wandel ist nicht reversibel. Dies bedeutet, dass bei der seit den 1970er Jahren vorherrschenden Geburtenziffer von rund 1,4 die Zahl der Kinder kleiner ist als die Zahl der Eltern. Damit schrumpft nicht nur die Bevölkerungszahl. Es stehen dem Arbeitsmarkt immer weniger hier geborene Arbeitskräfte zur Verfügung und – wie oben gezeigt – Bevölkerung und Erwerbspersonen altern zunehmend. Langfristig wird das Arbeitsangebot also nicht nur von Nettomigration, Bildungspolitik, Rentenformen, Umsetzung von Age-Management-Ansätzen und Ausschöpfung des weiblichen Arbeitskräftepotenzials bestimmt, sondern ganz entscheidend von der Geburtenrate. Die Kinder, die heute nicht geboren werden, stehen dem künftigen Arbeitsmarkt auch nicht zu Verfügung.

Um diese langfristigen Entwicklungen zu erkennen, haben wir auf Wunsch des BMAS zwei Langfristszenarien für das Arbeitsangebot bis 2050 entwickelt, eine „untere Langfristvariante" und eine „obere Langfristvariante". Sie unterscheiden sich im Hinblick auf die Geburtenrate, Nettoimmigration als auch die Entwicklung der Erwerbsquoten. Die unterschiedlichen Annahmen bezüglich den drei Bestimmungsgrößen des Arbeitsangebots sind in Tabelle A 8 zusammengefasst. Für die Annahmen zur Lebenserwartung für unsere Bevölkerungsprognose bis 2050 stützen wir uns auf die Basisvariante der 12. koordinierten Bevölkerungsvorausberechnung.

A 3.5.1 Annahmen der Langfristszenarien

In der unteren Langfristvariante gehen wir davon aus, dass die Bemühungen von Politik und Unternehmen für eine bessere Vereinbarung von Familie und Beruf ausreichend sind um die Erwerbsquoten der Frauen zu erhöhen und zugleich die Fertilitätsraten zu stabilisieren. In der oberen Variante nehmen wir an, dass die Politik noch stärker als bislang die Stellgrößen für eine bessere Vereinbarkeit von Beruf und Familie stellt. Dazu gehört neben dem massiven Ausbau von Ganztagsbetreuungseinrichtungen und Ganztagsschulen als zentrale Instrumente der Vereinbarkeit von Beruf und Familie (Böhmer et al. 2014) auch eine Reform des Rentenversicherungssystems, die die Lasten zwischen Personen mit und ohne Kinder, unabhängig von Erwerbstätigkeiten, anders verteilt. Diese Reformen würden so ausgestaltet sein, dass sie die Arbeitsanreize, auch für Ältere, ebenfalls verstärken. Wir gehen weiter davon aus, dass auf dieser Grundlage ein gesellschaftlicher Umbruch stattfindet: Karriere und Kinder stehen nicht mehr im Konkurrenzverhältnis zueinander, sondern es ist gesellschaftlich akzeptiert und gewollt, dass Frauen sowohl Kinder haben als auch erwerbstätig sind. Familienpolitik und Gleichstellungspolitik begleiten den gesellschaftlichen Wandel. Wir haben uns hierbei auf die Erfahrung von skandinavischen Ländern und Deutschland gestützt. In Ostdeutschland liegen sowohl die Geburtenziffern als auch die Erwerbsquoten höher als in Westdeutschland, vor allem aber liegen Erwerbsquote und Fertilitätsrate in den skandinavischen Ländern höher (in Norwegen, Finnland und Schweden liegen die Fertilitätsraten zwischen 1,8 und über 1,9). Wir gehen in der oberen Langfristvariante weiterhin davon aus, dass sich die Erwerbsquoten der Frauen über dem skandinavischen Niveau bewegen und eine vollkommene Gleichstellung der Geschlechter erfolgt. Zu diskutieren wäre allerdings, ob in einem Szenario der Angleichung der Erwerbsquoten von Männern und Frauen das Niveau der Erwerbsquoten für beide Geschlechter nicht etwas geringer sein würde. Die Arbeitszeiten können in diesem Fall aber ebenfalls als Ausgleichsmechanismus für die Vereinbarkeit von Familie und Beruf und die Aufteilung zwischen den Geschlechtern wirken.

Wir haben für die obere Langfristvariante angenommen, dass sich die Nettoimmigration zwischen 2030 und 2050 auf einen langfristigen jährlichen Durchschnitt von 200.000 Personen pro Jahr verstetigt. Dies entspricht den Annahmen unserer *Basisvariante* bis 2030. In der unteren Langfristvariante gehen wir davon aus, dass die Nettoimmigration nach dem Jahr 2030 auf 50.000 Personen zurückgeht. Die Gründe hierfür liegen zum einen im demografischen Wandel in anderen Teilen der Welt, insbesondere in vielen europäischen Ländern, Osteuropa und Asien. Viele der heutigen Migranten kommen aus Ländern, die selbst langfristig mit dem Rückgang ihrer Erwerbspersonen konfrontiert sind. Unter der Annahme, dass sich die Wirtschaft in vielen dieser Länder langfristig dynamisch entwickelt, würde dies eine weitere Verknappung des Potenzials für die Zuwanderung von Arbeitskräften bedeuten. Die Quellen der Zuwanderung aus den traditionellen Zuwanderungsländern könnten nach 2030 versiegen. Zudem könnte auch China, das ebenfalls vor dem Problem eines starken Rückgangs der Personen im erwerbsfähigen Alter steht, langfristig als globaler Nachfrager für qualifizierte und hochqualifizierte Arbeitskräfte auftreten. Zwar hat China noch beträchtliche Arbeitskräftereserven in ländlichen Gegenden, jedoch ist nicht sicher, dass die Qualifizierungsoffensive stark genug sein kann um Fachkräfteengpässen zu entgehen. Auch Länder mit einer günstigeren langfristigen Entwicklung beklagen heute bereits Fachkräftemangel, wie etwa Indien. Hingegen könnte Afrika ein Arbeitskräftereservoir für Deutschland darstellen. Weiterhin wird in diesem Szenario davon ausgegangen, dass die protektionistische Politik Europas einen Zustrom vor allem weniger qualifizierter Arbeitskräfte weiter verhindern wird,

Europa sich aber zugleich im „Wettbewerb um kluge Köpfe" nur schwer behaupten kann.

Mit diesen Annahmen zur langfristigen Zuwanderung liegen wir in etwa in dem Prognosetrichter der Projektion der Erwerbsbevölkerung 2060 des IAB (Fuchs, Söhnlein 2013).

Tab. A 8   Annahmen der Langfristszenarien

	Untere Langfristvariante	**Obere Langfristvariante**
Fertilitätsrate	1,4 Kinder pro Frau für den gesamten Prognosezeitraum	Anstieg von 1,4 in 2013 auf 1,7 Kinder pro Frau bis 2030 auf 1,9 Kinder pro Frau bis 2050
Nettozuwanderung	Durchschnittliche Nettozuwanderung sinkt auf 200.000 Nettozuwanderer pro Jahr bis 2030 (wie in der Basisvariante) und sinkt dann weiter auf 50.000 pro Jahr bis 2050	Durchschnittliche Nettozuwanderung sinkt auf 200.000 Nettozuwanderer pro Jahr bis 2030 (wie in der Basisvariante) und verharrt dann bei 200.000 Nettozuwanderern pro Jahr bis 2050
Erwerbsquoten	Anstieg der Erwerbsquoten bis 2030 wie in der Basisvariante, danach weiterhin leichter Anstieg der Erwerbsquoten von älteren Frauen und Männern bis 2050	Anstieg der Erwerbsquoten bis 2030 wie in der Basisvariante, danach Angleichung der Erwerbsquoten der Frauen an das Niveau der Männer und Anstieg der Erwerbsquoten bei älteren Frauen und Männern bis 2050

Quelle: Economix

Abbildung A 15 zeigt die Unterschiede der Erwerbsquoten von Frauen nach Alter, wie wir sie in den beiden Varianten unterstellt haben.

Abb. A 15 Langfristige Entwicklung der Erwerbsquoten der Frauen
Erwerbspersonen in % der Bevölkerung je Altersgruppe

Quelle: Economix (2014-A3)

A 3.5.2 Gesamtentwicklung des Arbeitsangebots

Nach der unteren Langfristvariante wird sich die Schrumpfung des Arbeitsangebots, wie sie in der *Basisvariante* für den Zeitraum bis 2030 vorausgeschätzt wurde, ungebrochen fortsetzen (Abbildung A 16). Nach unseren Berechnungen wird die Zahl der Erwerbspersonen bis 2050 auf 36 Millionen zurückgehen, 6 Millionen weniger als im Jahr 2030 und 8 Millionen weniger als 2015. Damit verliert Deutschland bis 2050 20 % seiner heutigen Arbeitskräfte.

Nach der oberen Langfristvariante führt die Kombination aus steigender Fertilitätsrate und konstant hoher Nettozuwanderung zu deutlich geringeren Verlusten. Für das Jahr 2050 liegt unser Schätzwert bei 40 Millionen Erwerbspersonen, 1,6 Millionen weniger als die *Basisvariante* für 2030 ausweist und 3,7 Millionen weniger als 2015. Der relative Verlust gegenüber 2015 halbiert sich im Vergleich zur unteren Variante auf −9 %. Unter der Voraussetzung einer aktiven Bevölkerungs- und Arbeitsmarktpolitik könnten dem Arbeitsmarkt 2050 4,5 Millionen Erwerbspersonen mehr zur Verfügung stehen als ohne eine solche Politik. Soweit sich die Zuwanderung bereits in der Phase 2015–30 auf dem in der Variante *Hohe Zuwanderung* angenommenen Niveau bewegt, ist das Ausgangsniveau der Langfristschätzung für 2030 um eine Million höher und für 2050 ist von entsprechend höheren Zahlen für das Arbeitsangebot auszugehen.

Allen Langfristvarianten ist allerdings gemeinsam, dass das Arbeitsangebot spätestens nach 2020 kontinuierlich sinken wird. Die Gegenmaßnahmen können lediglich das Tempo des Rückgangs verlangsamen. Auch in diesem Sinne bleibt der demografische Wandel irreversibel.

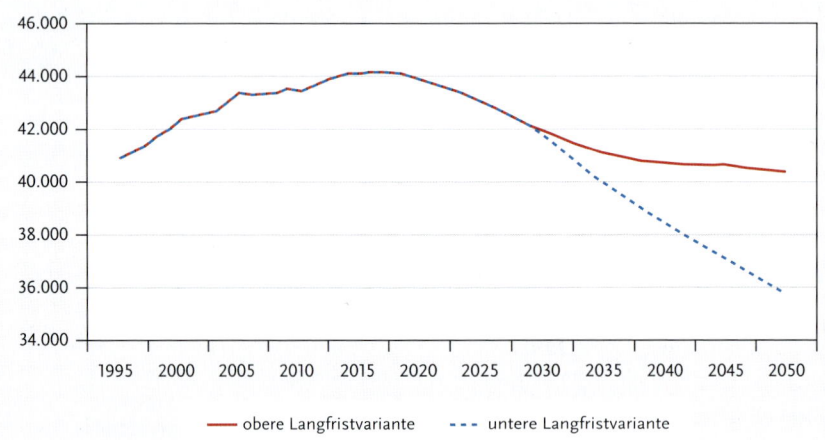

Abb. A 16 Erwerbspersonen nach der oberen und unteren Langfristvariante in 1.000

Quelle: Economix (2014-A2)

A 3.5.3 Altersstruktur

Der Trend zur Alterung der Erwerbspersonen setzt sich ebenfalls fort, allerdings nicht im gleichen Tempo wie in der Phase 2013–30 (Abbildung A 17). Nach dem Ausscheiden der Baby-Boom-Generation in den zwanziger Jahren dieses Jahrhunderts verlangsamt sich die Zunahme der Erwerbspersonen ab 60. In der unteren Langfristvariante bleibt diese Altersgruppe zwischen 2030 und 2050 praktisch unverändert. In der oberen Langfristvariante nimmt ihre Zahl um 1,4 Millionen zu. Dies geht auf die konstant höhere Zuwanderung zurück.

Den Löwenanteil am Rückgang der Erwerbspersonenzahl bis 2050 haben in beiden Langfristvarianten die mittleren Altersgruppen zwischend 30 und 60. Sie tragen in etwa gleichem Umfang zur Kontraktion bei. Auch dies erscheint als Spätfolge des Baby-Booms der 1960er Jahre. Ab 2030 scheidet die Generation der Enkel aus dem Arbeitsmarkt aus und führt zum Rückgang der Erwerbspersonen mittleren Alters. Ein Hoffnungsschimmer taucht allerdings in der oberen Langfristvariante auf: Dort steigt die Zahl der Erwerbspersonen im Alter von 15–29 im Vergleich zu den Werten von 2030 wieder an. Mit der zahlenmäßgen Erholung der jungen Generation nimmt auch das Arbeitsangebot wieder zu. Gleichzeitig steigt die Zahl der aktiven Alten deutlich (Tabelle A 9, Abbildung A 17).

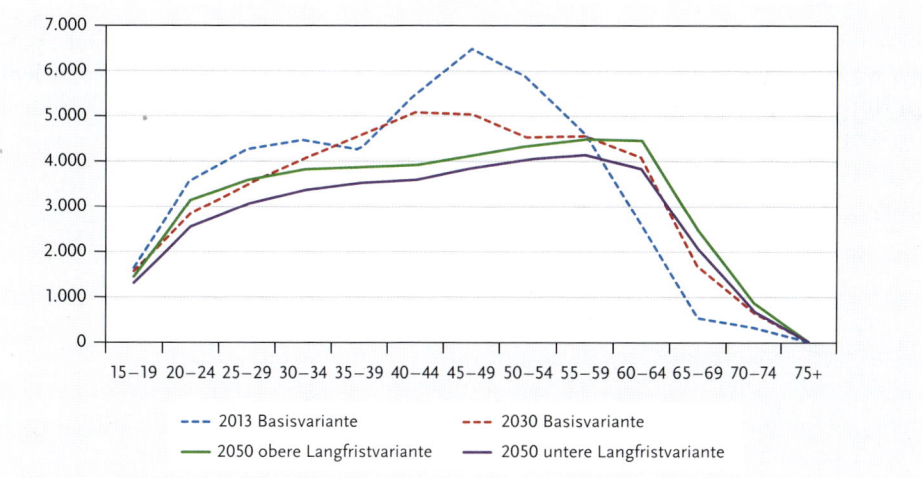

Abb. A 17 Altersstruktur der Erwerbspersonen Basisvariante 2013, 2030 sowie obere Langfristvariante 2050 und untere Langfristvariante 2050
in 1.000

Quelle: Economix (2014-A2)

Tab. A 9 Altersstruktur 2050

Alter	Absolute Veränderung in 1.000			Anteile in %			
	2013–30 Basis-variante	2030–50 obere Langfrist-variante	2030–50 untere Langfrist-variante	2013 Basis-variante	2030 Basis-variante	2050 obere Langfrist-variante	2050 untere Langfrist-variante
15–29	−1.610	253	−990	21,5	18,7	20,1	19,2
30–44	−529	−2.114	−3.255	32,3	32,5	28,6	29,0
45–59	−2.857	−1.143	−2.086	38,5	33,6	32,1	33,5
60+	2.976	1.419	199	7,7	15,2	19,3	18,3
Insgesamt	−2.020	−1.585	−6.131	100,0	100,0	100,0	100,0

Quelle: Economix (2014-A2)

A 3.5.4 Gesamtwertung

Die Simulationsergebnisse weisen auf die große Bedeutung der Familienpolitik für die weitere Arbeitsmarktentwicklung hin. Zwar kann ein bevölkerungsreiches Land wie Deutschland auch mit einer geringeren Bevölkerung gut leben. Aber unsere Modellrechnungen haben gezeigt, dass eine schrumpfende Bevölkerung mit rückläufigem Arbeitskräftepotenzial und geringerem Wirtschaftswachstum verknüpft ist. Auch dies kann man als hinnehmbar, vielleicht sogar als wünschenswert ansehen. Aber es bedeutet für die Zukunft, dass Deutschland am weltweiten Wirtschaftswachstum immer weniger teilnehmen wird. Dies ist ein Preis, den vermutlich nur ein kleiner Teil der Bevölkerung zu zahlen bereit ist. Vor allem aber würden die intergenerationalen Verteilungskonflikte zunehmen.

Es kommt also darauf an, einen gleichgewichtigen Mix aus Familien-, Wanderungs- und Arbeitsmarktpolitik zu finden, der die Zahl der Geburten steigen lässt, die Zuwanderer integriert und sowohl Frauen als auch Ältere in ihrer Erwerbstätigkeit fördert. Dies klingt nach der Quadratur des Kreises, denn bisher stehen Erwerbstätigkeit und Kindererziehung in einem nicht unerheblichen Gegensatz, stoßen Zuwanderer auf ernst zu nehmende Ablehnung und bleiben viele Ältere bei ihrer Präferenz für den Ruhestand oder finden im Fall von Arbeitslosigkeit aufgrund von Altersdiskriminierung nur schwer wieder eine Stelle. Die Überwindung dieser Hindernisse dürfte erst gelingen, wenn die Risiken des demografischen Wandels von der breiten Bevölkerung wahrgenommen und im Verhalten berücksichtigt werden. Die Politik kann diesen Bewusstseinswandel unterstützen und seine Umsetzung durch Maßnahmen fördern. Allein kann sie die Trendwende vermutlich nicht herbeiführen.

Der wichtigste Punkt ist dabei die Steigerung der Geburtenziffer, die seit Mitte der 1970er Jahre auf dem heutigen Niveau verharrt. Eine Verbesserung setzt die bereits oben genannten Maßnahmen zur Vereinbarkeit von Familie und Beruf voraus. Aber damit ist noch nicht gewährleistet, dass es wieder mehr Kinder geben wird. Die Gesellschaft muss die Kinder wollen und bereit sein, dafür zumindest vorübergehend Teile ihres materiellen Wohlstands zu opfern. Ohne diese „Willkommenskultur" für Kinder wird es nicht funktionieren. Es kommt also auf mehr an als Fördermaßnahmen. Die Gesellschaft muss ihre Einstellung zu Kindern überdenken.

Die stetig hohe Zuwanderung wird dieses Land verändern. Die Bevölkerung wird den Wert der Zuwanderer erkennen, ohne die viele Dienste weder angeboten noch geleistet werden können. Auch der Wert der kulturellen Vielfalt wird anerkannt werden. Die Zuwanderung ist Ausdruck der globalisierten Welt, aus der Deutschland erheblichen Nutzen zieht. Es ist aber auch mit anhaltenden Widerständen bei einem Teil der Bevölkerung gegen die „Überfremdung" zu rechnen, und mit der kulturellen Distanz zur deutschen Bevölkerung werden diese Widerstände steigen. Die gesellschaftliche und wirtschaftliche Integration der Zuwanderer wird also eine der großen Aufgaben der nächsten Jahrzehnte sein.

Gleichzeitig wird die Politik an Einfluss auf die Wanderungsströme verlieren, denn die europäischen Arbeitsmärkte sind bereits integriert und es werden weitere Freizügigkeitsregelungen folgen. Deutschland hat seinerseits Interesse an der Bewegungsfreiheit seiner Arbeitskräfte. Wenn auch der Widerstand gegen die Öffnung der Arbeitsmärkte bestehen bleiben wird, so wird er den Trend zur Globalisierung nicht aufhalten können. Es kommt also vor allem auf den Interessenausgleich mit der heimischen Bevölkerung an und auf die wirksame Integration der Zuwanderer.

Die Gewinnung zusätzlicher Arbeitskräfte unter den Frauen und den Älteren ist in den letzten Jahrzehnten vorangekommen, auch wenn noch einiges zu tun bleibt. Auf die Bedeutung der Maßnahmen zur besseren Vereinbarkeit von Familie und Beruf wurde schon vielfach hingewiesen. Die Maßnahmen zur Verlängerung des Arbeitslebens bleiben hingegen umstritten. Insbesondere die Unternehmen sind hier gefordert, altersgerechte Arbeitsplätze einzurichten und die Produktivität älterer Arbeitskräfte zu fördern. Die Bildungspolitik ist gefordert, nicht nur die Erwachsenenbildung und das lebenslange Lernen zu fördern, sondern die Weiterbildung zu strukturieren, validieren und zertifizieren. Dies war bereits in unserem Prognosebericht 2012 eine der Hauptforderungen, und wir unterstreichen sie hier nochmals.

Es ist ein ambitiöses Programm für einen beschäftigungspolitischen und gesellschaftspolitischen Wandel, mit dem die Trendwende in der Bevölkerungs- und Arbeitsmarktentwicklung erreicht werden könnte. Dies wären nicht nur Korrekturen an den laufenden Entwicklungen, sondern die Einleitung einer neuen historischen Phase mit anderen Werten und veränderten Verhaltensweisen. Eine breite gesellschaftliche Debatte über die Schlussfolgerungen aus dem demografischen Wandel wäre sowohl für die Einleitung als auch die Umsetzung des Wandels von großer Bedeutung. Dieser Bericht versucht dazu einen Beitrag zu leisten.

A 4 Nachfrage nach Arbeitskräften

Die Beseitigung der Angebotsrestriktionen durch Zuwanderung und der weitere Abbau der Erwerbslosigkeit bewirken einen wesentlich günstigeren Beschäftigungsverlauf bis 2030 als bisher angenommen. Bereits die bisherige Zuwanderungswelle hat die Beschäftigung im Jahr 2013 um 473.000 gegenüber dem in der Prognose 2012 erwarteten Niveau erhöht. Unter der Annahme einer zwar nachlassenden, aber im Vergleich zur bisherigen Prognose höheren Zuwanderung (vgl. Abschnitt A 3.2) wird die Beschäftigung nach der *Basisvariante* im Jahr 2030 um 1,7 Millionen höher liegen als nach der Prognose 2012. Der Höhepunkt wird nach unseren Berechnungen 2018 mit 42,4 Millionen Erwerbstätigen erreicht werden. In den Folgejahren werden sich die demografischen Faktoren allerdings wieder durchsetzen und die Zahl der Erwerbstätigen bis 2030 auf 40,8 Millionen absinken lassen (Tabelle A 10).

In der Variante *Hohe Zuwanderung* wird der Beschäftigungsverlauf nochmals günstiger eingeschätzt. Danach wird die Zahl der Erwerbstätigen im Jahr 2030 um weitere 1,1 Millionen höher liegen als nach der *Basisvariante*. Insgesamt wird es 2030 42 Millionen Erwerbstätige geben und damit etwa gleich viele wie 2013. Allerdings wird auch in diesem Szenario die demografische Entwicklung das Absinken der Beschäftigung ab 2020 erzwingen.

Tab. A 10 Erwerbstätigkeit
Absolutwerte in 1.000

Wirtschaftszweig	1995	2013	2015	2020	2025	2030
Land- und Forstwirtschaft	864	637	630	632	591	518
Energie, Wasser und Recycling	784	558	552	521	495	469
Verarbeitendes Gewerbe	8.042	7.297	7.304	7.082	6.921	6.696
Baugewerbe	3.376	2.480	2.487	2.598	2.532	2.504
Handel und Verkehr	7.790	7.977	7.901	7.774	7.911	7.817
Finanzdienste	1.366	1.322	1.375	1.432	1.485	1.424
Unternehmensdienste	3.633	6.756	6.907	7.256	7.384	7.541
Persönliche Dienstleistungen	3.761	5.052	5.200	5.129	4.878	4.633
Öffentliche Verwaltung	3.037	2.584	2.553	2.452	2.337	2.228
Erziehung, Gesundheit, Sozialwesen	5.149	7.178	7.276	7.499	7.205	7.014
Erwerbstätige insgesamt *Basisvariante*	37.802	41.841	42.184	42.375	41.738	40.844
Erwerbstätige insgesamt *Hohe Zuwanderung*	37.802	41.841	42.230	42.724	42.486	41.985
Erwerbstätige insgesamt *Prognose 2012*	37.802	41.368	41.080	40.627	39.975	39.169

Quelle: Economix, CE

A 4.1 Sektoraler Strukturwandel

Das größere Angebot an Arbeitskräften in den beiden Alternativprognosen begünstigt fast alle Wirtschaftszweige, sowohl wachsende als auch schrumpfende. Zum einen war das bisher geschätzte Wachstum – wie in den Unternehmensdiensten – durch den Arbeitskräftemangel begrenzt. Zum anderen war die erwartete Schrumpfung – wie im Verarbeitenden Gewerbe – ebenfalls durch den Arbeitskräftemangel bedingt. In unseren Modellvarianten gehen wir von der Hypothese aus, dass die Beschäftigung von Immigranten der Nachfrage folgt und damit sowohl Unternehmen mit starkem Beschäftigungswachstum als auch Unternehmen mit starkem Arbeitskräftemangel von der Zuwanderung profitieren.

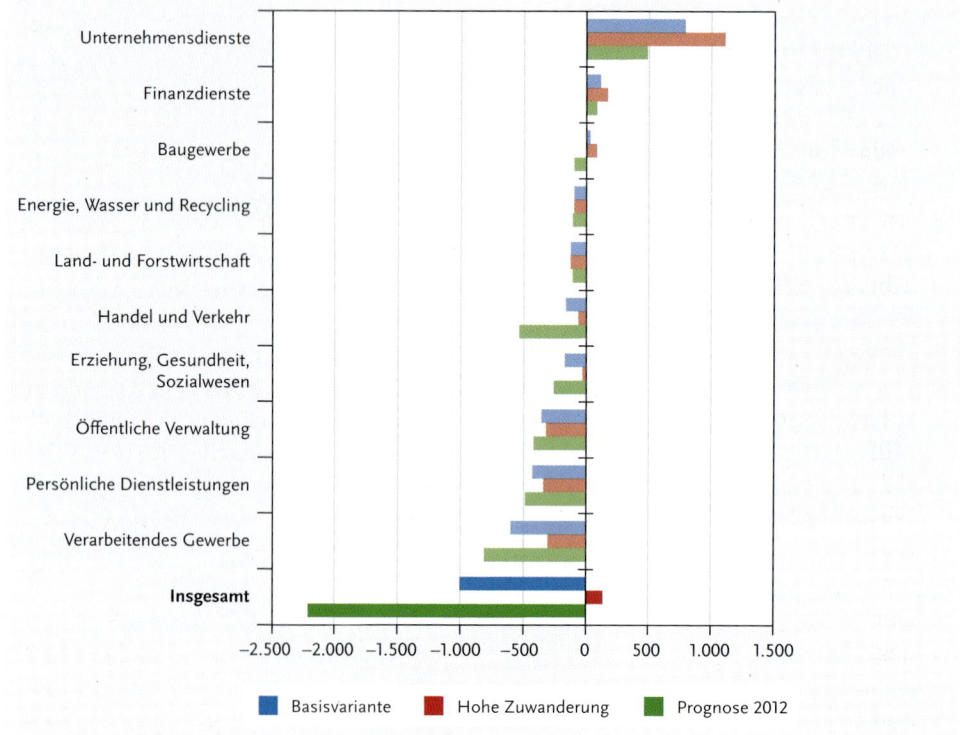

Abb. A 18 Sektorale Beschäftigungsentwicklung
Absolute Veränderung der Erwerbstätigkeit 2013–30 in 1.000

Quelle: Economix, CE (U4)

Im Vergleich zur *Prognose 2012* stellt sich der Beschäftigungsverlauf bis 2030 in fast allen Wirtschaftsbereichen günstiger oder zumindest weniger ungünstig dar (Abbildung A 18)[16]:

---

16 Eine eingehende Diskussion der sektoralen Wandlungstendenzen findet sich im Hauptbericht 2012, Kapitel 4.1.

- In den Unternehmensdiensten steigt die Beschäftigung in der *Basisvariante* um zusätzlich 300.000 und nach der Variante *Hohe Zuwanderung* um weitere 325.000, sodass sich der Beschäftigungszuwachs für den gesamten Zeitraum von 2013–30 von 7,5 auf 16,4 % mehr als verdoppelt. Auch bei den Finanzdiensten verdoppelt sich die Zuwachsrate von 6 auf 13 %.
- Im Verarbeitenden Gewerbe haben wir in der *Prognose 2012* mit einem Rückgang der Beschäftigung um 11 % gerechnet. Dies mildert sich nach der *Basisvariante* auf –8 % und nach der Variante *Hohe Zuwanderung* auf –4 % ab. Dies bedeutet den Verlust von 300.000 Arbeitsplätzen in der Variante *Hohe Zuwanderung* im Vergleich zu einem Rückgang um 800.000 nach der *Prognose 2012*.
- Im Baugewerbe dreht der Beschäftigungstrend leicht ins Positive. In der *Prognose 2012* waren wir von einem Rückgang um 3 % ausgegangen. Nach der *Basisvariante* ergibt sich nun ein leichter Zugewinn von 1 % und nach der Variante *Hohe Zuwanderung* von 3 %. Dies geht einerseits auf das höhere Bevölkerungswachstum zurück. Andererseits haben wir unsere Annahmen zu den Bauinvestitionen verändert. Die Flucht in die Sachwerte wird länger anhalten und der Bedarf an staatlichen Infrastrukturmaßnahmen wird größer ausfallen als ursprünglich angenommen.
- Im Energiesektor und in der Land- und Forstwirtschaft sehen wir hingegen nur geringfügige Veränderungen in den beiden Szenarien. Beides sind deutlich schrumpfende Sektoren, von denen nur geringe Nachfrageeffekte ausgehen. Es bleibt daher bei Beschäftigungsrückgängen von –19 % im Sektor Energie/Wasser/Recycling und –16 % in der Land- und Forstwirtschaft.
- Der Bereich Handel und Verkehr wird nach den neuen Prognosen deutlich positiver eingeschätzt als dies bisher der Fall war. Der Rückgang um eine halbe Million, der nach der *Prognose 2012* erwartet worden war, verringert sich auf ein Zehntel. Dies liegt in erster Linie am günstigeren Verlauf der Beschäftigung im Verkehrssektor. Hier erschien uns eine Korrektur angebracht, die dem starken Beschäftigungswachstum im Logistikbereich Rechnung trägt. In beiden Varianten gehen wir nun von stagnierender Beschäftigung im Verkehrssektor aus.
- Der Beschäftigungsbereich Erziehung, Gesundheits- und Sozialwesen unterliegt nach unserer Einschätzung mehreren Bestimmungsfaktoren: Der Rückgang der jungen Bevölkerung vermindert den Bedarf an Erziehungsleistungen und der generelle Bevölkerungsrückgang reduziert den Bedarf an sozialen Leistungen insgesamt. Die Alterung der Bevölkerung hingegen steigert den Bedarf an Gesundheits- und Sozialleistungen. Unter den Bedingungen einer höheren Zuwanderung verringert sich der Rückgang der Beschäftigung im Erziehungssektor von –9 % auf –5 % und im Sozialwesen von –4 % auf –1 %. Dies ist auch Folge der stärkeren Zuwanderung von Schülern und Studenten. Im Gesundheitswesen kommt es hingegen zu einem deutlichen Umschwung: Einem Rückgang um 4 % steht nun in der Variante *Hohe Zuwanderung* ein Zuwachs um 5 % gegenüber. In diesem Sektor können durch die Zuwanderung ernsthafte Engpässe in der Versorgung mit Arbeitskräften beseitigt werden.

- In der öffentlichen Verwaltung bleiben die Beschäftigungseffekte geringer. Den Budgetzielen folgend bleibt es bei den Personaleinsparungen in fast unveränderter Form. Der nach der *Prognose 2012* erwartete Beschäftigungsrückgang von 15 % bis 2030 vermindert sich in der *Basisvariante* auf 14 % und nach der Variante *Hohe Zuwanderung* auf 12 %.
- Auch im Wirtschaftsbereich persönliche Dienstleistungen bleiben die Effekte gering. Hier vermindern sich die Beschäftigungseinbußen von –8 % auf –6 %. Die Beschäftigung dieser Wirtschaftszweige, zu denen u. a. das Gastgewerbe, Reisebüros, Verlage und Medien, Kunst und Unterhaltung usw. gehören[17], könnte zwar in ähnlichem Umfang wie andere Wirtschaftszweige von der günstigeren Bevölkerungsentwicklung profitieren, aber ihre Arbeitskräftenachfrage bleibt durch die 2015 eingeführte Mindestlohnregelung begrenzt.

Vom Mindestlohn gehen nach unserer Einschätzung nur geringe gesamtwirtschaftliche Beschäftigungseffekte aus und langfristig setzt er mit der Einschränkung des Niedriglohnsektors die Arbeitskräftepotenziale frei, die in anderen Teilen des Arbeitsmarktes benötigt werden. Es bedarf gleichwohl eines längeren Anpassungs- und Qualifizierungsprozesses, um die sektoralen und regionalen Auswirkungen abzufedern. Dies gilt insbesondere für die ostdeutschen Bundesländer, in denen nach heutigem Stand etwa ein Fünftel der Beschäftigten unterhalb der Mindestlohngrenze entlohnt wird.

Der Vergleich der Prognosevarianten zeigt, dass sich der Strukturwandel durch eine höhere Zuwanderung in den stark wachsenden Branchen beschleunigen und in den schrumpfenden, aber unter Fachkräftemangel leidenden Branchen verlangsamen lässt. Dazu zählen einerseits die Unternehmensdienste und andererseits das Verarbeitende Gewerbe, das Baugewerbe und der Bereich Handel und Verkehr. In den übrigen Dienstleistungsbranchen werden die Effekte der Zuwanderung durch Sondereinflüsse, wie die Einführung des Mindestlohnes oder durch Budgetrestriktionen überdeckt. Gesamtwirtschaftlich gelingt es dadurch nicht nur ein höheres Beschäftigungsniveau zu erzielen, sondern auch das Wirtschaftswachstum zu steigern.

A 4.2 Beruflicher Strukturwandel

A 4.2.1 Determinanten

Die Nachfrage nach Arbeitskräften mit spezifischen Berufen folgt in unseren Prognosen zwei wesentlichen Triebkräften:
- Der Verlagerung der Arbeitskräftenachfrage zwischen den einzelnen Wirtschaftszweigen, wie sie oben beschrieben wurde. Da sich die berufliche Zusammensetzung der Erwerbstätigen zwischen den Wirtschaftszweigen unterschei-

---

17   Zur Abgrenzung der Wirtschaftszweige vgl. Tabellen I 6.4 und I 6.5 im Anhang.

det, hat die Umschichtung zwischen den Zweigen Auswirkungen auf die gesamtwirtschaftliche Berufsstruktur.

- Den technologischen und organisatorischen Veränderungen der Beschäftigung in den einzelnen Wirtschaftszweigen bzw. den dazu zählenden Unternehmen. Sie können sektorspezifisch sein, d. h. die Einführung einer neuen Produktionstechnologie, z. B. die Lasertechnologie, betrifft meist nur wenige Zweige des Verarbeitenden Gewerbes. Dabei können Herstellungs- und Anwendungsbranchen unterschiedlich sein. Sie können aber auch sektorunspezifisch sein, d. h. ihre Anwendung betrifft viele Wirtschaftszweige, während die Herstellung meist auf wenige Zweige konzentriert ist. Ein Beispiel ist die Computertechnologie, die mittlerweile fast alle Bereiche des Arbeitslebens erfasst hat und auf dem Weg ist, sehr viele Bereiche der maschinellen Produktion zu verändern (vgl. Dworschak, Zaiser 2013).

Schätzmethode „Beruflicher Strukturwandel"

Die Veränderungen der sektoralen Berufsstrukturen sind nach unserer Methode von Vergangenheitstrends und erwarteten technologischen und organisatorischen Veränderungen in der Produktion von Waren und Dienstleistungen abhängig (vgl. Vogler-Ludwig, Düll 2013, Kapitel 2.3). Die Vergangenheitstrends werden auf Basis von Wirtschaftszweig-Beruf-Matrizen aus den Mikrozensen 1995–2010 geschätzt (vgl. Kriechel, Vogler-Ludwig 2013, Kapitel 3). Starke Datenänderungen in den Mikrozensuserhebungen 2011–13 lassen nach Rücksprache mit dem Statistischen Bundesamt auf Änderungen in der Erhebungsmethode schließen. Diese Jahre wurden daher nicht in die Schätzung eingeschlossen. Zur Einschätzung der erwarteten technologischen und organisatorischen Änderungen wurden ausführliche Technologieanalysen durchgeführt (Dworschak, Zaiser 2013).

Zur Abschätzung der Auswirkungen der Zuwanderungswelle ab 2010 auf die Berufsstrukturen gehen wir davon aus, dass die Einmündung der Zuwanderer in die Erwerbstätigkeit von der Nachfrage nach Arbeitskräften bestimmt wird. Insbesondere in einem offenen Arbeitsmarkt können die Unternehmen entscheiden, wer mit welcher Qualifikation aus dem Ausland rekrutiert wird. Die sektoralen und beruflichen Trends in der Beschäftigung entwickeln sich daher weitgehend unabhängig vom steigenden Angebot.

Die Datenlage zur Abschätzung der Berufsstrukturen von Zuwanderern ist eingeschränkt. Zwar kennen wir die Berufe der in den letzten zwölf Monaten eingewanderten Personen, aber wir wissen nichts über die Berufe der Auswanderer und Rückkehrer. Unser Rekurs auf die Nachfragetrends muss daher eine Arbeitshypothese bleiben.

Die Einführung neuer Technologien und Organisationsformen in den Unternehmen folgt nicht allein den technischen Möglichkeiten, sondern der wirtschaftlichen Rentabilität. Daher benötigen Querschnittstechnologien, wie z. B. das „Internet der Dinge", lange Einführungszeiten. Vieles was gegenwärtig vorstellbar ist, wird während unserer Prognoseperiode bis 2030 keinen spürbaren Einfluss haben. Dazu zählen unter anderem der Einsatz menschenähnlicher Roboter oder viele Anwendungsbereiche der Biogenetik (Dworschak, Zaiser 2013). Für die Projektion technologischer und organisatorischer Veränderungen auf die Berufswelt sind daher weniger die „neuesten" Trends aus der Welt der Technik maßgebend als vielmehr die wirtschaftliche Umsetzung bereits einsetzbarer Technologien. Dabei folgt die Umgestaltung der Arbeit zwei Grundmustern, die in Tabelle A 11 dargestellt sind:

- Die Rationalisierungsmaßnahmen konzentrieren sich auf die großen Tätigkeitsfelder im Produktionsspektrum eines Unternehmens. Allein durch ihr Beschäftigungsvolumen bieten sie die größten Rationalisierungseffekte, aber auch der Großeinsatz neuer Technologien in einem Produktionsbereich verspricht stärkere Effekte als die Umsetzung vieler unterschiedlicher, kleindimensionierter Maßnahmen. Es sind daher die Fertigungsberufe der warenproduzierenden Sektoren, die durchweg negative Vorzeichen bei der Beschäftigungsänderung aufweisen. Ebenso verlieren die Verwaltungs- und Büroberufe in den meisten verwaltungsintensiven Sektoren, wie z. B. Handel, Unternehmens- oder Finanzdienste (Tabelle A 11). Im Gegenzug werden bisher weniger stark besetzte Berufsbereiche ausgeweitet, so z. B. die Zahl der Waren- und Dienstleistungskaufleute, der Verkehrsberufe, der technischen Berufe usw.
- Querschnittstechnologien führen in vielen Branchen zu gleichgerichteten Veränderungen. Die Rationalisierung der Büroarbeit findet beispielsweise in vielen Branchen ihren Niederschlag und führt zu sinkenden Beschäftigungsanteilen in der Verwaltungs- und Büroarbeit. Die dezentrale Steuerung von Unternehmen erhöht andererseits die Zahl der Manager und leitenden Angestellten.

Mit diesen beiden Faktoren lässt sich bereits eine Vielzahl von Änderungen in der Wirtschaftszweig-Beruf-Matrix deuten, und es kommen weitere hinzu, wie sie im Hauptbericht 2012 für alle Sektoren beschrieben wurden (Vogler-Ludwig, Düll 2013, Kapitel 2). Wir gehen davon aus, dass sich diese Grundmuster des beruflichen Strukturwandels, die bereits in der Vergangenheit eine hohe Stabilität bewiesen haben, auch für unseren Prognosezeitraum gültig bleiben.

Tab. A 11 Veränderung der sektoralen Berufsstrukturen 2013–30
Basisvariante

Wirtschaftszweig	Fertigungsberufe	Technische Berufe	Wissenschaftler	Waren- und Dienstleistungskaufleute	Verkehrsberufe	Manager, leitende Beamte	Verwaltungs-, Büroberufe	Ordnungs- und Sicherheitsberufe	Künstler, Publizisten	Gesundheitsberufe	Erziehungs-, Sozialberufe	Persönliche Dienstleistungsberufe	Arbeitskräfte ohne bestimmten Beruf	Beschäftigungsänderung 2013–30 in %
Land- und Forstwirtschaft	-											+		–18,7
Energie, Wasser und Recycling	..	+	+	+	++	+								–16,0
Verarbeitendes Gewerbe	..	++		+		+								–8,2
Baugewerbe	+													1,0
Handel und Verkehr					+		..							–2,0
Finanzdienste				+	+	+	..							7,7
Unternehmensdienste				+	+		..							11,6
Persönliche Dienstleistungen											+	-		–8,3
Öffentliche Verwaltung						++		..						–13,8
Erziehung, Gesundheit, Sozialwesen										+	-			–2,3
Beschäftigungsänderung 2013–30 in %	–7,9	3,9	15,4	5,4	7,9	6,4	–11,1	–9,5	13,3	4,3	–6,6	–2,8	–20,6	–2,4
Anteil 2013 (Alle Berufe = 100)	23,7	5,9	1,3	12,3	6,3	5,9	14,5	3,6	1,9	6,9	8,2	7,7	1,6	100,0

Anteilsänderungen der sektoralen Berufsstruktur:
(Differenz der Anteilswerte 2030–2013; alle Erwerbstätigen im Sektor = 100):
"+" +1 bis unter +2,5 %; "++" +2,5 % und mehr;
"-" –1 bis unter –2,5 %; ".." –2,5 % und mehr

Schwerpunktberuf = Anteil des Berufes an der Gesamtbeschäftigung im Sektor > 20 %

Quelle: Economix U08

A 4.2.2 Beschäftigungstrends

Unsere Prognosen bleiben bei ihrem wichtigsten Befund aus dem Hauptbericht 2012, nach dem starke Beschäftigungseinbußen in den industriellen und handwerklichen Fertigungsberufen sowie in den Verwaltungs- und Büroberufen zu erwarten sind. In der Prognose 2012 hatten wir mit einem Rückgang der Erwerbstätigen in den Fertigungsberufen um 1,1 Million gerechnet. Nach der jetzigen *Basisvariante* sind es noch –780.000 und nach der Variante *Hohe Zuwanderung* –510.000 (Abbildung A19). Für die Büroberufe hatten wir 2012 ein Minus von 830.000 prognostiziert. Nun sind es der *Basisvariante* folgend –680.000 und nach der Variante *Hohe Zuwanderung* –520.000.

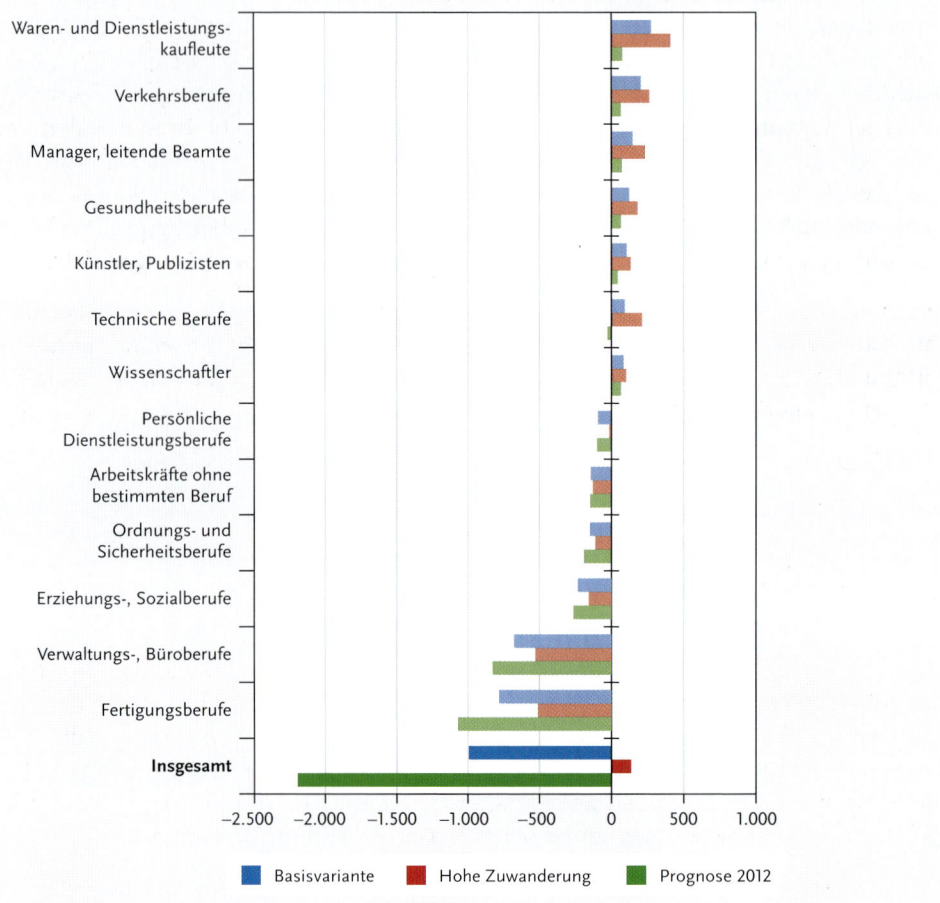

Abb. A 19 Erwerbstätigkeit nach Berufen
Absolute Veränderung der Erwerbstätigkeit 2013–30 in 1.000

Quelle: Economix, CE (U5)

Demgegenüber verstärken sich die beruflichen Umschichtungen in Richtung der Waren- und Dienstleistungskaufleute, der Verkehrsberufe sowie der Manager und leitenden Angestellten. Auch die technischen und künstlerischen Berufe sowie die Gesundheitsberufe können nach den neuen Prognosen etwas höhere Zuwächse erwarten. Allerdings bleiben die Effekte kleiner.

Geringe Auswirkungen haben die neuen Prognosen auf die Erziehungs- und Sozialberufe, die Ordnungs- und Sicherheitsberufe, Wissenschaftler, persönliche Dienstleistungsberufe sowie auf die Arbeitskräfte ohne bestimmten Beruf. Hier bleibt die Nachfrage trotz höheren Angebots bei den bisherigen Trends.

Das höhere Angebot an Arbeitskräften verteilt sich in den beiden Prognosevarianten nicht proportional zum bisherigen Beschäftigungsniveau, sondern folgt den Wachstumspfaden der Beschäftigung. In den stark wachsenden Berufsbereichen Waren- und Dienstleistungskaufleute sowie Verkehrsberufe wird dies durch die höhere Nachfrage nach solchen Arbeitskräften in vielen Wirtschaftszweigen bewirkt. So schichten z. B. die Unternehmensdienste ihre Beschäftigtenstrukturen von den Verwaltungs- und Büroberufen in die Waren- und Dienstleistungskaufleute bzw. Verkehrsberufe um. Ähnliches zeigt sich auch in anderen Wirtschaftszweigen wie z. B. in Handel und Verkehr oder den Finanzdiensten. Die Verkehrsberufe profitieren darüber hinaus von unserer im Vergleich zur Prognose 2012 positiveren Einschätzung.

Das höhere Arbeitskräfteangebot in der Variante *Hohe Zuwanderung* verstärkt diese Entwicklungen. Einerseits treten die positiven Effekte in den wachsenden Berufsbereichen stärker hervor, andererseits sind die negativen Effekte in den schrumpfenden Berufen geringer.

A 4.3 Qualifikationsanforderungen

A 4.3.1 Beschäftigung nach fachlicher Berufsbildung

Das höhere Angebot an Arbeitskräften fließt in jene Nachfragebereiche, in denen der größte Bedarf besteht. Dies sind in erster Linie die Arbeitsplätze für Hochschulabsolventen. Hier erhöht sich nach den Erwartungen unserer *Basisvariante* die Zahl der Erwerbstätigen bis 2030 um 2,3 Millionen (Abbildung A 20). Dies sind 400.000 mehr als nach der Prognose 2012. Das noch höhere Arbeitsangebot der Variante *Hohe Zuwanderung* lässt sogar einen Anstieg um 2,5 Millionen erwarten.

Gleichzeitig verringern sich mit dem stärkeren Beschäftigungswachstum die Beschäftigungseinbußen in den schrumpfenden Qualifikationssegmenten. Insbesondere die Zahl der Beschäftigten mit dualer Ausbildung geht deutlich weniger zurück. Wir erwarten in der *Basisvariante* nur mehr ein Minus von 310.000, während wir in der Prognose 2012 noch von –950.000 ausgegangen waren. In der Variante *Hohe Zuwanderung* ergibt sich sogar ein Plus von 280.000. Der positive Effekt tritt insbesondere im Verarbeitenden Gewerbe und im Verkehrsgewerbe auf, in denen sich die Arbeitskräfteengpässe besonders stark auswirken. Dabei ist anzumerken, dass die Zuwanderung kaum geeignet sein wird, eine so große Zahl an dual ausgebildeten Arbeitskräften zu bieten. Allerdings kann es sich auch um geeignete Fachkräfte handeln, die über eine hinreichende Berufserfahrung verfügen, sodass sie von den Arbeitgebern als gleichwertig mit den Absolventen der deutschen dualen Ausbildung betrachtet werden.

Die Zahl der Erwerbstätigen mit Fachschulbildung verändert sich nicht nur in die gleiche Richtung, sondern der Rückgang fällt in allen drei Prognosevarianten in etwa gleich aus. Nach der *Basisvariante* ergibt sich eine Beschäftigungseinbuße von 440.000 im Vergleich zu einem Rückgang um 510.000 in der Prognose 2012. Nach der Variante *Hohe Zuwanderung* sind es –350.000. Die geringen Effekte gehen auf die schwach ausgeprägten Nachfrageänderungen in den Erziehungs- und Sozialberufen zurück.

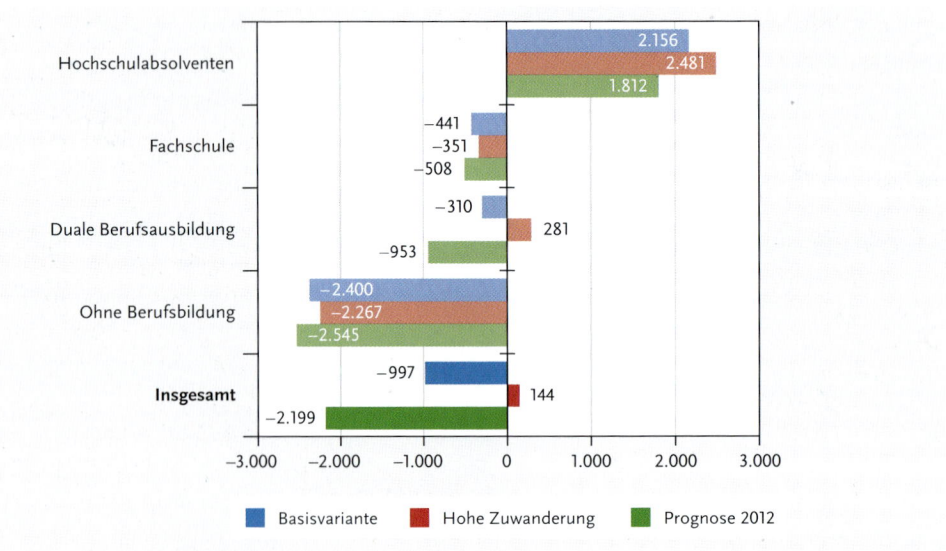

Abb. A 20 Erwerbstätigkeit nach formaler Qualifikation
Absolute Veränderung der Erwerbstätigkeit 2013–30 in 1.000

Quelle: Economix (U07)

Der günstigere Beschäftigungsverlauf führt auch zu etwas geringeren Freisetzungen im Segment der gering Qualifizierten. Ihre Zahl sinkt zwar auch in der *Basisvariante* um 2,4 Millionen. Dies ist dennoch um 100.000 weniger als nach der Prognose 2012. In der Variante *Hohe Zuwanderung* beträgt der Rückgang 2,3 Millionen. Der relativ geringe Effekt des höheren Arbeitsangebots im untersten Qualifikationssegment geht auf die Aufwertung des Qualifikationsprofils im Hochschulbereich zurück. Dies kann nur gelingen, wenn sich alle Qualifikationsstufen an dieser Aufwertung beteiligen. Beginnend mit der deutlichen Verringerung der Erwerbstätigen ohne Berufsbildung kann durch entsprechende Investitionen in die Berufsbildung der Aufstieg in das Segment der dual Ausgebildeten und der Fachschulabsolventen ermöglicht werden. Damit werden in diesen Segmenten Arbeitskräfte frei, die ihre Qualifikation durch die Teilnahme an der Hochschulbildung verbessern und damit das Potenzial für die Expansion dieses Segmentes schaffen.

A 4.3.2 Wandel der beruflichen Qualifikationsstrukturen

Die Verlagerungen in den beruflichen Qualifikationsstrukturen sind nach unserer Erwartung sehr deutlich ausgeprägt (Tabelle A 12). In allen Berufen wird der Anteil der Erwerbstätigen ohne Berufsbildung deutlich abgebaut. Davon gibt es – zumindest auf dem Aggregationsniveau der 13 Berufsbereiche – keine Ausnahme. Ebenso steigt in fast allen Berufsbereichen der Anteil der Hochschulabsolventen.

Tab. A 12 Berufliche Qualifikationsstrukturen 2013–30
Veränderung der Qualifikationsanteile in den Berufen; Basisvariante*

Beruf	Fachliche Berufsbildung				
	Hochschul-absolventen	Duale Berufs-ausbildung	Fachschule	Ohne Abschluss, keine Angabe	*Veränderung 2013–30 in %*
Fertigungsberufe	++	++	+	--	−7,9
Technische Berufe	++	--	--	--	3,9
Wissenschaftler	++	-		--	15,4
Waren-, DLkaufleute	++	--	-		5,4
Verkehrsberufe	++	+	-	--	7,9
Manager, leitende Beamte	++	-	--	--	6,4
Verwaltung, Bürob.	++	--	--	--	−11,1
Ordnung/Sicherheit	++	--	++	--	−9,5
Künstler, Publizisten		++	--	-	13,3
Gesundheitsberufe	++	+	+	--	4,3
Erziehung/Sozialb.		++	--	--	−6,6
Persönl. DLberufe	++	++		--	−2,8
AK ohne Beruf	++	--	++	--	−20,6
Beschäftigungsänderung 2013–30 in %	25,0	−1,4	−11,4	−31,6	−2,4
(*) Anteilsänderungen der Qualifikationsstruktur (Differenz der Anteilswerte 2030–2013; alle Erwerbstätigen im Beruf = 100): "+" +1 bis unter +2,5 %; "++" +2,5 % und mehr; "-" −1 bis unter −2,5 %; "--" −2,5 % und mehr					
Schwerpunktqualifikation = Anteil der Qualifikationsgruppe an den Erwerbstätigen im Beruf: > 20 %					

Quelle: Economix (U6)

Weniger eindeutig sind die Veränderungen im Segment der dualen Berufsausbildung und der Fachschulbildung. In den Fertigungsberufen steigt z. B. der Anteil der dual Ausgebildeten deutlich an, ebenso wie der Anteil der Hochschulabsolventen und – wenn auch etwas geringer – der Anteil der Fachschulabsolventen. Die Umschichtung geht hier also allein zu Lasten der Beschäftigten ohne Berufsbildung. Bei den Waren- und Dienstleistungskaufleuten erfolgt die Umschichtung hingegen allein in den Hochschulbereich, während alle anderen Qualifikationssegmente Beschäftigtenanteile verlieren. Auch bei Verkehrsberufen, den technischen Berufen, den Managern und leitenden Beamten oder den Verwaltungs- und Büroberufen erwarten wir gleichartige Verlagerungen. Bei Erziehungs- und Sozialberufen, persönlichen Dienstleistungsberufen, Gesundheitsberufen und den Künstlern/Publizisten erwarten wir allerdings auch steigende Anteile von Arbeitskräften mit dualer Ausbildung.

A 4.4 Berufsstruktur nach der Klassifizierung der Berufe 2010

Im Rahmen dieser Prognose haben wir erstmals Berufsdaten für die in den letzten Jahren eingeführte Klassifizierung der Berufe 2010 berechnet. Der Umstieg von der bisherigen Klassifizierung der Berufe 1992 auf die neue Berufsgliederung war auf Basis von Parallelerhebungen des Mikrozensus für das Jahr 2012 möglich (vgl. Box „Umstieg auf die KB 2010").

Umstieg auf die KB 2010

Die Umrechnung der Erwerbstätigkeit auf die Klassifizierung der Berufe 2010 erfolgte auf Basis der Sonderauswertung aus dem Mikrozensus für das Jahr 2012. Sie lieferte die Erwerbstätigenzahlen sowohl nach der Klassifizierung der Berufe 1992 als auch 2010. Darüber hinaus erhielten wir Tabellen für die Erwerbstätigkeit nach Wirtschaftszweigen und KB 2010 sowie nach Qualifikationen und KB 2010. Damit konnten die Schätzwerte für die KB 2010, die sich aus der Übertragung der Matrix KB 1992 x KB 2010 auf die Prognosedaten ergaben, mit den Prognosedaten für Wirtschaftszweige und Qualifikationsgruppen abgeglichen werden.

Die Umrechnung nach KB 2010 wurde als Test für die Anwendung der neuen Berufssystematik in der Prognose unternommen.

Die Darstellung nach KB 2010 verknüpft berufliche Tätigkeitsbereiche mit Qualifikationsebenen. Auswertungen im Rahmen dieser Prognose sind daher nur durch die Kombination der Berufe mit den Qualifikationshauptgruppen verwertbar.

Nach der neuen Klassifikation zeigen die Vorausschätzungen einen starken Zuwachs an Beschäftigung im Berufsbereich 9 (Geistes-, Gesellschafts- und Wirtschaftswissenschaften, Medien, Kunst und Kultur) auf. In der *Basisvariante* ergibt sich für den Zeitraum 2013–30 ein Beschäftigungsgewinn von 9 %. Ihm folgten die Berufsbereiche 4 (Naturwissenschaft, Geografie und Informatik) sowie 5 (Verkehr, Logistik, Schutz und Sicherheit) und 6 (Kaufm. Dienstl., Warenhandel, Tourismus). Alle anderen Berufsbereiche der Einstellerebene weisen negative Veränderungsraten auf. In der Variante *Hohe Zuwanderung* liegen die Veränderungsraten um 2 bis 4 Prozentpunkte höher.

Tab. A 13 Erwerbstätige nach Berufen (Klassifizierung der Berufe 2010)
Veränderung 2013–30 in %

KB 2010	Berufsbereich	Basisvariante	Variante Hohe Zuwanderung
1	Land- und Forstwirtschaft, Gartenbau	−15,1	−13,5
2	Rohstoffgewinnung., Produktion, Fertigung	−6,8	−3,6
3	Bau, Architektur, Vermessung, Gebäudetechnik	−2,1	1,1
4	Naturwissenschaft., Geografie, Informatik	5,4	9,1
5	Verkehr, Logistik, Schutz u. Sicherheit	3,3	6,1
6	Kaufm. Dienstl., Warenhandel, Tourismus	1,7	3,5
7	Unternehmensorganisation, Buchhaltung, Recht und Verwaltung	−5,4	−2,5
8	Gesundheit, Soziales, Lehre und Erziehung	−2,0	0,2
9	Geistes-, Gesellschafts-, Wirtschaftswiss., Medien, Kunst, Kultur	9,0	12,5
0	Militär	−21,6	−19,6
	Insgesamt	−2,4	0,3

Quelle: Economix

Die Ergebnisse verdecken allerdings wichtige Veränderungen in der Struktur der Erwerbstätigkeit. Durch die Zusammenfassung aller Qualifikationsgruppen zu einem Tätigkeits- oder Berufsbereich ist der qualifikationsspezifische Strukturwandel nicht mehr sichtbar.[18] Auch die funktionale Stellung im Arbeitsprozess ist auf den höheren Aggregationsebenen der Ein- und Zweisteller nicht mehr erkenntlich. Wir haben daher die Berufe in Form einer Kreuztabelle aus Beruf und dem sog. Anspruchsniveau ausgewertet. Dabei wird das Anspruchsniveau durch die fünfte Stelle der Berufsklassifikation repräsentiert, die eine Unterscheidung nach vier Ebenen der formalen Qualifikation erlaubt (Tabelle A 14).

Danach waren 2013 12,2 % der Erwerbstätigen als sog. Helfer tätig, d. h. in Berufen, für die keine Berufsbildung erforderlich ist. 57 % waren Fachkräfte mit einer gewerblichen oder kaufmännischen Ausbildung, 14 % hatten einen Abschluss als Meister, Techniker oder Bachelor (Spezialisten), und 17 % hatten eine mindestens 4-jährige Hochschulbildung (Experten). Nach der Vorausschätzung in unserer *Basisvariante* wird die Zahl der Experten bis 2030 um 22 % steigen. Demgegenüber wird die Zahl der Helfer um 33 % sinken. Die Veränderungen in der Zahl der Fachkräfte und der Spezialisten wird hingegen nahe bei den Änderungen der Gesamtbeschäftigung lie-

---

18 Auch auf der Ebene der Zweisteller, wie sie in Tabelle A 14 ausgewiesen sind, ergeben sich aus der Zusammenfassung der Qualifikationsebenen Schwierigkeiten bei der Interpretation. So sind in der Berufsgruppe 71 (Berufe Unternehmensführung und -organisation) die Geschäftsführer und die Büroangestellten zusammengefasst. Das hohe Gewicht der Büroangestellten führt zu einem Beschäftigungsrückgang von 8,6 %, der weder für die eine noch für die andere Berufsgruppe kennzeichnend ist. Für die künftige Nutzung der Klassifizierung der Berufe 2010 wird es daher im Rahmen dieses Projekts notwendig sein, durch geeignete ergänzende Merkmale, insbesondere zur betrieblichen Funktion zu aussagefähigen Gruppierungen zu kommen.

gen. Die Zahl der Fachkräfte wird um 4 %, die der Spezialisten um 2 % sinken. In der Gruppe der Spezialisten wirken zwei gegenläufige Tendenzen: die Zahl der Meister und Techniker (und anderer Fachschulabsolventen) wird rückläufig sein, die Zahl der Bachelor-Absolventen hingegen steigen. Dabei wird es sich sowohl um Substitution von Meistern/Technikern durch Bachelor-Absolventen handeln, als auch um die langfristige Höherqualifizierung.

Tab. A 14 Erwerbstätige nach Klassifizierung der Berufe 2010
Veränderung 2013–30 in %; Basisvariante*

KB 2010	Beruf	Anteil 2013 %	Veränderung 2013–30 in %	Anteilsveränderung der Anforderungsniveaus 2013–2030			
				Helfer	Fachkräfte	Spezialisten	Experten
1	Angehörige der regulären Streitkräfte	0,5	−21,6		-		+
11	Land-, Tier-, Forstwirtschaftsberufe	1,4	−16,9	--	++	+	++
12	Gartenbauberufe, Floristik	1,1	−12,8	--	++		+
21	Rohstoffgewinn, Glas-, Keramikverarbeitung	0,4	−12,3	--	++	+	+
22	Kunststoff- u. Holzherst., -verarbeitung	1,5	−4,3	--	++	+	
23	Papier-, Druckberufe, tech. Mediengestalt.	0,9	1,3	--	--	++	++
24	Metallerzeugung, -bearbeitung, Metallbau	3,4	−11,3	--	++		
25	Maschinen- und Fahrzeugtechnikberufe	5,6	−7,6	--	+		++
26	Mechatronik-, Energie- u. Elektroberufe	3,1	0,1	--	-		++
27	Techn. Entwickl. Konstr. Produktionssteuer.	2,3	−1,6	--	--		++
28	Textil- und Lederberufe	0,6	−17,5	--		++	++
29	Lebensmittelherstellung u. -verarbeitung	2,4	−13,2		++		+
31	Bauplanung, Architektur, Vermessungsberufe	0,9	7,9		-	--	++
32	Hoch- und Tiefbauberufe	1,6	−9,9	--	+		++
33	(Innen-)Ausbauberufe	1,5	6,5	-			
34	Gebäude- u. versorgungstechnische Berufe	2,2	−6,4	-			+
41	Mathematik-Biologie-Chemie-, Physikberufe	1,1	8,8	--	--	-	++
42	Geologie-, Geografie-, Umweltschutzberufe	0,2	−2,4		--	--	++
43	Informatik- und andere IKT-Berufe	2,1	4,3		-	--	++
51	Verkehr, Logistik (außer Fahrzeugführ.)	5,4	7,8	--	++		++
52	Führer von Fahrzeug- u. Transportgeräten	3,4	5,7	--	++		

KB 2010	Beruf	Anteil 2013 %	Veränderung 2013–30 in %	Anteilsveränderung der Anforderungsniveaus 2013–2030			
				Helfer	Fachkräfte	Spezialisten	Experten
53	Schutz,Sicherheits-, Überwachungsberufe	1,6	−11,5	-			++
54	Reinigungsberufe	3,1	0,4	--	++		
61	Einkaufs-, Vertriebs- und Handelsberufe	2,3	0,7			--	++
62	Verkaufsberufe	7,0	3,8	--	+		+
63	Tourismus-, Hotel- und Gaststättenberufe	2,8	−2,8	--			++
71	Berufe Unternehmensführung,-organisation	12,4	−8,6	-	--		++
72	Finanzdienstl. Rechnungsw., Steuerberatung	4,1	6,7		-	-	++
73	Berufe in Recht und Verwaltung	4,4	−7,7		--		++
81	Medizinische Gesundheitsberufe	7,2	4,2	-	--	-	++
82	Nichtmed. Gesundheit, Körperpfl., Medizint.	3,0	−0,3	--	++		
83	Erziehung, soz., hauswirt. Berufe, Theologie	4,2	−4,1	--			++
84	Lehrende und ausbildende Berufe	3,6	−13,3			--	++
91	Geistes-Gesellschafts-Wirtschaftswissenschaften	0,3	3,3	--			++
92	Werbung, Marketing, kaufm., red. Medienberufe	1,5	8,7		-	-	++
93	Produktdesign, Kunsthandwerk	0,4	6,3		--	-	++
94	Darstellende, unterhaltende Berufe	0,6	14,5		-	--	++
	Insgesamt (Veränderung 2013–30 in %)	100,0	−2,4	**−33,0**	**−3,5**	**−2,1**	**22,4**

(✻) Anteilsänderungen der Anforderungsniveaus:
(Differenz der Anteilswerte 2030–2013; alle Erwerbstätigen im Beruf = 100):
"+" +1 bis unter +2,5 %; "++" +2,5 % und mehr;
"-" −1 bis unter −2,5 %; "--" −2,5 % und mehr

Schwerpunktniveau = Anteil des Anforderungsniveaus im Beruf: > 50 %

Quelle: Economix

A 5 Arbeitsmarktbilanz und Engpässe auf dem deutschen Arbeitsmarkt

A 5.1 Gesamtwirtschaftliche Arbeitsmarktbilanz

Die Daten der letzten Jahre zeigen, dass sich der Beschäftigungsboom seit 2005 in der Periode 2010–13 fortgesetzt hat (Abbildung A 21): In diesen drei Jahren hat die Zahl der Erwerbstätigen um 1,25 Millionen zugenommen, ein Zuwachs von 3 %. Das Beschäftigungswachstum wurde einerseits durch den Abbau der Erwerbslosigkeit um 700.000 ermöglicht und andererseits durch die Zuwanderung. Sie hat nicht nur den Rückgang der inländischen Erwerbspersonen kompensiert, sondern das Arbeitsangebot um 550.000 ausgeweitet. Dies kann als endgültige Bestätigung der Reformpolitik in Deutschland gewertet werden, die den Arbeitsmarkt sowohl inklusiver als auch offener gemacht hat.

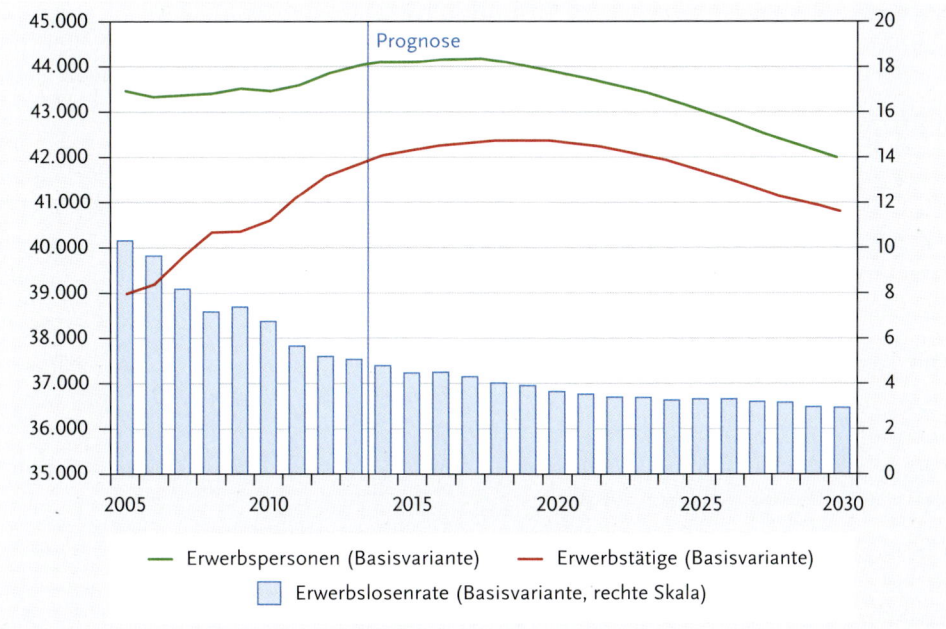

Abb. A 21 Arbeitskräfteangebot und -nachfrage – Basisvariante
Absolutwerte in 1.000; rechte Skala: %

Quelle: Economix, CE (U01)

Die folgende Tabelle A 15 gibt einen Überblick zu den Eckdaten unserer alternativen Arbeitsmarktprognosen im Vergleich zur Prognose 2012. Die Ergebnisse werden in den folgenden Abschnitten kommentiert.

A 5.1.1 Basisvariante

Unsere Vorausschätzungen kommen allerdings erneut zu dem Ergebnis, dass die positiven Wirkungen der Reformen langfristig von den negativen Auswirkungen des demografischen Wandels aufgehoben werden. Das Angebot an Arbeitskräften wird nach der *Basisvariante* noch bis ins Jahr 2016 leicht zunehmen, dann aber immer stärker schrumpfen (Abbildung A 21). Für das Jahr 2030 erwarten wir insgesamt 42 Millionen Erwerbspersonen, 2 Millionen weniger als 2013. Dafür sind zwei Faktoren maßgebend: die rückläufige Zuwanderung, die – nach unseren Annahmen – ab 2020 nur mehr 200.000 pro Jahr betragen wird, und das Ausscheiden älterer Erwerbstätiger, das ab 2020 immer stärker werden wird. Auch gemeinsam werden Zuwanderung und steigende Erwerbsbeteiligung nicht in der Lage sein, die demografischen Effekte zu kompensieren.

Die Erwerbstätigkeit wird durch den weiteren Abbau der Zahl der Erwerbslosen noch bis ins Jahr 2018 ansteigen, dann aber stetig sinken. Zwar wird sie auch 2025 noch auf dem Niveau von 2013 liegen, in den Folgejahren wird sich dieses Niveau aber nicht mehr halten lassen. Für 2030 erwarten wir rund eine Million weniger Erwerbstätige als 2013 und 1,6 Millionen weniger als 2018. Der Grund für diese rückläufige Entwicklung liegt zum einen im schrumpfenden Arbeitsangebot und zum anderen in der zunehmenden Ausschöpfung des Potenzials an Erwerbslosen. Wir erwarten nicht, dass die Arbeitslosigkeit auf das Niveau der 1960er Jahre zurückgehen wird, als Arbeitslosenraten von einem Prozent und weniger gemessen wurden. Die von uns geschätzten Erwerbslosenquoten werden auch 2030 noch bei 3 % liegen. Die Arbeitslosigkeit wird zwar deutlich abnehmen, aber der Kern der strukturellen Arbeitslosigkeit wird nicht aufgelöst werden können.

Die positiven Angebotseffekte treten vor allem in der Phase 2013–20 auf, während sich 2020–30 die negativen Entwicklungen eines durch Arbeitskräfteengpässe gekennzeichneten Arbeitsmarktes sogar verstärkt durchsetzen. Sowohl der Bevölkerungsrückgang als auch die Reduktion von Arbeitsangebot und Beschäftigung fallen in diesem Zeitraum stärker aus als dies in der Prognose 2012 der Fall war.

Das reale Wirtschaftswachstum reagiert positiv auf die Änderungen im Arbeitsmarkt. Die durchschnittliche Wachstumsrate des realen BIP nimmt gegenüber der Prognose 2012 von 1,46 % pro Jahr auf 1,53 % zu (Tabelle A 15). Dabei wird der positive Effekt auf die Erwerbstätigkeit durch den geringfügig schwächeren Produktivitätsanstieg gedämpft. Das Wachstum der realen Pro-Kopf-Einkommen der Bevölkerung bleibt gegenüber der Prognose 2012 so gut wie unverändert. Es steigt im Zeitraum 2013–30 mit einer Rate von 1,6 % pro Jahr.

Tab. A 15 Gesamtentwicklung des Arbeitsmarktes

	2013–30			2013–20			2020–30		
	Basisvariante	Hohe Zu-wanderung	Prognose 2012	Basisvariante	Hohe Zu-wanderung	Prognose 2012	Basisvariante	Hohe Zu-wanderung	Prognose 2012
Gesamtänderung absolut									
Bevölkerung (1.000)	-907	708	-2.408	712	1.217	-1.001	-1.619	-509	-1.407
Erwerbspersonen (1.000)	-2.020	-908	-2.791	-122	244	-1.076	-1.898	-1.153	-1.715
Erwerbstätige (1.000)	-997	144	-2.199	534	883	-741	-1.531	-739	-1.458
Arbeitsvolumen (Millionen Stunden)	973	1.403	-834	760	1.239	-1.036	213	164	202
Erwerbslose (1.000)	-1.023	-1.052	-592	-656	-639	-335	-367	-413	-257
Gesamtänderung in %									
Bevölkerung	-1,13	0,88	-2,96	0,89	1,52	-1,23	-2,00	-0,62	-1,75
Erwerbspersonen	-4,59	-2,06	-6,40	-0,28	0,56	-2,47	-4,32	-2,60	-4,03
Erwerbstätige	-2,38	0,34	-5,32	1,28	2,11	-1,79	-3,61	-1,73	-3,59
Arbeitsvolumen	1,68	2,42	-1,43	1,31	2,13	-1,78	0,36	0,28	0,35
Erwerbslose	-46,52	-47,84	-26,09	-29,83	-29,04	-14,78	-23,79	-26,50	-13,27
Durchschnittliche jährliche Wachstumsrate in %									
Reales BIP	1,53	1,94	1,46	1,71	2,08	1,72	1,41	1,85	1,27
Arbeitsproduktivität (je Arbeitsstunde)	1,43	1,80	1,54	1,52	1,77	1,99	1,37	1,82	1,24
Durchschnittsverdienst je Arbeitsstunde	1,50	1,62	1,44	1,78	1,56	2,10	1,31	1,65	0,99
Bevölkerung	-0,07	0,05	-0,18	0,13	0,22	-0,18	-0,20	-0,06	-0,18
Erwerbspersonen	-0,28	-0,12	-0,39	-0,04	0,08	-0,36	-0,44	-0,26	-0,41
Erwerbstätige	-0,14	0,02	-0,32	0,18	0,30	-0,26	-0,37	-0,17	-0,36
Arbeitsvolumen	0,10	0,14	-0,08	0,19	0,30	-0,26	0,04	0,03	0,04
Erwerbslose	-3,61	-3,76	-1,76	-4,93	-4,78	-2,26	-2,68	-3,03	-1,41
Pro-Kopf-Einkommen	1,60	1,89	1,64	1,58	1,86	1,90	1,61	1,91	1,45

Quelle: Economix; CE (UO1)

A 5.1.2 Variante Hohe Zuwanderung

Das Schrumpfen des Arbeitsmarktes kann nach unseren Modellrechnungen durch eine höhere Zuwanderung aufgehalten, aber nicht dauerhaft verhindert werden. Bei der im Jahresdurchschnitt des Zeitraums 2013–30 um 116.000 Personen höheren Zuwanderung nach der Variante *Hohe Zuwanderung* steigt die Zahl der Erwerbstätigen bis 2021 auf den höchsten Wert von 42,7 Millionen. In den Folgejahren wird das Beschäftigungsniveau – trotz der Nettozuwanderung von 300.000 pro Jahr – wieder rückläufig sein (Abbildung A 22). Auch dann reicht die Zuwanderung von Arbeitskräften nicht aus, um die durch den demografischen Wandel bedingten Einbußen im Arbeitsangebot aufzuheben. Allerdings wird die Erwerbstätigkeit 2030 gerade das Niveau von 2013 wieder erreicht haben. Es bleibt also eine sehr viel längere Phase auf hohem Beschäftigungsniveau als dies nach der *Basisvariante* zu erwarten wäre.

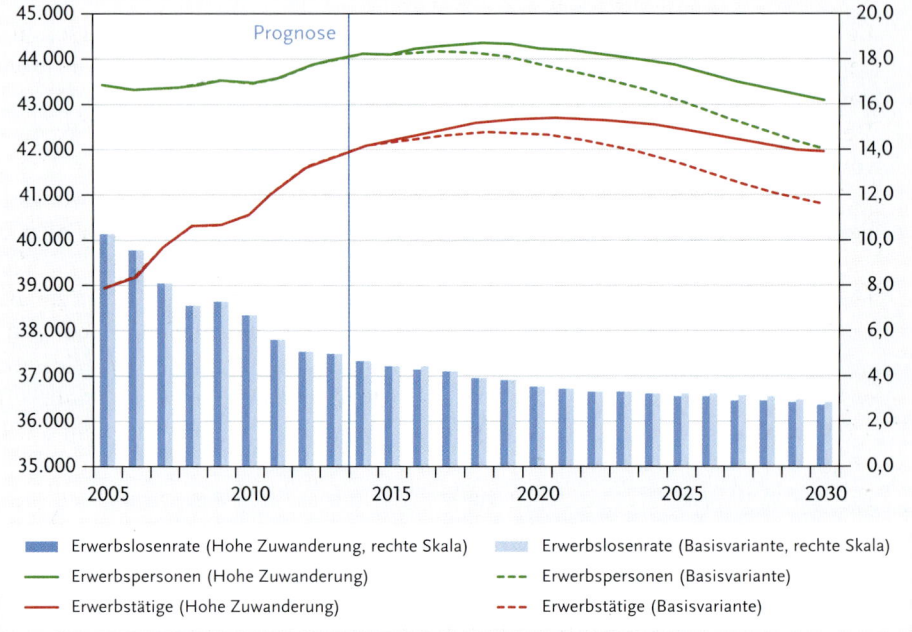

Abb. A 22 Arbeitskräfteangebot und -nachfrage – Variante Hohe Zuwanderung
Absolutwerte in 1.000; rechte Skala: %

Quelle: Economix, CE (U01)

Auch hier ist der weitere Abbau der Erwerbslosigkeit eine wichtige Quelle für den Erhalt des Beschäftigungsniveaus. Die Zahl der Erwerbspersonen wird hingegen bereits ab 2018 rückläufig sein, allerdings in deutlich geringerem Umfang als in der *Basisvariante*.

Die höhere Zuwanderung führt in dieser Variante zu einem deutlichen Wachstums-gewinn. Das reale BIP wird nach den Modellrechnungen in der Phase 2013–30 um 1,94 % pro Jahr zunehmen. Dies ist im Vergleich zur *Basisvariante* ein Wanderungs-gewinn von 0,41 Prozentpunkten beim Wirtschaftswachstum. Diese Wachstumsstei-gerung resultiert fast ausschließlich aus der um 116.000 Personen höheren Zuwan-derung, die den wesentlichen Unterschied zwischen den beiden Prognosevarianten darstellt. Das Wachstum des Pro-Kopf-Einkommens nimmt um 0,29 Prozentpunkte auf 1,89 % pro Jahr zu.

A 5.1.3   Wanderungseffekte

Der Vergleich der beiden Varianten zeigt, dass die Zuwanderung die Arbeitsmarktbi-lanz maßgeblich beeinflussen kann (Tabelle A 15):

- Die Bevölkerung wird in der Variante *Hohe Zuwanderung* im Jahr 2030 um 1,6 Millionen höher liegen als in der Basisvariante.
- Bei hoher Zuwanderung wird es 2030 1,1 Millionen mehr Erwerbspersonen ge-ben und die Erwerbstätigkeit wird ebenfalls um 1,1 Millionen über dem Niveau der *Basisvariante* liegen.
- Der Zuwachs des Arbeitsvolumens wird hingegen geringer ausfallen, da wir von einem substitutiven Verhältnis zwischen Zuwanderung und der Ausdeh-nung der Arbeitszeiten ausgegangen sind. In der Variante *Hohe Zuwanderung* liegt die durchschnittliche Arbeitszeit daher um 30 Stunden pro Jahr oder 2 % niedriger.
- Die Zahl der Erwerbslosen unterscheidet sich zwischen den beiden Szenarien nur wenig, da wir davon ausgehen, dass die strukturelle Arbeitslosigkeit von ei-ner höheren Zuwanderung weitgehend unberührt bleibt. Die Erwerbslosenrate wird gegen Ende des Prognosezeitraums – ähnlich wie in der *Basisvariante* – bei 2,9 % liegen. Der leichte Rückgang im Vergleich zur *Basisvariante* geht auf das höhere Beschäftigungswachstum zurück.
- Pro 100.000 Zuwanderer kann nach unseren Schätzungen mit einer Steige-rung des Wirtschaftswachstums um 0,35 Prozentpunkte gerechnet werden. Die-ser Effekt hängt von einer Vielzahl von Nebenbedingungen ab, insbesondere der weitreichenden Passgenauigkeit der zuwandernden Arbeitskräfte zum Nachfrageprofil der Unternehmen und der Aufrechterhaltung des gesamtwirt-schaftlichen Wachstumsklimas. Wir unterstellen, dass diese Bedingungen im Prognosezeitraum gegeben sein werden.
- Die Pro-Kopf-Einkommen werden ebenfalls steigen, wenn auch nicht ganz so stark wie das BIP. Pro 100.000 Zuwanderer ist unter den Modellbedingungen mit einem Einkommenszuwachs von 0,25 Prozentpunkten zu rechnen.

In Abbildung A 23 ist der zeitliche Verlauf dieser Effekte aufgezeigt. Aufgrund der abweichenden Altersstrukturen von zuwandernder und ansässiger Bevölkerung ent-wickeln sich die Effekte nicht ganz linear. Während der ersten drei Jahre bleibt das Bevölkerungswachstum hinter dem kumulierten Einwanderungssaldo zurück. Dann aber beschleunigt sich das Bevölkerungswachstum und nach etwa zehn Jahren liegt der Bevölkerungszuwachs über der Zuwanderung. Dies hängt mit den relativ jungen Zuwanderern zusammen, die sowohl zu einer höheren Zahl von Geburten beitragen als auch geringere Sterbezahlen haben.[19]

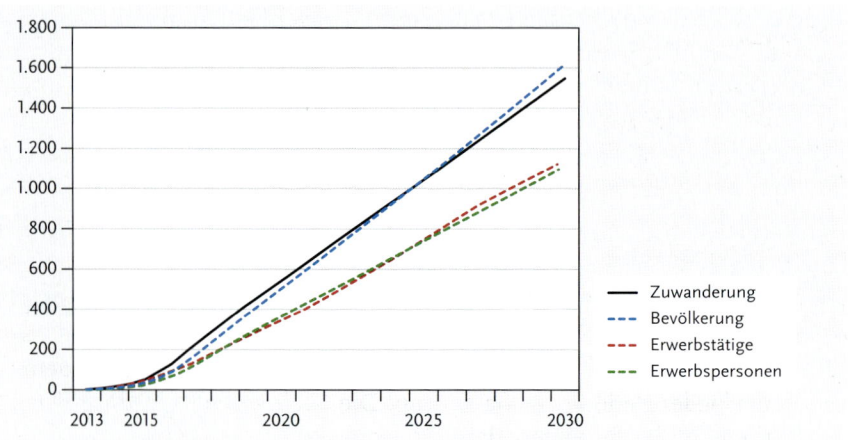

Abb. A 23 Wanderungseffekte
Differenz zwischen Variante *Hohe Zuwanderung* und *Basisvariante* in 1.000

Quelle: Economix (U3)

In ähnlicher Weise laufen auch die Entwicklungen von Erwerbspersonen und Erwerbstätigen nicht ganz parallel. Die Beschäftigungseffekte der Zuwanderung sind in der Anfangsphase bis 2018 stärker als der Angebotseffekt auf die Zahl der Erwerbspersonen. Dies dreht sich in den Prognosejahren bis 2025 um und dann treten wieder stärkere Beschäftigungseffekte auf. Die Abweichungen hängen mit den zeitlichen Verzögerungen der Wachstumseffekte und mit dem Abbau der Arbeitslosigkeit zusammen.

A 5.2 Engpässe

A 5.2.1 Methodische Erläuterungen

Die Ungleichgewichte des Arbeitsmarktes zeigen sich einerseits durch Arbeitslosigkeit und andererseits in unbesetzten oder nicht besetzbaren Stellen. Während die Arbeitslosigkeit aufgrund der geringeren Mobilität des Faktors Arbeit und der langsamen Anpassungsprozesse auf dem Arbeitsmarkt durchaus langfristigen Charakter

---

19 Die Bevölkerungsprognose unterstellt für die zuwandernde Bevölkerung die gleichen Geburten- und Sterbeziffern wie für die ansässige Bevölkerung. Der Effekt kommt daher allein aus der abweichenden Altersstruktur beider Bevölkerungsgruppen.

annehmen kann, sieht dies bei Arbeitskräftemangel anders aus. Die Unternehmen haben vielfache Möglichkeiten, den Arbeitskräftemangel zu kompensieren, sei es durch längere Arbeitszeiten der Belegschaften, Rationalisierung der Arbeit, Vergabe von Unteraufträgen an andere Unternehmen bzw. Verlagerung der Produktion ins Ausland, und nicht zuletzt durch den Verzicht auf die Auftragsannahme. Je nach der Wahl der Mittel gehen jeweils andere Effekte auf die Gesamtwirtschaft und den Arbeitsmarkt aus. Gemeinsam ist aber allen Maßnahmen, dass der Arbeitskräftemangel nach relativ kurzer Zeit wieder verschwindet. Bereits nach vier bis fünf Monaten wird die Personalsuche für nicht besetzbare Stellen aufgegeben (vgl. Vogler-Ludwig, Düll 2013, S.135). Der langfristige Arbeitskräftemangel tritt als solcher nicht in Erscheinung, sondern verlangsamt das Wachstum von Produktion und Beschäftigung.

In unserem Modell werden diese Anpassungsprozesse in vielfacher Weise berücksichtigt. Sowohl auf gesamtwirtschaftlicher als auch sektoraler Ebene findet die Abstimmung zwischen Angebot und Nachfrage durch Preise und Löhne und durch das Produktivitätswachstum statt. Darüber hinaus passen sich die Arbeitsmarktströme durch die Identität von Stromsalden und Bestandsänderung in jedem Teilarbeitsmarkt und jeder Periode aneinander an. Die Gleichgewichtsbedingungen der Güter- und Arbeitsmärkte bewirken daher, dass keine langfristigen Arbeitskräfteengpässe auftreten können.

Arbeitsmarktengpässe sind daher nur latent vorhanden und ihre Sichtbarmachung gelingt erst, wenn man die Anpassungsprozesse künstlich verlangsamt. Aus der Differenz zwischen hypothetischen Werten ohne Anpassung und den Modellergebnissen mit Anpassung ergeben sich Rückschlüsse auf Richtung und Intensität des Strukturwandels. Dies haben wir zur Konstruktion von zwei Engpassindikatoren genutzt:

- *Engpassindikator I – schwindendes Erwerbslosenpotenzial:* Dieser Indikator misst die Abweichungen im Strukturwandel von Erwerbstätigkeit und Erwerbslosen. Er geht der Frage nach, inwieweit der Arbeitskräftebedarf aus dem Potenzial der Erwerbslosen gedeckt werden kann. Je weniger dies aufgrund beruflicher oder qualifikationsspezifischer Unterschiede zwischen Erwerbslosen und Arbeitskräftebedarf gelingt, umso größer ist die sog. strukturelle Arbeitslosigkeit. Wir messen das erwartete Ausmaß der strukturellen Arbeitslosigkeit durch die Gegenüberstellung der Veränderung der Erwerbslosenquote im Beruf b (oder der Qualifikation q) mit der Veränderung des Erwerbstätigenanteils des jeweiligen Berufs oder der jeweiligen Qualifikation. Beide Änderungsraten werden auf die Gesamtwirtschaft normiert, so dass nur die Veränderungen im jeweiligen Berufs- oder Qualifikationssegment gemessen werden. Die Differenz der normierten Änderung von Erwerbslosenquote und des Erwerbstätigenanteils im Zeitraum 2013–30 ist größer als Null, wenn die Erwerbslosenquote stärker steigt als der Anteil der Erwerbstätigen. Dies indiziert die Tendenz zum Überschuss. Umgekehrt signalisiert eine Differenz kleiner als Null die Tendenz zum Mangel. Die Erwerbslosenquote sinkt dann stärker als der Anteil der Erwerbstätigen.

- *Engpassindikator II – berufliche und qualifikationsspezifische Mobilität:* Dieser Indikator misst die Intensität des Strukturwandels in der Beschäftigung und den daraus resultieren Anpassungsbedarf in den Berufs- und Qualifikationsstrukturen. Je größer dieser Anpassungsbedarf ist, desto eher sind Engpässe einerseits und Überschüsse andererseits zu erwarten. Technisch besteht der Indikator aus dem Saldo der vom Modell vorhergesagten Erwerbstätigenzahlen nach Berufen oder Qualifikationen mit den Erwerbspersonen, die sich ergeben hätten, wenn sich die Berufs- bzw. Qualifikationsstruktur nicht verändert hätte. Dabei unterstellen wir die Konstanz der Strukturen nur für jeweils fünf Jahre und gehen dann für die nächste Fünf-Jahres-Periode auf deren Anfangsstruktur über. Der Indikator geht also von verlangsamtem Strukturwandel aus, nicht von völliger Konstanz. Die Salden der sog. Fachkräftelücke werden sowohl in absoluten Größen als auch in Relation zum Beschäftigtenstand ausgewiesen.[20]

A 5.2.2 Engpassindikator I: das schwindende Potenzial an Erwerbslosen

Die Erwerbslosigkeit wird bis 2030 deutlich zurückgehen, und damit werden auch die Möglichkeiten, den Fachkräftebedarf durch die Beschäftigung von Erwerbslosen zu decken, immer geringer. Sowohl in der *Basisvariante* als auch in der Variante *Hohe Zuwanderung* wird die Erwerbslosigkeit um eine Million auf 1,2 Millionen im Jahr 2030 sinken (vgl. Tabelle A 15). Damit wird kein nennenswertes Potenzial mehr zur Verfügung stehen, um den langfristigen Arbeitskräftebedarf der Unternehmen zu decken, denn ein steigender Teil der Erwerbslosen wird sich in kurzfristiger, friktioneller Erwerbslosigkeit befinden. Sie kann ohne Einschränkung der Arbeitsmarktflexibilität kaum gesenkt werden.

Auf diese Problematik weisen die Erwerbslosenquoten nach Berufen hin, wie sie in Tabelle A 16 dargestellt sind: Die höchsten Erwerbslosenquoten haben die Berufsbereiche Hilfsarbeiter, Warenprüfer/Versandfertigmacher, sonstige Arbeitskräfte, persönliche Dienstleistungsberufe – alles Berufe mit einer sehr hohen Fluktuation. Die geringsten Erwerbslosenquoten sind bei Meistern, Finanzfachleuten, Managern/Leitenden, Anlagenbauern/Installateuren, Rechtsberufen oder Ingenieuren festzustellen – Berufe mit vergleichsweise geringer Fluktuation.

Gleichzeitig stehen die Erwerbslosenquoten in einem negativen Zusammenhang mit der Veränderung des Arbeitsangebots, d. h. Berufsbereiche mit einer starken Ausweitung der Erwerbspersonenzahl zeichnen sich durch niedrige Erwerbslosenquoten aus. Berufsbereiche mit schwach wachsender oder sinkender Erwerbspersonenzahl haben hingegen hohe Erwerbslosenquoten. Der Korrelationskoeffizient der Veränderungsraten von Erwerbspersonen und Erwerbslosen liegt bei –0,8. Dies be-

---

20 Im Hauptbericht 2012 hatten wir auf Basis der gleichen Überlegungen einen Knappheitsindikator konstruiert, der sowohl den potenziellen Saldo als auch seine Veränderung während der Prognoseperiode beinhaltet. Die darin enthaltene doppelte Saldierung, die der zweiten Ableitung von Funktionen entspricht, führte zu sehr stark reagierenden Indikatorwerten. Es war nicht auszuschließen, dass die Indikatorwerte übermäßig von den im Modell enthaltenen Schätzfehlern bestimmt wurden. Wir haben daher auf die Weiterführung dieses Indikators verzichtet.

deutet, dass die expandierenden Teilarbeitsmärkte noch mehr geräumt werden als der Arbeitsmarkt im Durchschnitt. In einem weniger angespannten Arbeitsmarkt ist das die richtige Entwicklung, bei Arbeitskräftemangel hingegen verschärft es die Mangellage.

In Tabelle A16 sind die Indikatorwerte für Berufe dargestellt. Als Ergebnis zeigen sich hohe Knappheitswerte, d. h. negative Indikatorwerte, für
- Ingenieure, Naturwissenschaftler
- Geistes- und naturwissenschaftliche Berufe
- Rechtsberufe
- Künstler, Publizisten
- Manager, leitende Beamte

Gleichzeit ergeben sich hohe Überschusswerte, d. h. positive Indikatorwerte, für
- Hilfsarbeiter
- Textil-, Bekleidungs- und Lederberufe
- Keramiker, Glasmacher
- Sonstige Arbeitskräfte
- Ernährungsberufe

Die strukturelle Diskrepanz zwischen Arbeitskräftenachfrage und der Arbeitslosigkeit entspricht dem bekannten Bild: Die hohe Arbeitslosigkeit in niedrig qualifizierten Berufen weicht deutlich von der auf höher qualifizierte Berufe konzentrierten Nachfrage ab. Es kommt hinzu, dass sich diese strukturelle Diskrepanz bis zum Jahr 2030 verschärfen wird.

Tab. A 16   Engpassindikator I: Erwerbslosenpotenzial nach Berufen
Basisvariante

	Erwerbslosenquote*			Erwerbstätige 2030	Engpassindikator I (Erwerbslosenpotenzial)**
	2013	2030	2013=100	2013=100	
18 Ingenieure, Naturwissenschaftler	2,0	0,7	33,7	110,6	−55,8
32 Geistes- und naturwissenschaftliche Berufe	4,7	1,8	38,9	109,5	−45,3
28 Rechtsberufe	2,0	0,7	35,5	102,1	−43,6
29 Künstler, Publizisten	3,8	1,7	43,8	110,8	−38,0
24 Manager, leitende Beamte	1,6	0,7	41,6	105,4	−36,2
15 Warenprüfer, Versandfertigmacher	13,3	6,6	49,2	114,4	−32,1
25 Rechnungskaufleute, Informatiker	3,7	1,6	44,5	102,1	−27,5
22 Finanzfachleute	1,6	0,8	48,1	106,6	−25,8
19 Techniker	2,8	1,3	46,9	99,0	−20,1
23 Verkehrsberufe	7,9	4,2	54,0	103,8	−12,5
21 Verkäufer, Einkäufer	4,6	2,5	53,6	102,6	−11,9
04 Chemiker, Kunststoffberufe	2,5	1,2	49,2	92,5	−9,2
30 Gesundheitsberufe	2,1	1,2	55,9	103,3	−8,7
11 Monteure	6,3	3,3	51,6	94,8	−7,2
02 Bergleute, Baustoffe	3,1	1,6	50,0	90,9	−6,0

	Erwerbslosenquote*			Erwerbs-tätige 2030	Engpass-indikator I (Erwerbslosen-potenzial)**
	2013	2030	2013=100	2013=100	
10 Elektroberufe	3,2	1,7	54,2	97,3	−5,3
06 Holzberufe	4,4	2,4	54,8	95,1	−1,9
07 Metallerzeuger, -verarbeiter	3,9	2,1	53,2	90,8	−0,2
14 Bau- und Ausbauberufe	5,8	3,3	56,6	95,6	0,8
17 Maschinenführer	4,7	2,7	56,8	96,0	0,8
09 Maschinenbauer, Feinwerker	4,0	2,2	54,6	88,3	4,9
31 Lehrer, Soziale Berufe	2,8	1,7	60,1	92,4	10,4
26 Büroberufe	3,5	1,9	55,0	83,0	11,1
33 Persönliche Dienstleistungsberufe	8,2	5,1	62,7	94,1	13,3
20 Meister	0,6	0,4	56,1	80,8	15,4
08 Anlagebauer, Installateure	1,9	1,1	58,3	82,8	17,3
05 Papier-, Druckberufe	5,9	3,4	57,8	78,7	20,5
27 Sicherheitsberufe	8,1	5,1	62,9	84,6	23,6
01 Land- und Forstwirtschaftliche Berufe	7,8	4,9	62,9	81,9	26,4
13 Ernährungsberufe	3,8	2,5	65,3	85,2	27,1
34 Sonstige Arbeitskräfte	11,1	7,8	70,2	76,5	45,0
03 Keramiker, Glasmacher	3,5	2,3	66,8	68,1	47,8
12 Textil-, Bekleidungs-, Lederberufe	7,6	5,6	73,6	73,3	54,5
16 Hilfsarbeiter	25,4	19,2	75,6	76,1	55,1
Insgesamt	5,0	2,8	56,1	95,4	0,0

(*) Erwerbslose in % der Erwerbspersonen;
(**) Differenz der auf 100 normierten Veränderungsraten 2013–30 von Erwerbslosenquote und Erwerbstätigen

Quelle: Economix

An dieser Stelle müssen wir einräumen, dass unser Modell die Entwicklungen vermutlich zu gradlinig fortschreibt. Bei so geringen Erwerbslosenquoten in den strategisch wichtigen Berufs- und Qualifikationsbereichen wird es in vielen Unternehmen zu Personalengpässen kommen. Sie werden daher die benötigten Arbeitskräfte gezielt im Ausland anwerben und die Weiterbildung verstärken. Die Qualifikationsstruktur der Zuwanderer wird sich noch stärker in Richtung Hochschulabsolventen verschieben als wir das unterstellt haben (vgl. Abschnitt A 3.4.5), und die Höherqualifizierung des inländischen Arbeitspotenzials wird noch schneller ablaufen. Soweit dies nicht gelingt, ist mit stärkeren Lohnsteigerungen zu rechnen, als unser Modell dies erwartet. Unsere Berechnungen enthalten zwar die Rückkoppelung zwischen sinkender Arbeitslosigkeit und steigendem Angebot auf dem Arbeitsmarkt, formulieren diesen Zusammenhang allerdings nur auf gesamtwirtschaftlicher Ebene. Hier wäre die Modellierung von Teilarbeitsmärkten notwendig, die Abhängigkeiten zwischen Angebot und Nachfrage, Löhnen, Produktivität und Strukturwandel für Berufs- und Qualifikationssegmente berücksichtigt.

Als Gesamtergebnis weist der Engpassindikator I auf sich verschärfende Engpässe bei der Rekrutierung von qualifizierten Arbeitskräften aus der Gruppe der Erwerbslosen hin. Dies gilt ganz besonders für den Hochschulbereich, trifft aber auch für Arbeitskräfte mit dualer Ausbildung oder mit Fachschulbildung zu. Nur die Erwerbslosen ohne beruflichen Bildungsabschluss weisen nennenswerte Überschüsse zur Deckung des Arbeitskräftebedarfs auf. Dies dürfte aber zu den schwierigsten Aufgaben der Arbeitsmarktpolitik gehören, diese Arbeitskräfte für anspruchsvollere Tätigkeiten zu qualifizieren. Dennoch hängt die erfolgreiche berufliche und qualifikationsspezifische Restrukturierung der gesamten Erwerbstätigkeit entscheidend von der Qualifikation dieser Arbeitskräfte ab. Dies unterstreicht die Notwendigkeit für eine systematische Aus- und Weiterbildung erwachsener Arbeitskräfte.

A 5.2.3 Engpassindikator II: beruflicher und qualifikationsspezifischer Fachkräftemangel

Beruflicher Fachkräftemangel

Der strukturelle Wandel der Erwerbstätigkeit erfordert Umschichtungen zwischen Sektoren, Berufen, Qualifikationen, Regionen usw., wie wir sie in diesem Bericht an vielen Stellen dargestellt haben. Dabei geht das Modell von mehr oder weniger friktionsfreien Transfers zwischen den Arbeitsmarktsegmenten aus. Engpässe treten so lange nicht auf, wie das Arbeitsangebot insgesamt ausreicht, um die vorhandenen Arbeitsplätze zu besetzen. Weicht man nun von dieser Annahme ab und verlangsamt den Strukturwandel des Arbeitsangebots, zeigen sich das Ausmaß der erforderlichen Umschichtungen und die potenziellen Engpässe im Strukturwandel. Im Kontext des Fachkräftemangels spielen dabei die berufliche und qualifikationsspezifische Mobilität eine besondere Rolle.

Wir lassen diese Überlegungen in einen zweiten Engpassindikator „berufliche und qualifikationsspezifische Mobilität" einfließen. Er unterstellt, dass die strukturelle Zusammensetzung des Arbeitsangebots nach Berufen und Qualifikationen für einen Zeitraum von jeweils fünf Jahren unverändert bleibt und vergleicht diese Werte mit den Ergebnissen bei vollständiger Anpassung. Die Differenz zeigt den Umfang der erforderlichen Umschichtungen in den Berufs- und Qualifikationssegmenten und damit das potenzielle Ausmaß des Fachkräftemangels. Wir halten die Annahme der Strukturkonstanz nur für fünf Jahre aufrecht und gehen dann zu den Strukturanteilen der nächsten Fünfjahresperiode über. Dies bildet die Verhältnisse eines verlangsamten Strukturwandels besser ab als die Annahme einer über den gesamten Prognosezeitraum konstanten – und damit zunehmend unrealistischen – Struktur.

Die Berechnungen zeigen, dass es 2030 am ehesten an Arbeitskräften in Gesundheitsberufen, an Managern, Ingenieuren/Naturwissenschaftlern, Künstlern und Publizisten sowie Erwerbstätigen in Handelsberufen fehlen wird (Abbildung A 24). Bei den Gesundheitsberufen wird in der Phase 2025–30 ein Bedarf von 150.000 Personen entstehen. Beim Führungspersonal werden es knapp 100.000 sein. Dem stehen potenzielle Überschüsse bei Hilfsarbeitern (+150.000), Büroberufen (+140.000) und bei persönlichen Dienstleistungsberufen (+120.000) gegenüber. Es ergibt sich

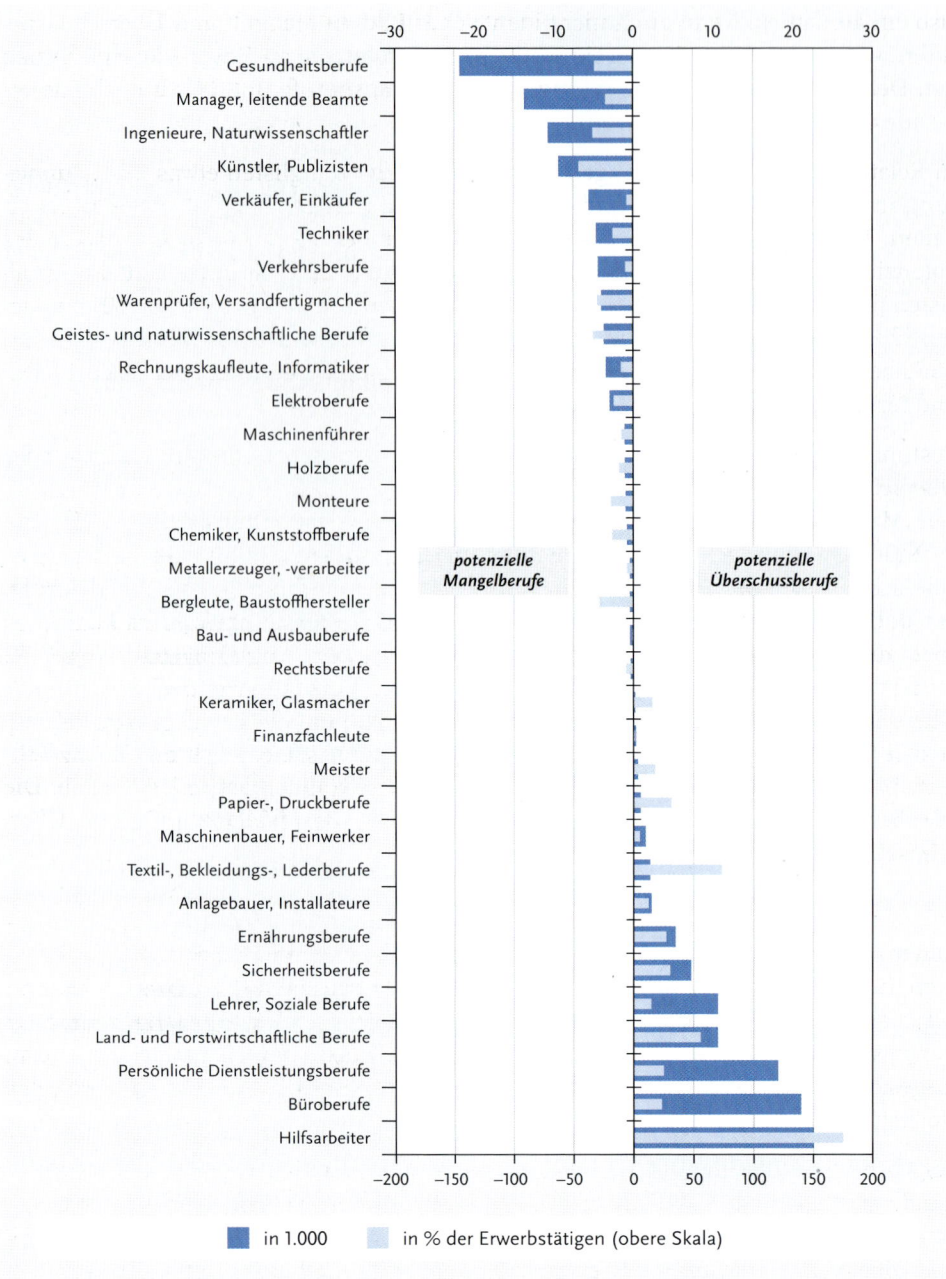

Abb. A 24 Engpassindikator II: potenzielle Fachkräftelücke 2030 bei verlangsamter beruflicher Mobilität Differenz zwischen Nachfrage und hypothetischem Angebot bei Konstanz der Berufsstruktur für fünf Jahre; *Basisvariante*

Quelle: Economix (U10)

also ein ähnliches, wenn auch nicht identisches Bild an Mangel- und Überschussberufen, wie es sich beim Engpassindikator I, dem Potenzial an Erwerbslosen, ergeben hat. Der Strukturwandel in Richtung Dienstleistungsberufe und höher qualifizierter Berufe wirkt flächendeckend.

In Relation zu den Erwerbstätigen verlagern sich die Ranglisten etwas, die Gruppierung in potenzielle Mangel- und Überschussberufe bleibt aber fast unverändert erhalten. Bei den Mangelberufen ergibt sich in der Periode 2025–30 ein maximales potenzielles Defizit von 7 % der Erwerbstätigen in der Berufsgruppe Künstler/Publizisten (Abbildung A 24). In den Gesundheitsberufen und bei Ingenieuren/Naturwissenschaftlern sind es 5 %. Die potenziellen Überschüsse steigen hingegen bis auf 26 % bei Hilfsarbeitern, 11 % bei Textil-/Bekleidung-/Lederberufen und 8 % bei land- und forstwirtschaftlichen Berufen.

Bestimmte Berufe sind während der ganzen Prognoseperiode als Mangel- oder Überschussberufe einzustufen (vgl. Tabelle I 2.3.9 in Anhang I). Zu den langfristigen Mangelberufen gehören die oben genannten Gesundheitsberufe, Manager/leitende Beamte, Ingenieure/Naturwissenschaftler, Künstler/Publizisten, und zu den Überschussberufen gehören die Hilfsarbeiter, land- und forstwirtschaftliche Berufe, persönliche Dienstleistungsberufe u. a. Während des Prognosezeitraums kommt es aber auch zu beachtenswerten Veränderungen in der Ungleichgewichtslage. So wechseln die Verkehrsberufe und die Warenprüfer/Versandfertigmacher von einer Überschusslage in eine Mangellage. Umgekehrt schwenkt die Berufsgruppe Lehrer/Soziale Berufe von einer Mangellage in eine Überschusslage. Auch die Finanzfachleute bauen die Mangellage während des Prognosezeitraums fast vollständig ab. Die Büroberufe bewegen sich von einer ausgeglichenen Berufsbilanz auf einen Überschussberuf zu.

Qualifikationsspezifische Fachkräftelücke

In der Anfangsphase 2015–20 ergeben sich besonders hohe potenzielle Fachkräftelücken für Hochschulabsolventen in den Rechts-/Wirtschafts-/Sozialwissenschaften (–730.000), den Sprach- und Kulturwissenschaften (–220.000), in Mathematik/Naturwissenschaften (–200.000) sowie in den Ingenieurwissenschaften (–185.000). Insgesamt fehlten in dieser Zeit bei unveränderten Beschäftigtenstrukturen 17 % der Hochschulabsolventen.

Bei Absolventen der dualen Ausbildung ist die Lage sehr viel ausgeglichener. Fehlbestände ergaben sich vor allem in den Gesundheits- und Sozialberufen (–260.000), den übrigen Fertigungsberufen (–130.000) und den Ausbildungsberufen Waren- und Dienstleistungskaufleute/Versandfertigmacher/Verkehrsberufe (–110.000). Überschüsse zeigen sich vor allem in den Organisations-/Verwaltungs-/Büroberufen (+140.000). Insgesamt fehlten in der Anfangsphase 2015–20 550.000 Fachkräfte mit dualem Ausbildungsabschluss, wenn wir von unveränderten Angebotsstrukturen ausgehen.

Für Arbeitskräfte mit Fachschulabschluss ergeben unsere Berechnungen hingegen einen potenziellen Überschuss von 540.000 Personen. Darunter sind insbesondere Ingenieurberufe und kaufmännische Berufe, für die Überschüsse von 310.000 und 220.000 errechnet wurden. Alle anderen Qualifikationsgruppen im Bereich Fachschule zeigen nur geringe Fehlbestände.

Schließlich bleiben die Arbeitskräfte ohne abgeschlossene Berufsbildung, deren potenzieller Überschuss von 1,6 Millionen bis 2030 fast vollständig abgebaut wird. Dies ist Voraussetzung für den von uns erwarteten Strukturwandel in der Beschäftigung. Nur wenn es gelingt, die Arbeitskräfte ohne berufliche Bildung in eine höherwertige Beschäftigung zu bringen, werden die Ressourcen für die Höherqualifizierung auf den weiteren Ebenen frei. Wir unterstellen also erhebliche Qualifizierungsbemühungen auf allen Stufen, um den großen Bedarf an Hochschulabsolventen überhaupt decken zu können.

Zeitliche Entwicklung

Anders als bei den Berufen bauen sich die Ungleichgewichte auf den qualifikationsspezifischen Arbeitsmärkten bis 2030 weitgehend ab. Für 2015 ergeben sich noch erhebliche Fehl- und Überschussbestände, wie z. B. 1,6 Millionen potenziell fehlender Hochschulabsolventen und 1,6 Millionen überschüssige Arbeitskräfte ohne Berufsbildung (Tabelle A 17). Bis 2030 reduzieren sich diese Salden allerdings bis auf einen Fehlbestand von 11.000 bei den Hochschulabsolventen und einen Überschuss von 106.000 Arbeitskräften ohne Berufsbildung. Dies deutet darauf hin, dass rasches Handeln erforderlich ist, wenn das Arbeitskräfteangebot noch im Laufe der Prognoseperiode seine Qualifikationsstruktur der Nachfrage entsprechend umgestalten will. Die vergleichsweise langen Anpassungsphasen im Bildungswesen, aber auch in den Personalstrukturen der Unternehmen machen eine solche frühzeitige Reaktion erforderlich. Andernfalls wäre sie nicht mehr wirksam.

Tab. A 17 Engpassindikator II: Potenzielle Fachkräftelücke nach fachlicher Berufsbildung

	Erwerbs-tätige 2013 in 1.000	Potenzielle Lücke (-)/ potenzieller Überschuss (+) in 1.000		Relative Lücke in % der Erwerbstätigen		
		2015	2030	2015	2030	Durch-schnitt 2015–30
Hochschulabsolventen	6.276	−1.600	−11	−17,2	−0,1	−8,6
01 Sprach- und Kulturwissenschaften, Sport	1.764	−224	2	−12,0	0,1	−5,6
02 Rechts-, Wirtschafts- und Sozialwissenschaften	2.941	−732	81	−22,6	2,1	−10,1
03 Mathematik, Naturwissenschaften	839	−200	−28	−21,7	−2,4	−12,0
04 Humanmedizin, Veterinärmedizin	696	−153	−50	−20,2	−5,0	−12,2
05 Agrar-, Forst- und Ernährungswissenschaften	181	−19	17	−10,0	9,2	−2,3

(Fortsetzung Tab. A 17)

	Erwerbs-tätige 2013 in 1.000	Potenzielle Lücke (-)/ potenzieller Überschuss (+) in 1.000		Relative Lücke in % der Erwerbstätigen		
		2015	2030	2015	2030	Durch-schnitt 2015–30
06 Ingenieurwissenschaften	1.720	−185	−47	−10,3	−2,3	−6,1
07 Kunst, Kunstwissenschaft	405	−95	19	−21,5	3,7	−9,3
08 Sonstige	8	9	−4	13,0	−5,6	−0,6
Duale Berufsausbildung	**19.562**	**−547**	**2**	**−2,5**	**0,0**	**−0,7**
10 Pflanzenbauer, Tier-züchter, Fischereiberufe	62	20	25	3,5	5,2	3,7
11 Industrielle und hand-werkliche Fertigungsbe-rufe	555	7	4	2,0	1,2	2,7
12 Metallberufe	378	−74	39	−3,4	2,0	0,5
13 Übrige Fertigungsbe-rufe	2.121	−127	40	−6,6	2,2	−1,1
14 Bauberufe	1.882	−43	−3	−3,6	−0,2	−1,7
15 Technische Berufe	1.189	19	−1	2,5	−0,2	2,2
16 Waren- und Dienstleis-tungskaufleute, Versand-fertigmacher, Verkehrsbe-rufe	738	−110	−89	−2,1	−1,6	−2,0
17 Organisations-, Verwal-tungs-, Büroberufe	5.184	141	107	3,1	2,7	3,5
18 Private Dienstleistungs-berufe	4.517	16	−3	1,7	−0,4	1,1
19 Gesundheits- und so-ziale Berufe	992	−262	−102	−10,6	−3,7	−6,2
20 Körperpfleger, Gäste-betreuer, hauswirtschaftli-che Berufe, Reinigungsbe-rufe	2.364	−211	−23	−11,8	−1,2	−4,9
21 Restliche Berufe	1.674	76	6	63,7	15,4	46,6
Fachschule	**4.468**	**537**	**−97**	**14,4**	**−2,8**	**4,9**
22 Ingenieurberufe	144	309	66	18,2	5,2	11,7
23 Kaufmännische Berufe	1.797	215	−57	54,6	−14,5	13,5
24 Informatikberufe, tech-nisch-naturwissenschaftli-che Assistenten	446	11	0	20,6	−0,1	9,0
25 Künstlerische und ge-stalterische Berufe	54	8	−6	9,1	−6,1	−2,9
26 Erziehungs- und Pfle-geberufe	83	3	−109	0,2	−7,3	−3,4
27 Sonstige Berufe	1.323	−8	9	−4,2	5,3	0,6
Ohne qualifizierenden Ab-schluss, keine Angabe	**129**	**1.610**	**106**	**22,7**	**2,0**	**13,1**

Quelle: Economix (U10)

Die durchschnittliche Abweichung der Fachkräftesalden vom gesamtwirtschaftlichen Null-Wert beträgt im Jahr 2015 20,6 % (Tabelle A 18). Dies bedeutet, dass im Durchschnitt ein Fünftel der Erwerbstätigen im Laufe der nächsten fünf Jahre in andere Qualifikationsgruppen umgeschichtet werden sollte, wenn die Modellvorgaben im Hinblick auf die Veränderung der Qualifikationsstruktur erreicht werden sollen. Dies ist eine ambitiöse Zielsetzung, die einen hoch flexiblen Arbeitsmarkt und eine zielorientierte Bildungspolitik verlangt.

Bis zum Jahr 2030 sinkt der Restrukturierungsbedarf im Hinblick auf die Qualifikation der Erwerbstätigen auf 6 %. Auch in absoluten Größen sinkt der Durchschnittswert für die Umschichtungen zwischen den Qualifikationsgruppen von 370.000 im Jahr 2015 auf 60.000 im Jahr 2030. Damit besteht das Problem des Fachkräftemangels, und der entsprechenden Überschüsse an Fachkräften, nach unseren Modellrechnungen vor allem in der Anfangsphase der Prognoseperiode. Der Restrukturierungsbedarf sinkt dann im Zeitraum von fünf Jahren um jeweils etwa 5 Prozentpunkte, soweit die Ziele des vorherigen Zeitraums erreicht werden. Es kommt also auch darauf an, die erforderlichen Umschichtungen durch Bildungs- und Arbeitsmarktpolitik rasch zu unterstützen.

Tab. A 18 Standardabweichung der Fachkräftesalden

	2015	2020	2025	2030
	Absolutwerte in 1.000			
Berufe (34 Berufsbereiche)	59,5	76,0	71,5	61,1
Fachliche Qualifikation (29 Qualifikationsgruppen)	372,6	257,6	134,3	55,5
	in % der Erwerbstätigen			
Berufe (34 Berufsbereiche)	6,6	7,8	7,0	6,1
Fachliche Qualifikation (29 Qualifikationsgruppen)	20,6	15,1	10,4	5,6

Quelle: Economix (U10)

Der Restrukturierungsbedarf im Hinblick auf Berufe ist – zumindest auf der Ebene der von uns betrachteten 34 Berufsbereiche – von Anfang an deutlich geringer. Er beträgt für 2015 7 % und bleibt in etwa auf diesem Niveau bis 2030. Dem entspricht in absoluten Größen ein Umschichtungsbedarf je Berufsbereich von 60.000 im Zeitraum von fünf Jahren. Daraus ergibt sich für die 34 Berufsbereiche eine Zahl von 2 Millionen Berufswechslern. Damit dürfte der Arbeitsmarkt kaum überfordert sein, zumal die Zahl der tatsächlichen Berufswechsler nach unseren Schätzungen bei 2 Millionen pro Jahr liegt (Vogler-Ludwig, Düll 2012, S. 117).

Es ist ein beachtenswertes Phänomen, dass der Restrukturierungsbedarf nach Berufen zumindest am Anfang der Prognoseperiode sehr viel geringer ausfällt als nach Qualifikationen. Dies ist nicht nur auf die starke Aggregation der Berufe zurückzuführen – bei differenzierter Betrachtung der Berufe ergeben sich höhere Werte. Es hängt auch damit zusammen, dass wir in unserer Prognose eine generelle Aufwertung der Qualifikationsniveaus in vielen Berufen erwarten. Der Qualifikationswandel wirkt daher nicht oder nicht vorwiegend berufsspezifisch. Sowohl im allgemeinen Wettbewerb um Arbeitsplätze als auch im Wettbewerb um Marktanteile spielt die bessere Qualifikation eine entscheidende Rolle. Anbieter und Nachfrager von Arbeit setzen daher auf höhere Qualifikation, unabhängig von Beruf und Wirtschaftszweig.

A 5.2.4 Wanderungseffekte

Der starke Anstieg der Zuwanderung seit 2010 und die Fortsetzung dieser Entwicklung in der Zukunft ist der entscheidende Beitrag zur Deckung des Arbeitskräftebedarfs auf dem deutschen Arbeitsmarkt. Es stellt sich daher die Frage, inwieweit die höhere Zuwanderung nach unserer Variante *Hohe Zuwanderung* in der Lage ist, sowohl den Fachkräftemangel im Allgemeinen zu reduzieren als auch die besonderen Ungleichgewichte in den berufs- und qualifikationsspezifischen Segmenten zu beheben.

Die gesamtwirtschaftlichen Fachkräftesalden verändern sich durch die höhere Zuwanderung nicht, wie Tabelle A 19 zeigt. Wenn auch die Unterschiede sehr gering sind, bei höherer Zuwanderung sind sie eher größer als kleiner.

Tab. A 19 Fachkräftesalden der Hochrechnungsvarianten im Vergleich
in 1.000

		2015	2020	2025	2030	Durchschnitt 2015–30
Hochschule	Basisvariante	−1.600	−1.203	−620	−11	−858
	Hohe Zuwanderung	−1.602	−1.221	−641	−16	−870
Duale Ausbildung	Basisvariante	−547	−107	34	2	−155
	Hohe Zuwanderung	−548	−105	39	2	−153
Fachschule	Basisvariante	537	227	62	−97	182
	Hohe Zuwanderung	538	231	65	−99	184
Ohne Berufsbildung	Basisvariante	1.610	1.083	524	106	831
	Hohe Zuwanderung	1.612	1.095	537	112	839
Fachkräftelücke (Hochschule, duale Ausbildung, Fachschule)	Basisvariante	−1.610	−1.083	−524	−106	−831
	Hohe Zuwanderung	−1.612	−1.095	−537	−112	−839

Quelle: Economix (U10)

Dieser vielleicht überraschende Befund hängt mit dem höheren Wirtschaftswachstum und der steigenden Beschäftigung zusammen. Wie in dieser und anderen Studien festgestellt wurde, gehen von der Zuwanderung nicht nur positive Effekte auf das Arbeitsangebot aus. Sie hat auch positive Wachstumsimpulse, die sich in höhere Beschäftigung umsetzen. Solange die Wirtschaft nicht an ihre Wachstumsgrenze stößt, wird sie das zusätzliche Arbeitsangebot zur Produktionsausweitung nutzen. Dies wiederum bedeutet höhere Beschäftigung und höhere Einkommen und daraus resultierend erneut steigende Arbeitskräftenachfrage. Es gibt also einen Multiplikatoreffekt der Zuwanderung, der umso stärker ist, je besser die Integration der Zuwanderer in das Wirtschafts- und Beschäftigungssystem gelingt (Koll et al. 1993). Unter den gegenwärtigen Bedingungen ist weder das Scheitern der Integration noch das Erreichen der Wachstumsgrenze zu erwarten. Auch ein jährliches BIP-Wachstum von 1,9 % stellt dies nicht infrage.

Damit kommen wir zu der Schlussfolgerung, dass die höhere Zuwanderung nichts zum Abbau des Fachkräftemangels beitragen wird. Sie füllt die Lücken nur kurzfristig. Langfristig steigt die Arbeitskräftenachfrage mindestens gleich schnell wie das durch die Zuwanderung erhöhte Arbeitsangebot. Der positive Effekt der Zuwanderung erscheint also nicht in der Arbeitsmarktbilanz, sondern in der Wirtschaftsbilanz in Form eines höheren Wirtschaftswachstums. Darin entsprechen sich die durch Fachkräftemangel bewirkte Angebotsrestriktion und die durch Zuwanderung ausgelöste Angebotsexpansion in ihren einander entgegengesetzten Wirkungen.

Die Fachkräftesalden zeigen deutliche Unterschiede nach Qualifikationsgruppen (Tabelle A19). Die stärksten Engpässe treten bei Hochschulabsolventen mit einem durchschnittlichen Fehlbestand von 860.000 auf. Bei dual Ausgebildeten sind es 155.000. Für Fachschulabsolventen ergibt sich ein Überschuss von 182.000. Die beiden Zuwanderungsszenarien unterscheiden sich nur geringfügig im Hinblick auf die Salden.

Im Hinblick auf die Berufsstrukturen ist die Zuwanderung hingegen nicht neutral. Sie bietet den wachsenden Bereichen die Möglichkeiten zur Expansion, während die schrumpfenden Bereiche nur durch das allgemeine Wachstum etwas besser gestellt werden.

Für die Berufe ist der Vergleich der Erwerbstätigenzahlen zwischen der Variante *Hohe Zuwanderung* und der *Basisvariante* in Tabelle A 20 dargestellt. Danach steigt die Zahl der Erwerbstätigen sowohl in akademischen als auch in dualen Berufen:
- Finanzfachleute
- Ingenieure, Naturwissenschaftler
- Metallerzeuger, -verarbeiter
- Techniker
- Meister

Unterproportionale Zuwächse zeigen sich hingegen bei
- Ernährungsberufen
- Textil-, Bekleidungs-, Lederberufen
- Land- und forstwirtschaftlichen Berufen
- Verkäufern, Einkäufern
- Gesundheitsberufen

Damit folgt der Wanderungseffekt grosso modo den Fachkräfteengpässen in der Berufsstruktur.

Tab. A 20 Wanderungseffekte auf die Erwerbstätigkeit nach Beruf
Differenz zwischen Variante *Hohe Zuwanderung* und *Basisvariante*

	Absolutwerte in 1.000		in % der Erwerbstätigen	
	2015	2030	2015	2030
Finanzfachleute	7	55	0,7	5,4
Ingenieure, Naturwissenschaftler	1	72	0,1	5,2
Metallerzeuger, -verarbeiter	1	23	0,1	4,8
Chemiker, Kunststoffberufe	1	9	0,2	4,3
Techniker	1	50	0,1	4,2
Meister	0	5	0,1	4,1
Maschinenführer	0	18	0,1	3,8
Bergleute, Baustoffhersteller	0	3	0,1	3,7
Künstler, Publizisten	1	32	0,1	3,5
Anlagebauer, Installateure	1	27	0,1	3,5
Maschinenbauer, Feinwerker	1	41	0,1	3,4
Monteure	0	7	0,1	3,4
Hilfsarbeiter	1	19	0,1	3,4
Sicherheitsberufe	3	35	0,2	3,3
Keramiker, Glasmacher	0	1	0,1	3,2
Elektroberufe	1	26	0,1	3,2
Rechnungskaufleute, Informatiker	1	44	0,1	3,0
Manager, leitende Beamte	3	79	0,1	3,0
Geistes- und naturwissenschaftliche Berufe	1	15	0,1	2,9
Warenprüfer, Versandfertigmacher	0	17	0,1	2,8
Sonstige Arbeitskräfte	1	15	0,1	2,7
Papier-, Druckberufe	0	3	0,0	2,7
Büroberufe	6	107	0,1	2,7
Persönliche Dienstleistungsberufe	5	84	0,2	2,7
Holzberufe	0	9	0,1	2,5
Bau- und Ausbauberufe	1	34	0,0	2,5
Verkehrsberufe	2	62	0,1	2,1
Lehrer, Soziale Berufe	2	68	0,1	2,1
Rechtsberufe	0	6	0,1	2,1
Gesundheitsberufe	1	61	0,0	2,0
Verkäufer, Einkäufer	3	82	0,1	1,9
Land- und Forstwirtschaftliche Berufe	2	15	0,2	1,8
Textil-, Bekleidungs-, Lederberufe	0	2	0,0	1,7
Ernährungsberufe	0	13	0,0	1,5
Insgesamt	46	1.141	0,1	2,8

Quelle: Economix (U11)

Dies gilt nicht in gleichem Ausmaß für Zuwanderung nach Qualifikation (Tabelle A 21). Die Beschäftigung wächst in allen vier Qualifikationshauptgruppen annähernd gleich stark: die Zahl der Hochschulabsolventen um 3 %, die Zahl der Beschäftigten mit dualer Ausbildung um 2,8 % und die Zahl der Fachschulabsolventen um 1,6 %, ebenso wie Zahl der Arbeitskräfte ohne Berufsbildung.

Unter den Hochschulabsolventen sind es vor allem die Ingenieurwissenschaftler, die durch die Zuwanderung gewinnen. Bei den dualen Arbeitskräften sind es die Beschäftigten mit einer Ausbildung in technischen Berufen, Metallberufen, industriellen Fertigungsberufen und persönlichen Dienstleistungsberufen, die etwas höhere Zuwächse erfahren als der Durchschnitt. Bei Fachschulabsolventen steigen die Beschäftigtenzahlen am ehesten in den Bildungsbereichen Informatiker/Mathematiker/naturwissenschaftliche Berufe sowie Ingenieurberufe und künstlerisch/gestalterische Berufe.

Es ist zu bedenken, dass diese Wanderungseffekte nicht nur direkt durch die Zuwanderung bewirkt werden. Die Zahlen spiegeln auch die indirekten Effekte des Beschäftigungswachstums und des Strukturwandels in der Beschäftigung.

Tab. A 21 Wanderungseffekte auf die Erwerbstätigkeit nach fachlicher Berufsbildung
Differenz zwischen Variante *Hohe Zuwanderung* und *Basisvariante*

	in 1.000		in % der Erwerbstätigen	
	2015	2030	2015	2030
Hochschulabsolventen	**10**	**324**	**0,1**	**3,0**
06 Ingenieurwissenschaften	2	84	0,1	4,2
03 Mathematik, Naturwissenschaften	1	37	0,1	3,2
07 Kunst, Kunstwissenschaft	0	15	0,1	2,9
02 Rechts-, Wirtschafts- und Sozialwissenschaften	4	110	0,1	2,9
08 Sonstige	0	2	0,1	2,9
01 Sprach- und Kulturwissenschaften, Sport	2	49	0,1	2,4
05 Agrar-, Forst- und Ernährungswissenschaften	0	4	0,1	2,4
04 Humanmedizin, Veterinärmedizin	0	23	0,1	2,3
Duale Berufsausbildung	**25**	**591**	**0,1**	**2,8**
15 Technische Berufe	1	29	0,1	4,3
12 Metallberufe	2	75	0,1	3,8
11 Industrielle und handwerkliche Fertigungsberufe	1	13	0,1	3,7
18 Private Dienstleistungsberufe	2	33	0,2	3,5
13 Übrige Fertigungsberufe	1	53	0,1	2,9
21 Restliche Berufe	0	1	0,1	2,9
17 Organisations-, Verwaltungs-, Büroberufe	6	110	0,1	2,8
20 Körperpfleger, Gästebetreuer, hauswirtschaftliche Berufe, Reinigungsberufe	3	50	0,1	2,7
14 Bauberufe	**1**	**30**	**0,0**	**2,5**
16 Waren- und Dienstleistungskaufleute, Versandfertigmacher, Verkehrsberufe	7	131	0,1	2,4
19 Gesundheits- und soziale Berufe	1	57	0,0	2,1
10 Pflanzenbauer, Tierzüchter, Fischereiberufe	1	10	0,2	2,0
Fachschule	**3**	**90**	**0,1**	**2,6**
24 Informatikberufe, technisch-naturwissenschaftliche Assistenten	0	1	0,1	3,3
25 Künstlerische und gestalterische Berufe	0	3	0,1	3,0
22 Ingenieurberufe	2	37	0,1	3,0
27 Sonstige Berufe	0	5	0,1	2,8
23 Kaufmännische Berufe	1	10	0,2	2,5
26 Erziehungs- und Pflegeberufe	1	34	0,1	2,3
Ohne qualifizierenden Abschluss, keine Angabe	**8**	**136**	**0,1**	**2,6**
Insgesamt	**46**	**1.141**	**0,1**	**2,8**

Quelle: Economix (U11)

A 6 Schlussfolgerungen und Empfehlungen

Unsere Prognose am Ende des Jahres 2014 kommt zu dem Ergebnis, dass die jüngste Zuwanderungswelle und die von uns erwarteten Zuwanderungen in der Lage sind, durch das Ausfüllen der Fachkräftelücken die Perspektiven für Wirtschaft und Arbeitsmarkt nachhaltig zu verbessern. Allerdings werden die Kräfte des demografischen Wandels nur schwer zu bändigen sein. Auf die lange Frist kann das Beschäftigungs- und Wachstumsniveau von heute nur gehalten werden, wenn die Geburtenziffern in Deutschland wieder steigen, die Erwerbsbeteiligung weiter zunimmt und ein kontinuierlicher Zustrom an Arbeitskräften aus dem Ausland akzeptiert wird.

Wir haben diesen Bericht u. a. auf die Frage ausgerichtet, welchen Beitrag die Zuwanderung nach Deutschland zur Lösung des Fachkräfteproblems leisten kann und welche langfristigen Wirkungen von einer höheren Zuwanderung auf Wirtschaft und Arbeitsmarkt ausgehen. Auch die Schlussfolgerungen aus diesem Bericht konzentrieren wir auf diese Fragen, ohne zu übersehen, dass die Fragen der Erwerbsbeteiligung von Frauen und Älteren und die Bildungspolitik für die Arbeitsangebotspolitik von gleichrangiger Bedeutung sind.

Die Umsetzung des Fachkräftesicherungskonzepts mit seinen fünf Sicherungspfaden (BMAS 2014) haben wir in unsere Prognose einbezogen. Aus diesem Blickwinkel halten wir die Ausrichtung auf die gering Qualifizierten und Benachteiligten für besonders wichtig, da durch diese Maßnahmen die Potenziale für eine gleichgewichtige Aufwertung des gesamten Qualifikationsspektrums erschlossen werden können. Auch der Sicherungspfad Weiterbildung ist nach unserer Auffassung von großer Bedeutung, auch wenn die Maßnahmen in diesem Bereich nicht so weit gehen, wie wir dies für erforderlich halten. Das Fachkräftekonzept der Bundesregierung ist auf die langfristige Entwicklung der Humankapitalbasis ausgerichtet und bindet die Arbeitsmarktpolitik zur Beseitigung der kurzfristigen Engpässe ein. Dies erscheint als die richtige Arbeitsteilung, da der Fachkräftemangel ein wechselhaftes Phänomen ist, die fortlaufende Qualifizierung der Arbeitskräfte hingegen das wichtigste Element einer langfristigen Entwicklungsstrategie darstellt.

Bei der Umsetzung des Fachkräftekonzepts sind wesentliche Fortschritte gemacht worden (BMAS 2014), wenngleich weiterhin bedeutende Anstrengungen notwendig sind. Wir verweisen daher auch auf die Politikempfehlungen in unserem Hauptbericht 2012, in dem wir unsere Prioritäten bei der Bewältigung des Fachkräftemangels eingehend dargestellt haben (Vogler-Ludwig, Düll 2013, Abschnitt 5). Die dort ausgesprochenen Empfehlungen für Wirtschafts- und Strukturpolitik, Beschäftigungs- und Arbeitsmarktpolitik sowie für die Bildungspolitik bleiben weiterhin Teil auch dieses Berichts.

Deutschland – ein Einwanderungsland

Die deutsche Wirtschaft hat sich angesichts des Fachkräftemangels bei günstigen Wachstumschancen für die Zuwanderung entschieden. Dies ist heute nicht anders als in den 1960er Jahren, als die Gastarbeiter aus Italien, Griechenland und später aus der Türkei ins Land kamen. Dabei war es diesmal wohl eher die Koinzidenz der Ereignisse als ein gesamtwirtschaftlicher Masterplan, die zur jüngsten Einwanderungswelle geführt hat. Die Wirtschaftskrisen in einer Reihe von EU-Ländern, die Öffnung der Arbeitsmärkte durch die Erweiterung der Freizügigkeit auf die mittel- und osteuropäischen Beitrittsländer, aber auch die außerordentlich günstige Beschäftigungsentwicklung in Deutschland haben sowohl die Push- als auch die Pull-Kräfte auf die Migrationsströme verstärkt und zu einer neuerlichen Einwanderungswelle seit 2010 geführt. Dies wird durch den gegenwärtigen Zustrom an Flüchtlingen aus dem Nahen Osten verstärkt.

Auch wenn wir nicht davon ausgehen, dass diese Konstellation fortdauern wird, bleibt Deutschland nach unserer Einschätzung auch langfristig ein Einwanderungsland. Das hohe Einkommensniveau und die günstige Beschäftigungslage machen Deutschland – angesichts der schwierigen Lage in vielen Ländern – zu einem attraktiven Zielland der internationalen Wanderungen, sodass eine steigende Zahl von Arbeitskräften auch bereit ist, die hohen Sprach- und Qualifikationsbarrieren zu überwinden. Nach unserer Einschätzung gilt mittlerweile eine durchschnittliche Nettozuwanderung von 214.000 Personen pro Jahr, wie wir sie in unserer *Basisvariante* verwenden, als Untergrenze des wahrscheinlichen Trends bis zum Jahr 2030. Wir haben daher ein Alternativszenario mit einer durchschnittlichen Einwanderung von 330.000 Personen berechnet. Allerdings bleibt festzuhalten, dass sich das Migrationsgeschehen angesichts der fortdauernden Kriege im Nahen Osten und der Ungewissheiten bei der Bewältigung der Euro-Krise kaum prognostizieren lässt. Gleichzeitig sind die Instrumente zur Steuerung der Migrationsströme stumpfer geworden. Wir können das Migrationsgeschehen daher nur in Form von Annahmen festlegen. Eine interdependente Schätzung ist gegenwärtig nicht möglich.

Zuwanderung hat positiven Multiplikatoreffekt auf Wirtschaft und Arbeitsmarkt ...

Die Szenarien kommen zu dem gemeinsamen Ergebnis, dass die Zuwanderung sehr wohl in der Lage ist, den Rückgang der inländischen Erwerbspersonenzahl auszugleichen und die Altersstruktur der Erwerbsbevölkerung zu verbessern. Die Nettozuwanderung erlaubt sowohl die Ausweitung der Beschäftigung als auch ein höheres Wirtschaftswachstum. Nach unseren Berechnungen ist bei Steigerung der jährlichen Zuwanderung um 100.000 bis 2030 ein Wachstumseffekt von 0,35 Prozentpunkten auf den Jahreszuwachs des BIP zu erwarten. Auch die Pro-Kopf-Einkommen steigen durch diese Zuwanderung um 0,25 Prozentpunkte pro Jahr. Der Grund für diese Entwicklung liegt im Multiplikatoreffekt des Arbeitsangebots. Durch ihn steigen Beschäftigung und Einkommen überproportional zur Ausweitung des Arbeitsangebots, denn sie beheben nicht nur die Engpässe in der Versorgung mit Arbeitskräften, sondern die zusätzlichen Arbeitskräfte schaffen sich mit ihrer Nachfrage nach Gütern und Dienstleistungen die eigenen Arbeitsplätze. Ähnliches gilt auch für andere angebotssteigernde Maßnahmen auf dem Arbeitsmarkt, wie z. B. die höhere Erwerbsbeteiligung der Frauen. Die höhere Beschäftigung ist im Wirtschaftskreislauf sofort wirksam und verbessert die Wachstumsaussichten der Investoren, deren Pläne durch die steigende Nachfrage mit hoher Wahrscheinlichkeit realisiert werden.

... beseitigt den Fachkräftemangel aber nicht

Der Multiplikatoreffekt setzt voraus, dass die einwandernden Arbeitskräfte den Qualifikations- und Leistungsanforderungen auf dem deutschen Arbeitsmarkt entsprechen. Nur unter dieser Voraussetzung kann die wirtschaftliche Integration der Zuwanderer ohne Friktionen ablaufen. Wir sehen diese Bedingung auch in einem offenen europäischen Arbeitsmarkt gewährleistet, soweit der Einkommenserwerb die dominierende Motivation der Migranten ist. Wenn die Einwanderer für ein hinreichendes Einkommen selbst verantwortlich sind, investieren sie in den Erwerb der auf dem Arbeitsmarkt geforderten Qualifikationen. Dies erhöht ihre Einstellungschancen und der wirtschaftliche Kreislauf kann beginnen.

Dabei ist nicht ausgeschlossen, dass die Einwanderer ihr bisher erworbenes Humankapital nicht in vollem Umfang verwerten können. Wie die Vergangenheit gezeigt hat, müssen Zuwanderer im ersten Jahr der Zuwanderung häufig Jobs unterhalb ihres Qualifikationsniveaus annehmen um ein existenzsicherndes Einkommen zu gewährleisten. Auch die Gefahr einer dauerhaften Entwertung des Humankapitals ist nicht ausgeschlossen. Die Schwierigkeiten beim Eintritt in den deutschen Arbeitsmarkt führen daher – zusammen mit anderen Faktoren – zu einer hohen Fluktuation unter den Migranten. Ein Teil aber bleibt nach Ablauf dieser Anpassungsprozesse im Land und trägt damit dauerhaft zur Deckung des Fachkräftebedarfs und zur Wirtschaftsleistung bei.

In unserer Prognose gehen wir davon aus, dass das Qualifikationsniveau der im Land verbleibenden Zuwanderer den Veränderungen der Arbeitskräftenachfrage in Deutschland folgen wird, d. h. wir erwarten eine steigende Zahl qualifizierter Zuwanderer, insbesondere einen steigenden Anteil an Hochschulabsolventen. Wir erwarten darüber hinaus einen vergleichsweise hohen Anteil junger Arbeitskräfte. Das Angebot an zuwandernden Arbeitskräften füllt daher wichtige Lücken auf dem deutschen Arbeitsmarkt, und dies zu niedrigen Kosten. Deutschland profitiert von den privaten und öffentlichen Bildungsinvestitionen in die Zuwanderer, ohne dafür einen Ausgleich leisten zu müssen. Die Ausbildung der eigenen Bevölkerung hätte hingegen hohen Aufwand bedeutet. Im Prinzip stehen damit für die Anpassungs-qualifikation der Zuwanderer ausreichend Mittel zur Verfügung, die für eine rasche Integration genutzt werden sollten.

Die gegenwärtige Flüchtlingswelle aus dem Nahen Osten entspricht den Zugangs-kriterien sehr viel weniger als die Einwanderungswelle der letzten Jahre. Allerdings trägt sie zur Lösung einer humanitären Notlage bei, für die arbeitsmarktpolitische Überlegungen im Hintergrund stehen. Gleichwohl ist auch hier zu erwägen, ob die erhebliche Zahl qualifizierter Arbeitskräfte unter den Flüchtlingen durch ein geziel-tes Auswahlverfahren für den Arbeitsmarkt gewonnen werden kann.

Die erfolgreiche Integration der zuwandernden Arbeitskräfte und der dadurch aus-gelöste Multiplikatoreffekt sind letztlich aber dafür verantwortlich, dass der Fachkräf-temangel durch die Zuwanderung nicht beseitigt wird. Da sich sowohl die Beschäfti-gungs- als auch die Wachstumschancen verbessern, bleibt es am Ende bei der mehr oder weniger gleichen Engpasslage. Allerdings werden Wirtschaft und Arbeitsmarkt auf einen höheren Wachstumspfad verlagert. Hier entsprechen sich die Wirkungen des Fachkräftemangels und seine Beseitigung: der Mangel reduziert das Wachstum auf die lange Frist, seine Beseitigung verbessert es. Im ersten Fall verschwindet der Fachkräftemangel durch das geringere Wachstum, im zweiten Fall bleibt er wegen der Wachstumsbeschleunigung bestehen. Die Beseitigung des Arbeitsmarktengpas-ses ist daher nur wachstumspolitisch zu begründen. Sie hat für sich genommen kei-nen politischen Stellenwert.

Wachstum – wozu?

Aus der wachstumskritischen Perspektive stellt sich die Frage, wozu die vielen An-strengungen zur Aufrechterhaltung oder gar Ausweitung eines einmal erreichten Angebotsniveaus auf dem Arbeitsmarkt dienen sollen. Nach unseren Berechnungen steigt zwar das Durchschnittseinkommen der Bevölkerung bei höherer Zuwande-rung leicht an, aber der Arbeitskräftemangel wird langfristig nicht beseitigt. Wäre es daher nicht besser, den Bevölkerungsrückgang hinzunehmen, die Wachstumseinbu-ßen zu akzeptieren und das erreichte Wohlstandsniveau zu genießen? Nicht nur mit Blick auf die Umweltschäden eines fortgesetzten Wachstums wäre das möglicher-weise die bessere Lösung.

Wir folgen diesen Vorstellungen in unseren Prognosen nicht, denn wir sehen neben den wirtschaftlichen Risiken und der mangelnden Akzeptanz eines solchen Szena-rios einen massiven Restrukturierungsbedarf für Wirtschaft und Gesellschaft. Die Einschränkung der Wachstumsaussichten würde Unternehmen zur Verlagerung ih-rer Geschäftstätigkeit ins Ausland verleiten, und zwar gerade die wettbewerbsfähi-gen, auf die man nicht verzichten wollte. Ebenso würden die leistungsorientierten Arbeitskräfte ihre Chancen im Ausland suchen. Es wäre also eine Negativspirale im Wettbewerb mit anderen Regionen der Weltwirtschaft angelegt, die ohne Einschrän-kung der Freizügigkeit kaum zu kontrollieren wäre. Durch das geringere – möglicherweise sogar negative – Wachstum käme die Finanzierung des Sozialsystems ins Wanken, ohne dass die Probleme der Alterung gelöst wären. Bei geringeren Beitrags- und Steuerleistungen aus den Arbeitseinkommen müssten die Vermögen zur Finanzierung herangezogen werden. Generell müssten die Vermögenseinkommen einen größeren Beitrag zur Aufrechterhaltung des Wohlstandsniveaus leisten. Sollte dies durch den Verkauf inländischer Produktionsanlagen und weltweite Kapitalanlagen gelingen, bliebe offen, welche Verteilungseffekte davon ausgingen. Auch hier wäre die Vermögensteuer die logische Konsequenz.

Dies alles sind Veränderungen, die zwar denkbar sind, aber einen schwierigen und konfliktreichen Anpassungsprozess mit sich bringen. Wir halten die Option „Wachstumsverzicht" daher nicht für mehrheitsfähig. Es kommt vielmehr darauf an, ein wirksames und alle Politikbereiche umfassendes Aktionsprogramm für den demografischen Wandel umzusetzen, das auf die Verbesserung der Lebensbedingungen angelegt ist, nicht auf ihren Verzicht.

Ausblick 2050: ohne nachhaltige Bevölkerungspolitik wird es nicht gehen

Die Stärke der demografischen Kräfte zeigt sich in der langfristigen Vorausschau bis 2050. Wenn wir annehmen, dass die Geburtenziffer in Deutschland auf dem heutigen Niveau von 1,4 Kindern pro Frau verharren wird, die Nettozuwanderung bis 2050 auf 50.000 pro Jahr absinkt und lediglich die Älteren ihre Erwerbsbeteiligung etwas steigern, wird die Zahl der Erwerbspersonen um 8 Millionen zurückgehen. Damit werden wir bis 2050 20 % des heutigen Arbeitsangebots verlieren. Die Generation junger Arbeitskräfte unter 30 wird um 2,5 Millionen schrumpfen und die mittlere Generation zwischen 30 und 45 um 3,5 Millionen. Der Alterungsprozess wird daher den Kern der arbeitenden Bevölkerung treffen und damit nicht nur ein Problem der Rentenversicherung sein. Ein Land wie Deutschland, dessen Erfolg auf Innovation und Kreativität beruht, wird sich sehr schwer tun, mit so wenigen jungen Arbeitskräften seine Wettbewerbsposition zu halten. Die Erfahrungen in Japan, das bereits heute eine vergleichsweise alte Arbeitsbevölkerung hat und auf Einwanderung fast völlig verzichtet, zeigen, dass sich einmal erzielte Innovationsvorsprünge nicht ohne Weiteres halten lassen. Soweit junge Menschen lernfähiger, kreativer, leistungsfähiger oder flexibler sind als ältere Menschen, gefährden die niedrigen Geburtenziffern in Deutschland die Innovations- und Anpassungsfähigkeit des Wirtschaftssystems. Dies ist – wie die Altersforschung zeigt (Sonnet et al. 2014, Lindley, Düll 2006) – nicht in dieser Eindeutigkeit der Fall. Aber die Indikatoren zeigen, dass Anpassungsfähigkeit, Mobilität und Flexibilität im Durchschnitt der Altersgruppen zurückgehen. Unter den gegebenen Bedingungen wird es in der Tat ein altes Deutschland werden, und die Geriatrie müsste Wunder vollbringen, um den Verlust an jungen Leistungsträgern auszugleichen.

Langfristig wird der demografische Wandel daher nicht ohne eine substanzielle Steigerung der Geburtenziffern zu bewältigen sein. Dies zeigen unsere Simulationsrechnungen für die Entwicklung des Arbeitsangebots bis 2050 in aller Deutlichkeit. Unter der Annahme eines stetigen Anstiegs der durchschnittlichen Geburtenziffer auf 1,9 bis zum Jahr 2050 und bei fortgesetzter Zuwanderung in Höhe von 200.000 Personen pro Jahr sowie bei weiterem Anstieg der Erwerbsbeteiligung der Frauen und Älteren kann es gelingen, den Rückgang des Arbeitsangebots wenn auch nicht aufzuhalten, so doch nachhaltig zu verlangsamen.

Dieses „Wunschpaket" der Arbeitsangebotspolitik verlangt so etwas wie die Quadratur des Kreises, insbesondere im Hinblick auf die Frauen: mehr Kinder bei höherer Erwerbsbeteiligung. Allerdings erscheint dies durchaus möglich, wie z. B. Frankreich und die skandinavischen Länder gezeigt haben. Es kommt daher sowohl auf weitere Fortschritte bei der Vereinbarkeit von Familie und Beruf als auch auf eine grundlegende Umgestaltung der Familienpolitik an. Erst wenn die Zwei- oder Dreikindfamilie zum Leitbild wird, kann der Umschwung bei den Geburtenziffern gelingen. Dies setzt allerdings eine grundlegende Neuorientierung in der Bevölkerung voraus, die dem materiellen Wohlstand und der individualistischen Lebensplanung geringere Bedeutung einräumt als dies heute der Fall ist.

Das Beispiel der skandinavischen Länder zeigt, dass dies nicht unbedingt mit dem Verlust der Arbeitsorientierung der Gesellschaft einhergehen muss. Sowohl eine gleichmäßigere Verteilung des zeitlichen Aufwands für die Kinderbetreuung auf Frauen und Männer als auch ein erweitertes externes Angebot an Betreuungsdiensten erscheinen geeignet, um Erwerbs- und Familienarbeit besser zu vereinbaren. Eine solche kinderbejahende und kinderfreundliche Gesellschaft wird dennoch aus der Gesellschaft heraus entstehen müssen. Durch politische Maßnahmen wird sie sich allenfalls unterstützen lassen. Möglicherweise wird damit auch eine gewisse Abwendung von den „Grundwerten der Wachstumsgesellschaft" verbunden sein, die letztlich die Erwerbsorientierung schwächt. Auch hier kann ein Trade-off angelegt sein, der den Ausgleich von gesellschaftlichen und wirtschaftlichen Zielen verlangt.

Förderung der Erwerbsbeteiligung von Frauen und Verbesserung der Beschäftigungsfähigkeit von Älteren

Es bedarf einer immer höheren Dosis, wenn man die Verluste durch den demografischen Wandel vollständig ausgleichen will. Auch bei einer Nettozuwanderung von durchschnittlich 330.000 Personen pro Jahr bis 2030 beginnt der Schrumpfungsprozess des Arbeitsangebots bereits um das Jahr 2020 und endet 2030 rund eine Million unterhalb des Ausgangsniveaus von 2013. Bei einem Wanderungssaldo von 214.000, den wir als Basisvariante berechnet haben, beginnt die Schrumpfungsphase einige Jahre früher und resultiert 2030 in einem Verlust von zwei Millionen Erwerbspersonen.

Bei diesem Prognosehorizont bis 2030 muss daher ein wesentlicher Beitrag zur Lösung des Fachkräfteproblems durch die steigende Erwerbsbeteiligung der inländischen Bevölkerung geleistet werden. Auch wenn wir bereits weitgehende Maßnahmen zur Förderung der Erwerbsbeteiligung von Frauen und Älteren in unsere Prognose eingebaut haben, scheint der Aktionsrahmen für die Ausweitung des Arbeitskräfteangebots noch nicht ausgeschöpft zu sein. Eine forcierte Politik der Familienförderung, zur Vereinbarkeit von Familie und Beruf sowie höhere Anreize zur Verlängerung des Arbeitslebens würden nicht nur die Zahl der Erwerbstätigen steigern, sondern auch zur Ausweitung der Arbeitszeiten von Teilzeitbeschäftigten beitragen (Vogler-Ludwig, Düll 2013, S. 149). Die Beispiele aus Frankreich und den skandinavischen Ländern zeigen, dass es Fördermodelle gibt, die zu einer deutlich höheren Erwerbsbeteiligung und zur Ausweitung der Arbeitsstunden führen.

Für die Steigerung der Frauenerwerbsquoten bei gleichzeitiger Erhöhung der Geburtenraten sind Maßnahmen zur besseren Vereinbarkeit von Familie und Beruf, insbesondere der Ausbau der Kinderbetreuung und der Pflegeeinrichtungen für Alte, zentrale Bausteine. Darüber hinaus gehen vom Abbau geschlechtsspezifischer Lohnungleichheiten und der Verbesserung der betrieblichen Karrierewege für Frauen Anreize auf eine stärkere Erwerbsbeteiligung aus.

Die jüngste Rentenreform wird die Erwerbsbeteiligung Älterer nach unserer Einschätzung etwas reduzieren. Es ist gleichzeitig anzuerkennen, dass diese Maßnahmen auf langjährig Versicherte und den Ausgleich von Nachteilen für Mütter gerichtet sind. Insoweit dienen sie dem Lastenausgleich und stellen die langfristige Anhebung des Renteneintrittsalters nicht infrage. Vor dem Hintergrund der Rentenreform werden daher Maßnahmen umso wichtiger, die auf die freiwillige Verlängerung des Arbeitslebens zielen. Dies muss bereits in frühen Phasen der Erwerbstätigkeit beginnen, da die Lernfähigkeit und die Anpassungsbereitschaft maßgeblich vom Arbeitsprozess bestimmt werden. Förderprogramme zur Entwicklung flexibler Arbeitssysteme, fortlaufende Weiterbildung und die Gestaltung altersgerechter Arbeitsplätze könnten helfen, die Arbeitskräfte nicht nur auf ein längeres Arbeitsleben vorzubereiten, sondern sie auch dafür zu motivieren. Angesichts des von uns erwarteten Strukturwandels der Beschäftigung in Richtung hoch qualifizierter Tätigkeiten kommt es ganz entscheidend darauf an, dem Verfall des Humankapitals entgegenzuwirken. Dies ist aber nicht nur Aufgabe der Politik. Vor allem die Unternehmen sind hier gefordert, ihre Arbeitsorganisation, Aufgabenverteilung und die Qualität der Arbeitsplätze an die älter werdenden Belegschaften anzupassen als auch deren Leistungspotenziale zu entwickeln. Dabei besteht erheblicher Nachholbedarf.

Einstieg in die Erwachsenenbildung und Aufstiegsqualifizierung

Nachholbedarf besteht auch bei der Entwicklung eines strukturierten Weiterbildungssystems. Dies haben wir bereits in der Prognose 2012 zu einer der wichtigsten Empfehlungen gemacht (Vogler-Ludwig, Düll 2013, S. 152). Dieses Weiterbildungssystem soll nicht nur die Zahl der Teilnehmer an der beruflichen Bildung steigern, sondern die vorhandenen informellen Kompetenzen durch geeignete Validierungsverfahren für den Arbeitsmarkt sichtbar und verwertbar machen. Erst wenn sich die Investitionen in die Weiterbildung durch eine höhere Entlohnung rechnen, sind höhere Teilnehmerzahlen zu erwarten.

Die Realität ist demgegenüber ernüchternd. Die Validierung beruflicher Kenntnisse ist nur im Rahmen bestehender Prüfungsordnungen möglich. Die Teilnehmerzahlen sind gering, ebenso wie die Zahlen für die Anerkennung von ausländischen Berufsabschlüssen (vgl. Abschnitt A 3.4.5). Die institutionelle Verankerung im deutschen Berufsbildungssystem fehlt. Wie das Bundesinstitut für Berufsbildung angesichts dieser Situation feststellt, sollen „... Förderprogramme und Modellversuche einstweilen einen geeigneten Rahmen schaffen, um Erfahrungen zu sammeln und auszuwerten." (Weiß 2014, S. 3). Dies ist nicht mehr als ein Anfang zur Lösung eines Problems, das seit Langem bekannt ist und bei der andere Länder bereits weit fortgeschritten sind. Wir sehen hier, ebenso wie beim Aufbau eines strukturierten Weiterbildungssystems dringenden Handlungsbedarf.

Dazu gehört auch die Förderung des beruflichen Aufstiegs von Absolventen der beruflichen Ausbildung. Modulare Systeme erscheinen am besten geeignet, die Beteiligung am lebenslangen Lernen zu steigern. Schließlich gehört dazu auch die Förderung des lebenslangen Lernens durch den Staat, zumal er bei der beruflichen Erstausbildung Einsparungen durch die sinkenden Kinderzahlen erzielt. Eine höhere Beteiligung an der Weiterbildung wird nicht gelingen, wenn die Arbeitskräfte und die Unternehmen die direkten und indirekten Kosten der Weiterbildung allein tragen müssen.

Die staatliche Bildungspolitik ist daher gefordert, den institutionellen und finanziellen Rahmen für die Weiterbildung zu schaffen. Keine leichte Aufgabe, wie wir wissen, denn es gilt 16 Länderregierungen zu überzeugen und zur Umsetzung von Maßnahmen zu bewegen. Wir schlagen daher einen Prozess der offenen Koordinierung vor, in dem sich die Länderregierungen verbindliche Ziele in der Weiterbildung setzen, geeignete Maßnahmenprogramme vorlegen und im Rahmen eines öffentlichen Monitorings laufend über die Zielannäherung berichten.

Die duale Ausbildung steht zwar schon lange vor der Forderung, den Spezialisierungsgrad der Ausbildungsordnungen zu reduzieren, und hat darauf auch reagiert. Aber der Wandel der Arbeitswelt läuft nach wie vor schneller ab, als dies in den Verordnungen berücksichtigt wird. Es kommt daher auch hier darauf an, die Erstausbildung auf den Erwerb von Basiskompetenzen zu konzentrieren und durch weitere Module im Laufe des lebenslangen Lernens zu ergänzen. Im Rahmen der dualen Ausbildung muss von den Betrieben auch ein höheres Maß an Ausbildungsleistungen eingefordert werden, insbesondere von jenen, die eher an der Arbeitskraft als an der Ausbildung interessiert sind. Schließlich sollte das Verhältnis von Schule und Betrieb flexibel gehandhabt werden, um den unterschiedlichen Bildungsanforderungen zu genügen und die Aufstiegsmobilität der Teilnehmer zu sichern. Das holländische Berufsbildungssystem bietet dafür eine gute Vorlage.

Die entscheidende Umschichtung innerhalb der Arbeitskräfte erfolgt durch die Verringerung der Zahl der Arbeitskräfte ohne beruflichen Abschluss. Wir gehen davon aus, dass der Fachkräftemangel nicht nur die Politik, sondern auch die Unternehmen dazu veranlassen wird, in die Ausbildung ihrer Arbeitskräfte zu investieren. Am unteren Ende des Qualifikationsspektrums wird dies sowohl durch verstärkte

Anstrengungen zur Integration von ausbildungsferneren Jugendlichen geschehen als auch durch den Ausbau der beruflichen Weiterbildung. Dies sind die Voraussetzungen, damit die Wirtschaft ihren Qualifikationsbedarf überhaupt in wirksame Nachfrage umsetzen kann.

Zuwanderung verringert den Anpassungsdruck

Zuwanderung ist eine schnell wirkende arbeitsmarktpolitische Therapie. Da sie in der Lage ist, den akut auftretenden Arbeitskräftebedarf zu decken, verbessert sie die Realisierung bestehender Produktionspläne. Dies ist kurzfristig die richtige wachstumspolitische Strategie, langfristig verlangsamt sie aber den Strukturwandel. Ähnlich wie die Geldpolitik oder andere makroökonomische Maßnahmen stellt sie Ressourcen für die zur Verfügung, die von den Engpässen am stärksten betroffen sind. Dies sind aber nicht notwendigerweise jene mit den langfristig besten Wachstumschancen. Darin liegt die Ineffizienz kurzfristiger Makropolitik und darin liegt auch gleichzeitig ihre „drogenähnliche" Wirkung. Sie erleichtert den vorherrschenden Strukturwandel, verdeckt aber die langfristigen Anpassungserfordernisse. Sie mindert den Druck zur Produktivitätssteigerung und zur Steigerung der Effizienz des Bildungssystems. Erst wenn sichergestellt ist, dass die Reallokation der Arbeit funktioniert – sprich: wenn die Arbeitsmärkte hinreichend flexibel sind, insbesondere mit Blick auf die berufliche und qualifikatorische Mobilität –, kann auch der langfristige Strukturwandel von der besseren Versorgung mit Arbeitskräften profitieren.

Darin liegt die Krux einer auf Zuwanderung setzenden Strategie. Es ist offenbar attraktiver das Humankapital zu importieren als es selbst zu schaffen. Dies gilt umso mehr, als sich die Qualifikation der Zuwanderer stetig verbessert. Es besteht also eine Austauschbeziehung zwischen der Humankapitalförderung im Inland und der Zuwanderung. Damit verlangsamt sich bei höherer Zuwanderung der Strukturwandel der inländischen Arbeitskräfte, zumal die Zuwanderer bereit sind, die weniger attraktiven, weniger gut bezahlten und häufig unterhalb ihres Qualifikationsniveaus liegenden Arbeitsplätze zu akzeptieren. Dies ergibt kurzfristig Sinn, sollte aber nicht darüber hinwegtäuschen, dass langfristig der qualifikatorische Strukturwandel vollzogen werden sollte. Aus diesem Grunde sollte nicht allein auf Zuwanderung gesetzt werden. Sie verschiebt letztlich die Bewältigung des demografischen Wandels in die Zukunft. Wie unsere Berechnungen zeigen, verschwindet er aber nicht. Je eher wir also darauf durch Maßnahmen im Inland reagieren, umso nachhaltiger sind die Wirkungen der Gegenmaßnahmen.

Politikmaßnahmen bei stetiger Zuwanderung

Wir gehen in unserer Prognose davon aus, dass von der Zuwanderung – trotz ihrer Nebenwirkungen auf die Strukturentwicklung und die langfristige Bewältigung des demografischen Wandels – insgesamt positive Effekte ausgehen. Es ist nicht nur ein höheres Wachstum zu erwarten, sie verlangsamt den Alterungsprozess der Bevölkerung, verringert das Rentenproblem, reduziert die Kapitalflucht und trägt mithin zum gesamtwirtschaftlichen Gleichgewicht bei.

Unter diesen Voraussetzungen kommt es also auf eine möglichst reibungslose Integration der einwandernden Arbeitskräfte an. Dies ist nicht nur das gesellschaftliche Problem der Akzeptanz von Ausländern, sondern hängt von der Integration der Zuwanderungspolitik in das staatliche Handeln ab. Die Botschaft, dass Deutschland ein Einwanderungsland ist und auch langfristig auf die Einwanderung setzen sollte, ist in vielen staatlichen Aktionsbereichen noch nicht umgesetzt worden. Dies gilt es vor allem in der Berufsbildung zu berücksichtigen:

- Die Anerkennung von ausländischen Berufsabschlüssen und praktischer Berufserfahrung sollte nicht nur im Rahmen der bestehenden Berufsbildung ausgeweitet, sondern durch praktikable Verfahren implementiert werden. Wir haben in unserem letzten Bericht die Nutzung von Assessment-Centres vorgeschlagen, die auf weniger formaler Grundlage die Gleichwertigkeit beruflicher Kenntnisse mit den deutschen Standards bewerten.
- Der Berufsbildungspolitik kommt eine zentrale Rolle für die Integration der Zuwanderer zu. Sie sollte den einwandernden Arbeitskräften, neben der sprachlichen Förderung, die notwendige Anpassungsqualifizierung bieten. Dazu können der Ausbau der Weiterbildung in den Hochschulen, Universitäten und privaten Bildungsinstitutionen sowie eine stärkere Öffnung der dualen Berufsausbildung für Erwachsene beitragen.
- Für die Jugendlichen mit Migrationshintergrund kommt es darauf an, ihren Zugang zur dualen Ausbildung und den Hochschulen zu fördern. Dies ist eine seit Langem unbefriedigend gelöste Aufgabe, die ein wichtiges Qualifikationspotenzial ungenutzt lässt.

Langfristig kann die Lösung des demografischen Problems allerdings kaum durch die Zuwanderung und die Steigerung der inländischen Erwerbsbeteiligung erreicht werden. Wie unsere Berechnungen zeigen, ist dazu die substanzielle Steigerung der Geburtenziffern notwendig. Bevölkerungs- und Familienpolitik stehen daher im Fokus der Arbeitsangebotspolitik. Dabei kommt es auf die nachhaltige Verbesserung der Vereinbarkeit von Familie und Beruf an, ebenso wie auf die Schaffung einer kinderfreundlichen Gesellschaft.

Teil B   Prognose für die Bundesländer

B 1 Konzept und Methodik

In diesem Teil wird die Prognose für die Arbeitsmärkte der Bundesländer vorgestellt. Dabei geht es zum einen um die Frage, wie sich diese Teilarbeitsmärkte bis 2030 entwickeln werden, welche Trendänderungen zu erwarten sind und wie sich die Verteilungen von Beschäftigung, Arbeitslosigkeit und Fachkräftemangel verlagern werden. Zum anderen konzentriert sich die Analyse auf die Frage, wie diese Teilarbeitsmärkte miteinander kommunizieren, d. h. in welcher Abhängigkeit Regionen zueinander stehen und wie sich Veränderungen im Gesamtarbeitsmarkt regional verteilen werden.

Damit steht die Analyse der regionalen Arbeitsmärkte in der konzeptionellen Linie, die wir auch für die nationale Prognose als unverzichtbar angesehen haben, nämlich die Berücksichtigung von Rückkoppelungen zwischen Angebot und Nachfrage auf dem Arbeitsmarkt und einer Reihe weiterer Entwicklungsdeterminanten. Dazu gehören auch die Reaktionen der Politik auf die sich abzeichnenden Ungleichgewichte, insbesondere aber auf die zu erwartende demografische Entwicklung. Wir gehen also davon aus, dass die politischen Akteure in den Bundesländern, aber auch auf der Bundesebene die zu erwartenden Entwicklungen nicht einfach hinnehmen werden, sondern Programme entwickeln, die die Zukunft in ihrem Sinne verändern. Auch die regionale Prognose ist damit eine strategische Prognose, deren wichtigstes Ziel es ist, die Handlungsfelder für die Zukunft zu identifizieren und Lösungsvorschläge zu erarbeiten.

Dabei ist zu berücksichtigen, dass in der eng verflochtenen deutschen Wirtschaft keine Region unabhängig agiert, wirtschaftliche Impulse sich regional schnell ausbreiten und der Wettbewerb zwischen den Regionen auf den Ausgleich von Entwicklungsunterschieden hinwirkt. Wir können also von starken Konvergenzkräften ausgehen. Es bleibt aber gleichwohl die Frage, inwieweit sie in der Lage sein werden, ein Gegengewicht zu den strukturellen Entwicklungsdeterminanten zu bilden und dadurch die heute herrschende Verteilung von Produktion und Beschäftigung zu verändern.

Unsere regionale Prognose geht von den Eckwerten der *Basisvariante* auf der Bundesebene aus. In einer Alternativrechnung wird das Arbeitsangebot für die Variante

Hohe Zuwanderung berechnet.[21] Als Regionaldaten verwenden wir die Zeitreihen der Volkswirtschaftlichen Gesamtrechnung der Länder 2012, die wir rückwirkend auf die Klassifizierung der Wirtschaftszweige 2008 umgestellt und durch Schätzungen bis 2013 aktualisiert haben. Die Daten des Mikrozensus wurden zur Reduzierung des Stichprobenfehlers in Fünf-Jahres-Zeiträumen zusammengefasst und an die Eckwerte von 2013 angepasst.

Die Prognose berücksichtigt auch die ersten Ergebnisse des Zensus 2011, die 2013 veröffentlicht und subsequent ergänzt wurden. Allerdings sind diese neuen Bevölkerungsdaten weder in der Volkswirtschaftlichen Gesamtrechnung noch im Mikrozensus berücksichtigt. Die entsprechenden Revisionen werden erst ab Ende 2014 veröffentlicht werden. Ebenso wie in der Prognose auf Bundesebene verwenden wir deshalb unsere eigene Bevölkerungsprognose, die auf den Zensuswerten aufbaut. Dabei werden sowohl Anpassungen von Bevölkerung und Erwerbspersonen an den Zensus 2011 vorgenommen als auch veränderte Annahmen zur Binnenwanderung im Rahmen der Bevölkerungsprognose eingesetzt.

Die Regionalprognose bezieht sich auf Bundesländer als Gliederungseinheit.[22] Dies ist zwar unter dem Aspekt regionaler Arbeitsmärkte nicht immer die optimale Wahl, da sich – insbesondere bei den Stadtstaaten – Arbeitsmarktregionen nicht an Ländergrenzen halten. Die Bundesländer sind aber die bildungspolitischen Entscheidungsträger, denen wir mit unserer Prognose Daten an die Hand geben wollen. Die Bildung der Erwerbsbevölkerung stellt einen entscheidenden Standortfaktor für die Unternehmen dar, die es im Rahmen der Landespolitik zu gestalten gilt.

Methodisch folgt die Regionalprognose den Ansätzen der Bundesprognose: Die wirtschaftliche Entwicklung wird in sektoraler Gliederung in Abhängigkeit von der Bundesentwicklung und des regionalen Arbeitsangebots geschätzt. Die Schätzungen der Erwerbstätigkeit nach Sektoren fließen dann in die Schätzung der Erwerbstätigkeit nach Berufen und Qualifikationen ein. Die Überleitungsmatrizen für Berufe und Qualifikationen werden nach der Methodik der Bundesprognose prognostiziert und mit den Bundesergebnissen abgestimmt.

Das regionale Arbeitsangebot wird in zwei Varianten geschätzt:
- Zunächst unter Verwendung des Basisszenarios des Bundes, welches für die Bundesländer entsprechend den Annahmen und den Gesamtgrößen auf Bundesgebiet umgesetzt wurde. Die Entwicklung der Erwerbsquoten bis 2030 im jeweiligen Bundesland folgt dabei der Gesamtentwicklung auf Bundesebene und wurde jeweils an die regionalen Gegebenheiten angepasst.
- Als zusätzliche Bevölkerungsannahme wird noch die Variante *Hohe Zuwanderung* mit ihren Auswirkungen auf die regionale Angebots- und Nachfrageentwicklung dargestellt.

---

21 Zur Beschreibung der Prognosevarianten vgl. Abschnitt A 3.2
22 Wir verwenden daher in diesem Bericht den Begriff „Region" synonym für das Bundesland, wohl wissend, dass er auch anders definiert werden kann.

Die Identifizierung der regionalen Arbeitsmarktungleichgewichte ergibt sich aus den Arbeitslosenquoten der Bundesländer, den Pendlersalden und aus dem regionalen Knappheitsindikator für einzelne Berufssegmente.

In der regionalen Prognose geht es um die Frage, wie sich die einzelnen Teilarbeitsmärkte in ihrer gegenseitigen Abhängigkeit entwickeln werden. Sowohl die empirischen Daten als auch neuere Forschungsergebnisse (Werner 2013) deuten darauf hin, dass die Entwicklungen in den deutschen Bundesländern nach Ablauf des Wiedervereinigungsprozesses wieder stärkere Ähnlichkeiten aufweisen. Dies bedeutet, dass auch für die Zukunft von einer engen Verflechtung der Bundesländer auszugehen ist, durch die sich Nachfrageimpulse rasch auf viele Regionen auswirken werden. Wir gehen davon aus, dass die Verflechtungen im Zuge der wirtschaftlichen Entwicklung eher intensiver als schwächer werden.

Dazu wird nach unseren Erwartungen auch die Mobilität der Arbeitskräfte beitragen, sowohl in räumlicher als auch in qualifikatorischer Hinsicht. Wir berücksichtigen daher bei der Einschätzung der räumlichen Mobilität sowohl die Binnenwanderung zwischen den Bundesländern als auch die Pendlerströme an ihren Binnengrenzen. Die Arbeitslosigkeit ergibt sich daher erst nach Ablauf dieser Anpassungsreaktionen.

Im Fazit stellen wir die Befunde zur Entwicklung der länderspezifischen Arbeitsmärkte zusammen und entwickeln Überlegungen zu politischen Reaktionen auf der Länderebene.

B 2 Arbeitsangebot

Die Arbeitskräftepotenziale der Bundesländer unterscheiden sich im Hinblick auf die Altersstruktur, das Erwerbsverhalten, die Bildungsstruktur und nicht zuletzt im Mobilitätsverhalten. Damit sind im „Rennen um die Zukunft" die Startbedingungen unterschiedlich gesetzt und es stellt sich die Frage, in welcher Weise die Zukunftstrends die Lage in den einzelnen Bundesländern verbessern oder verschlechtern werden. Die Frage von Konvergenz oder Divergenz steht daher auch für die Prognose des regionalen Arbeitsangebots im Vordergrund. Dies umso mehr als wir davon ausgehen, dass das Angebot an Arbeitskräften sowohl im quantitativen als auch im qualitativen Sinne maßgeblichen Einfluss auf die wirtschaftliche Entwicklung haben wird.

Die Mobilität der Arbeitskräfte wirkt sich noch stärker als auf der Bundesebene auf die regionale Prognose aus. Dazu zählen sowohl die Binnenwanderungen zwischen den Bundesländern als auch die Pendlerbewegungen über die Ländergrenzen.[23] Die folgende Darstellung beginnt mit der Bevölkerungsentwicklung in den Bundesländern und leitet daraus die Zahl und Struktur der Erwerbspersonen ab. Auf dieser Basis werden die qualitativen Aspekte des Arbeitsangebots, d. h. seine berufliche und qualifikationsspezifische Zusammensetzung vorausgeschätzt.

B 2.1 Bevölkerung

B 2.1.1 Gesamtentwicklung

Die Berechnung der Bevölkerungsentwicklung nach unserer *Basisvariante* zeigt deutliche Unterschiede in der Entwicklung der einzelnen Länder. Diese Entwicklungen kommen vor allem durch die unterschiedlichen heutigen Altersstrukturen der Bevölkerung, Zuwanderung und Binnenwanderung spielen nur eine untergeordnete Rolle.[24] In den ostdeutschen Bundesländern wird die Bevölkerungszahl bis 2030 deutlich schrumpfen. In Sachsen-Anhalt wird sie um 9 % zurückgehen, in Thürin-

---

23 Nach unserer statistischen Definition bezeichnet die Binnenwanderung den Wechsel des Wohnortes über die Grenzen eines Bundeslandes. Bei Pendlern hingegen liegt der Arbeitsort in einem anderen Bundesland als der Wohnort.

24 Die Annahmen zur Fertilität und Sterbetafeln entsprechen auf regionaler Ebene den Annahmen auf der Bundesebene. Lediglich Altersaufbau und Wanderungen haben dadurch Einfluss auf die Bevölkerungsentwicklung.

gen um 8 % und in Sachsen um 7 % (Abbildung B 1). In den westdeutschen Bundes-ländern Bremen, Niedersachsen und Nordrhein-Westfalen werden sich die Bevölke-rungsverluste hingegen in engeren Grenzen von etwa –1 % bis –2 % halten. Dies gilt allerdings nicht für das Saarland, für das ein Rückgang um –5 % vorausgeschätzt wird. In Hessen und Rheinland-Pfalz wird die Bevölkerungszahl stagnieren. In Ber-lin, Baden-Württemberg und Schleswig-Holstein wird die Bevölkerungszahl steigen, Bayern und vor allem Hamburg werden nach unseren Vorausberechnungen sogar Zuwächse von 2 bzw. 3 % erreichen.

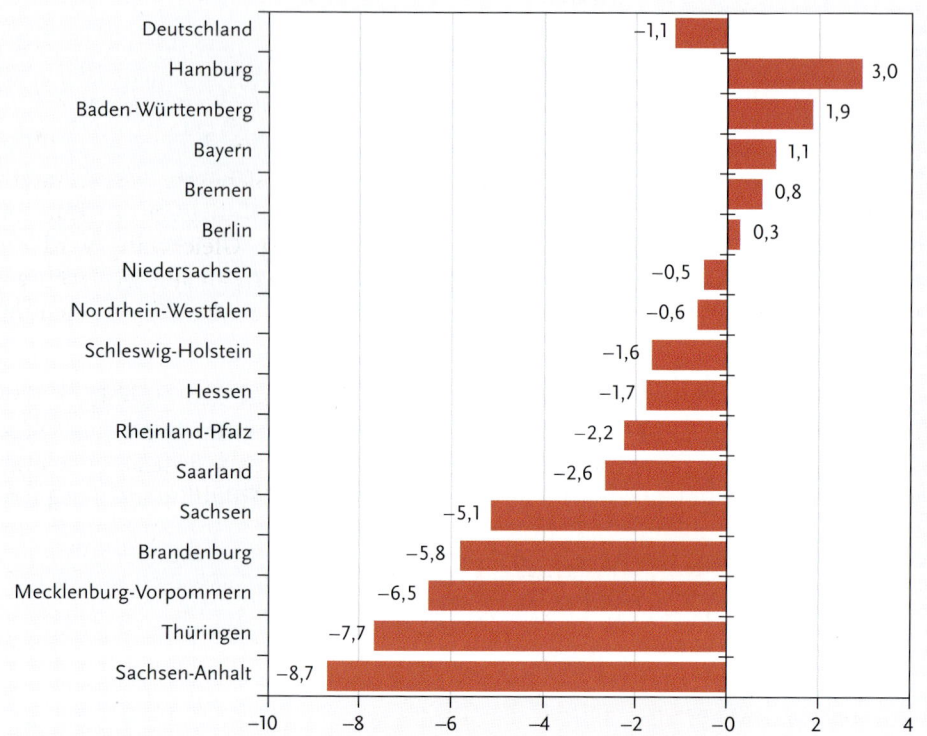

Abb. B 1 Bevölkerungsentwicklung
Veränderung 2013–2030 in %; *Basisvariante*

Quelle: Economix (E1)

In diesen Zahlen spiegeln sich zum einen die ungünstigen Altersstrukturen als auch der starke Trend zur Urbanisierung. Auf beides wird im Folgenden eingegangen.

B 2.1.2 Altersstruktur der erwerbsfähigen Bevölkerung

Im Basisjahr 2013 gab es unter den 16 Bundesländern fünf mit einer relativ jungen Bevölkerung im erwerbsfähigen Alter und acht mit einer relativ alten. Eine junge er-werbsfähige Bevölkerung liegt dann vor, wenn die Zahl der 55- bis 74-Jährigen geringer ist als die Zahl der 15- bis 34-Jährigen. Der umgekehrte Fall weist auf eine alte Bevölkerung im erwerbsfähigen Alter hin. Dies bezeichnen wir als Alterskoeffizient (Abbildung B 2).[25]

Hamburg hatte 2013 bei einem Alterskoeffizienten von 0,83 die jüngste Bevölkerung im erwerbsfähigen Alter, d. h. es waren 17 % weniger ältere Erwerbsfähige als jüngere. In Berlin lag der Koeffizient bei 0,92 und in Baden-Württemberg und Bremen bei etwa 0,94 sowie in Bayern bei 0,96. Die älteste Bevölkerung im erwerbsfähigen Alter hatten hingegen die ostdeutschen Länder. In Brandenburg, Sachsen-Anhalt und Thüringen lagen die Alterskoeffizienten in 2013 bereits um 1,3. Auch in Sachsen und Mecklenburg-Vorpommern lagen die Koeffizienten über 1,2. Unter den westlichen Bundesländern wiesen das Saarland und Schleswig-Holstein höhere Werte von knapp über 1,1 auf. Niedersachsen und Rheinland-Pfalz lagen leicht über 1,0 und in Nordrhein-Westfalen und Hessen war der Koeffizient ausgeglichen bei 1,0.

In der Zukunft wird sich die Altersstruktur in allen Bundesländern verschlechtern (Abbildung B 2). 2030 wird die Relation der Älteren zu den Jüngeren im Bundesdurchschnitt bei 1,5 liegen, während sie 2013 bei 1,03 lag. Gleichzeitig wird die Spannbreite der Alterskoeffizienten unter den Bundesländern abnehmen. 2010 wichen die Koeffizienten um ±0,17 vom Durchschnitt ab, 2030 wird die Abweichung ±0,14 betragen.

Im Jahr 2030 wird Sachsen-Anhalt die älteste Bevölkerung im erwerbsfähigen Alter mit einem Alterskoeffizienten von 1,82 haben. Die Zahl älterer Erwerbsfähiger wird also fast doppelt so groß sein wie die Zahl jüngerer. Die übrigen ostdeutschen Bundesländer folgen auf den nächsten Plätzen mit Werten von 1,79 in Brandenburg und

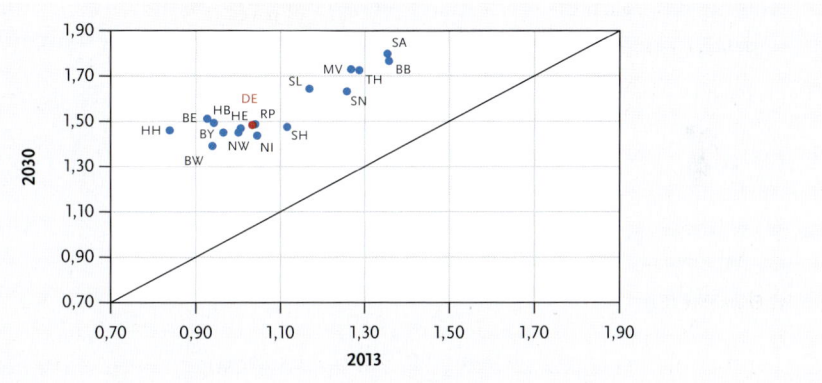

Abb. B 2 Alterskoeffizient 2030
Anzahl der 55- bis 74-Jährigen im Verhältnis zu 15- bis 34-Jährigen, *Basisvariante*

Quelle: Economix E1 (Alterskoeffizient)

---

25 Der so definierte Alterskoeffizient setzt die alte und junge Bevölkerung im erwerbsfähigen Alter zueinander in Beziehung. Er weicht daher von der verbreiteten Definition der Bevölkerung im Rentenalter zur Bevölkerung im erwerbsfähigen Alter ab.

1,75 in Thüringen und Mecklenburg-Vorpommern. Sachsen wird bei 1,65 liegen und damit noch leicht „jünger" als das Saarland sein, dessen Alterskoeffizient bis 2030 den Wert von 1,67 erreichen wird. Die meisten westdeutschen Bundesländer werden um den gesamtdeutschen Mittelwert rangieren. Damit zeigt sich in dieser Kennziffer eine klare Trennung zwischen den westdeutschen und den ostdeutschen Bundesländern. Lediglich das Saarland macht eine Ausnahme (Abbildung B 2).

Hinter diesen Entwicklungen auf Länderebene stehen unterschiedliche Faktoren. Zum einen hat die Phase der Wiedervereinigung deutliche Spuren in den Altersstrukturen hinterlassen. Noch 1991 lag der Alterskoeffizient auch in den ostdeutschen Bundesländern nahe beim gesamtdeutschen Durchschnitt von 0,7. Nach der Wende hat vor allem die junge Bevölkerung die neuen Bundesländer verlassen und ist bis jetzt nicht in gleichem Umfang zurückgekehrt. Die Wanderungsgewinne lagen meist in den westlichen Bundesländern – unter ihnen besonders die südlichen Länder und die urbanen Zentren. Da es häufiger die jungen Frauen waren, die umgezogen sind, hat sich auch die Geschlechterrelation zu Ungunsten der neuen Bundesländer verschoben. In den ostdeutschen Ländern lag das Verhältnis von Frauen und Männern im Alter von 18 bis 35 Jahren im Jahr 2011 fast durchweg unter 0,95, während es im Westen meist darüber lag. In einer Reihe von urbanen Zentren zeigten sich Frauenüberschüsse (Maretzke 2013). Dies wirkt sich in den Bevölkerungsprognosen aus, da bei Störung des Geschlechterverhältnisses die Reproduktion der Bevölkerung eingeschränkt ist.

Die Wiedervereinigung hat damit die Bevölkerungsstruktur nachhaltig verändert. Allerdings werden die früheren Trends in der Zukunft nicht mehr die gleiche Wirkung entfalten. Die Abwanderung aus den neuen Bundesländern wird zurückgehen und das Geschlechterverhältnis wird sich verbessern. Die bestehenden Unterschiede in den Altersstrukturen von Ost und West bleiben aber langfristig erhalten.

Die Urbanisierung ist eine zweite Ursache für die unterschiedliche Bevölkerungsentwicklung und die Verschiebungen in den Altersstrukturen der erwerbsfähigen Bevölkerung. Alle deutschen Großstädte hatten, zusammen mit ihrem Umland, in der Vergangenheit Wanderungsgewinne zu verzeichnen. Die ländlichen Regionen verloren hingegen umso mehr, je weiter sie von den städtischen Zentren entfernt waren (Maretzke 2013). Dies betraf weite Teile Ostdeutschlands, ebenso wie größere Gebiete Niedersachsens, Nordrhein-Westfalens, Hessens und des nördlichen Bayerns.

Wir gehen davon aus, dass der Trend zur Urbanisierung auch die Zukunft prägen wird. In den großstädtischen Zentren werden die Arbeitsplätze der Zukunft geschaffen – in den wissensorientierten Diensten, im Finanzwesen, im Gesundheitswesen usw. Dies sind die gut bezahlten und daher attraktiven Jobs. Gleichzeitig scheint das großstädtische Leben den Lifestyle der jungen Generation zu prägen. Dort finden sie das Umfeld und die Wahlmöglichkeiten, um ihre Lebensplanung leichter umzusetzen. Entgegen den Erwartungen hat daher die informationstechnische Vernetzung der Bewohner nicht dazu geführt, den ländlichen Raum mit den Städten enger zu verbinden, sondern umgekehrt, der Informationsfluss über die Medien hat die Attraktivität des Lebens in der Stadt erhöht. Der von uns vorausgeschätzte Strukturwandel in Richtung Dienstleistungen und Wissensökonomie wird daher den Zuzug in die Städte verstärken, und die steigenden Immobilienpreise und Wohnungsmieten werden dies kaum bremsen.

Ein dritter Faktor, der zur Alterung der Bevölkerung beigetragen hat, ist die geringe Aufnahme von Migranten in den neuen Bundesländern. Zwar zeigt sich auch bei der Verteilung der Zuwanderung aus dem Ausland ein deutliches Stadt-Land-Gefälle. Die Trennlinie zwischen Regionen mit hoher und niedriger Zuwanderung verläuft aber vor allem an der früheren Zonengrenze (Maretzke 2013). Kaum eine andere Region in Westdeutschland weist so niedrige Werte auf, auch wenn sie durch hohe Arbeitslosigkeit geprägt ist. Es sind daher auch die Einstellungen von Bevölkerung und die landesspezifische Zuwanderungspolitik, die einen Ausgleich der ohnehin hohen Abwanderung in Ostdeutschland behindert haben.

In unserer Bevölkerungsprognose gehen wir allerdings davon aus, dass auch in den östlichen Bundesländern in der Zukunft vermehrt Zuwanderer aufgenommen werden. Dies bewirkt, dass die ostdeutsche Altersverteilung noch einigermaßen im Rahmen des gesamtdeutschen Durchschnitts bleibt.

B 2.2 Erwerbspersonen und Erwerbsverhalten

B 2.2.1 Erwerbsquoten

Auf der Bundesebene haben wir angenommen, dass sich das Erwerbsverhalten der Bevölkerung bis 2030 deutlich verändern wird. Insbesondere ältere Arbeitnehmer werden sich sehr viel häufiger am Erwerbsleben beteiligen; ebenso die Frauen während der Kinderphase und danach. Insgesamt gehen wir davon aus, dass die durchschnittliche Erwerbsbeteiligung der 15- bis 74-Jährigen um 1,9 Prozentpunkte auf 86 % steigen wird (Abbildung B 3).

Für die Bundesländer haben wir uns an der Entwicklung der Erwerbsquoten auf Bundesebene orientiert. Allerdings konnten die Erwerbsquoten auf Länderebene nicht mit den bundesdeutschen Veränderungsraten fortgeschrieben werden. Zu unterschiedlich sind die Ausgangsbedingungen auf den regionalen Arbeitsmärkten und die Verhaltensweisen der Erwerbspersonen. Darüber hinaus konnten wir nicht davon ausgehen, dass die hohen Erwerbsquoten der ostdeutschen Frauen noch weiter ansteigen werden.

Um die von uns angenommene bundesweit durchschnittliche Erhöhung der Erwerbsquoten zu erreichen, müssen die Erwerbsquoten in Bundesländern mit niedrigeren Erwerbsquoten stärker steigen. Dies ist in Abbildung B 3 z. B. in Bremen und dem Saarland erkennbar, deren bisher niedrige Erwerbsquoten stärker steigen als in Brandenburg, Thüringen und Sachsen-Anhalt, welche bereits heute hohe Erwerbsquoten aufweisen. Für Sachsen gehen wir allerdings aufgrund der günstigen Entwicklung von einem Plus im Bundesdurchschnitt aus.

Die Erwerbsquoten der Frauen folgen diesem Muster. Allerdings bauen sich nach unseren Erwartungen die Unterschiede im Erwerbsverhalten nur langsam ab. Auch 2030 liegen daher die Erwerbsquoten der ostdeutschen Frauen um 4,4 Prozentpunkte über denen der westdeutschen Frauen.

Bei den Männern gehen wir von einer fast vollständigen Angleichung der Erwerbsbeteiligung aus. Dazu trägt insbesondere die starke Zunahme der Erwerbsbeteiligung älterer Personen bei. In allen Bundesländern steigen damit die Erwerbsquoten der 65-Jährigen und älteren bis 2030 um das Zwei- bis Zweieinhalbfache.

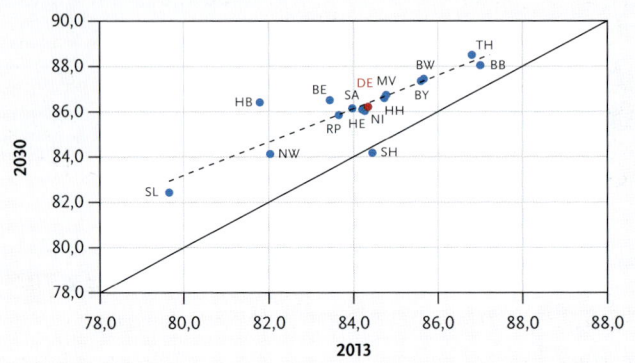

Abb. B 3 Erwerbsquoten
Erwerbspersonen zu Bevölkerung im Alter von 15–74, *Basisvariante*

Quelle: Economix (E2)

B 2.2.2 Erwerbspersonen

Bei der Zahl der Erwerbspersonen zeigen sich die Tendenzen der Bevölkerungsentwicklung in noch stärker ausgeprägter Form (Abbildung B 4). Vor allem in den ostdeutschen Bundesländern nimmt die Zahl der Erwerbspersonen stark ab. Bis 2030 werden sie zwischen 10 und 15 % ihres Arbeitsangebots verlieren. Ausnahme ist nur Berlin, für das wir einen Rückgang um 4 % erwarten.

In den westdeutschen Bundesländern sind die Einbußen – bis auf das Saarland – durchweg geringer als der Bundesdurchschnitt von –4,6 %. Hamburg ist in der Lage die Zahl der Erwerbspersonen konstant zu halten, Bayern, Baden-Württemberg und Bremen bleiben unter 2 % Rückgang.

Die wichtigste Ursache für den im Vergleich zur Bevölkerung noch stärkeren Rückgang des Arbeitsangebots sind die ungünstigen Altersstrukturen in den ostdeutschen Bundesländern. Blieben die Altersstrukturen unverändert gegenüber dem Stand von 2013, wären die Einbußen in den ostdeutschen Bundesländern allenfalls halb so stark. Gleichzeitig bleibt der Anstieg der ohnehin schon hohen Erwerbsquoten in den ostdeutschen Bundesländern geringer als im Westen. Er ist also weniger in der Lage, den negativen Einfluss der Altersstrukturen zu kompensieren.

Die Veränderung der Altersstrukturen der Erwerbspersonen ist in Abbildung B 5 dargestellt. Sie zeigt die Veränderung der Zahl der Erwerbspersonen bis 2030 nach Altersgruppen, jeweils bezogen auf die Zahl der Erwerbspersonen im Basisjahr 2013. Für das Bundesgebiet ergibt sich dabei, dass die Altersgruppe 15–24 die Gesamtzahl der Erwerbspersonen bis 2030 um 2 Prozentpunkte senken wird, die Altersgruppe 25–54 wird einen negativen Beitrag von 9 Prozentpunkten leisten und die Altersgruppe 55–74 wird die Zahl der Erwerbspersonen um 7 Prozentpunkte steigern. Insgesamt ergibt dies einen Rückgang der Erwerbspersonen bis 2030 um 4,6 Prozentpunkte.

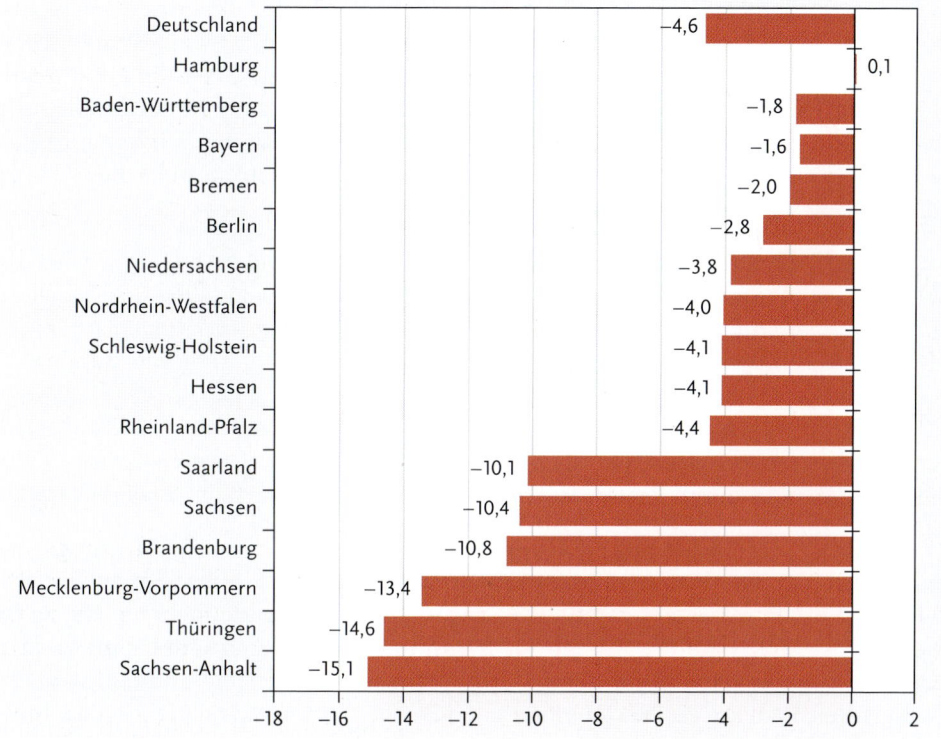

Abb. B 4 Erwerbspersonen
Veränderung 2013–2030 in %, *Basisvariante*

Quelle: Economix (R3)

Aufgrund der abweichenden Altersstrukturen in den Bundesländern und der unterschiedlichen Erwerbsquoten sieht die altersspezifische Umstrukturierung des Arbeitsangebots ganz verschieden aus: Auf einen kurzen Nenner gebracht altern die Arbeitskräfte in den ostdeutschen Bundesländern und dem Saarland vor allem durch den Verlust an Arbeitskräften im mittleren Alter von 25–54, ohne dass dies durch einen Zuwachs der älteren Erwerbspersonen von 55 Jahren oder mehr ausgeglichen wird. In den übrigen westdeutschen Bundesländern altern sie in erster Linie durch den Zuwachs an älteren Arbeitskräften, während die Verluste an Arbeitskräften im mittleren und jungen Alter geringer ausfallen.

Damit entwickelt sich in den ostdeutschen Bundesländern und im Saarland eine Gefahrenlage, die das Entwicklungspotenzial dieser Regionen ernsthaft beeinträchtigt. Die Verluste an Arbeitskräften in der großen Gruppe der Leistungsträger mittleren Alters werden sich negativ auf Produktivität, Innovation und das Tempo des Strukturwandels auswirken, soweit dies nicht durch eine überdurchschnittliche Aktivierung der älteren Arbeitskräfte ausgeglichen werden kann.[26] Diese Verluste machen in den genannten Ländern bis 2030 zwischen 14 und 16 % der Erwerbspersonen aus. Dies wird durch den Verlust an jungen Arbeitskräften im Alter von 15–24 verstärkt werden, der zwischen 0 und 2 % des Arbeitsangebots liegen wird. Mit einer derart geschwächten demografischen Basis werden die ostdeutschen Bundesländer und das Saarland nur eingeschränkte Chancen haben, im nationalen und internationalen Wettbewerb zu bestehen. Die ohnehin schon vorhandene strukturelle Benachteiligung wird sich unter diesen Voraussetzungen verfestigen.

Anders sieht die Situation in fast allen westlichen Bundesländern aus. Dort wird das Arbeitskräfteangebot bis 2030 vor allem durch den Zuwachs an älteren Arbeitskräften altern, während die Verluste an Arbeitskräften mittleren und jungen Alters geringer ausfallen werden. In der Tendenz wirken damit auch in diesen Bundesländern die gleichen negativen Faktoren auf die Entwicklungsdynamik der Regionen, allerdings in wesentlich schwächerer Form. Während die ostdeutschen Bundesländer ihre Erwerbspersonen vor allem durch Abwanderung verlieren, gewinnt der Westen und kann durch Zuwanderung die Effekte einer alternden Erwerbsbevölkerung zum Teil kompensieren.

Der Anteil der Frauen an den Erwerbspersonen steigt in allen Bundesländern. Durchschnittlich werden es mit 47,6 % etwa 0,7 Prozentpunkte mehr sein als 2013. Die höchsten Frauenanteile werden für Berlin und Hamburg erwartet. Dort werden 2030 zwischen 48,5 und 49 % der Erwerbspersonen weiblich sein und dort wird der Frauenanteil auch am raschesten unter allen Bundesländern ansteigen. In den anderen Ländern bleibt der Frauenanteil in einer engen Marge von ±0,7 Prozentpunkten um den gesamtdeutschen Durchschnitt. Trotz der starken Präsenz des Themas

---

26 Die Altersforschung zeigt durchaus Möglichkeiten auf, die Produktivität der älteren Arbeitskräfte zu erhalten. Dies setzt allerdings hohe Investitionen in die Weiterbildung, die Gestaltung altersgerechter Arbeitsplätze die Motivation der Arbeitskräfte voraus. Im Vergleich der Bundesländer sehen keine derartigen Aktionsschwerpunkte in den ostdeutschen Bundesländern, die es rechtfertigen würden, von einem Abbau der Gefahrenlage zu sprechen.

„Frauenerwerbstätigkeit" in den Medien bleibt damit das Tempo, mit dem sich Frauen im Arbeitsmarkt durchsetzen, nach wie vor verhalten. Zu stark scheinen die traditionellen Geschlechterrollen und Familienmuster.

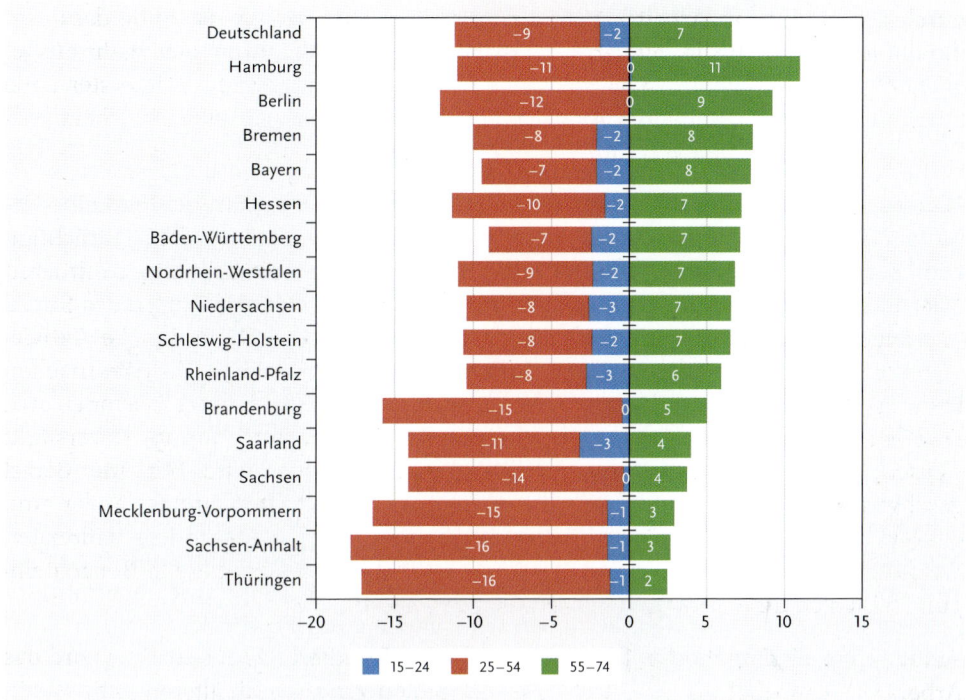

Abb. B 5 Veränderung der Erwerbspersonen nach Alter
Beiträge der Altersgruppen zur Gesamtänderung 2013–30 im jeweiligen Bundesland
(in Prozentpunkten; Basisjahr 2013; *Basisvariante*)

Quelle: Economix (E2)

B 2.3 Qualifikation der Erwerbspersonen

Der Trend zur Höherqualifizierung wird sich nach unseren Erwartungen bundesweit durchsetzen. Der Anteil der Hochschulabsolventen wird in allen Bundesländern steigen und im Gegenzug wird der Anteil der Arbeitskräfte ohne Berufsbildung fast überall sinken. Die duale Ausbildung wird in einigen Regionen etwas an Bedeutung verlieren und in anderen Regionen gewinnen. Die Fachschulausbildung wird zum Teil massiv zurückgehen. Im Einzelnen sind die Veränderungen der Qualifikationsstrukturen des Arbeitsangebots in Abbildung B 6 dargestellt.

Unsere Prognose zeigt, dass sich der Abstand der Bundesländer im Hinblick auf das Qualifikationsniveau verringern wird. Die Stadtstaaten, in denen 2013 ein Anteil von

28 % der Erwerbspersonen eine Hochschulausbildung hatte, werden diesen Anteil bis 2030 auf 35 % anheben. Die westdeutschen Flächenstaaten (ohne das Saarland) werden den Anteil der Arbeitskräfte mit Hochschulbildung hingegen von 19 auf 26 % anheben, und die ostdeutschen Flächenstaaten (einschl. Saarland) werden einen ähnlichen Anteilsgewinn von 15 auf 22 % erreichen. Damit bleibt die regionale Rangordnung des Hochschulanteils zwar bestehen, aber die bisher schwächeren Regionen werden aufholen.

Die Arbeitskräfte mit Hochschulausbildung werden vor allem Arbeitskräfte mit Fachschulausbildung ersetzen. Dieses Ergebnis der Prognose auf Bundesebene steht mit der steigenden Bedeutung der Bachelor-Abschlüsse in Zusammenhang. Der erwartete Substitutionsprozess wird daher vor allem in den ostdeutschen Bundesländern stattfinden, in denen die Fachschulausbildung stark vertreten ist. In allen Bundesländern wird der Anteil der Arbeitskräfte mit Fachschulausbildung 2030 unter 12 % liegen, während er gegenwärtig bis zu 14 % beträgt.

Der Anteil der Arbeitskräfte mit dualer Ausbildung wird bundesweit bei etwas über 50 % verharren. Gleichzeitig werden die Unterschiede zwischen den Bundesländern nivelliert. Bis 2030 werden die Abweichungen im Anteil der Arbeitskräfte mit dualer Ausbildung reduziert. Dies könnte mit der veränderten Rolle der Arbeitskräfte mit dualer Ausbildung in Zusammenhang stehen. Hier sehen wir eine wichtige Funktion dieser Arbeitskräfte in den Forschungs- und Entwicklungsabteilungen der Industrieunternehmen in den städtischen Zentren und gleichzeitig ihre angestammte Rolle in Handwerk und Kleinbetrieben der entlegeneren Regionen. In dieser Doppelrolle wird die duale Ausbildung ihre Bedeutung erhalten.

Unsere Prognose setzt voraus, dass der Anteil der Arbeitskräfte ohne Berufsbildung deutlich gesenkt wird, von gegenwärtig 20 % auf künftig unter 14 %. Dieser Rückgang kann nur gelingen, wenn die Bundesländer mit hohen Anteilen an nicht ausgebildeten Arbeitskräften entsprechend hohe Beiträge leisten. Hier sind insbesondere die Stadtstaaten Hamburg und Bremen gefordert, aber auch alle anderen westdeutschen Flächenstaaten. Sie müssen erheblich in die Ausbildung ihrer bisher ungebildeten Arbeitskräfte investieren, das Ausmaß des faktischen Analphabetismus verringern, die berufliche Weiterbildung ausweiten und die Migrantenkinder in die berufliche Bildung führen. Es ist ein anspruchsvolles Programm, das die Länder des Westens hier zu erfüllen haben.

Die Konvergenz der Berufsbildungsstrukturen hängt nach unserer Auffassung mit der Bedeutung des Humankapitals zusammen, die für eine wachsende Zahl von Akteuren handlungsleitend wird. Es setzt sich die Erkenntnis durch, dass wirtschaftlicher Erfolg und Beschäftigung von der Entwicklung der Humankapitalbasis abhängen und Investitionen in die Bildung deren entscheidende Grundlage sind. Wir gehen daher davon aus, dass die am stärksten divergierenden Bundesländer auch die weitreichendsten Maßnahmen ergreifen werden, um ihre Bildungsstrukturen zu modernisieren.

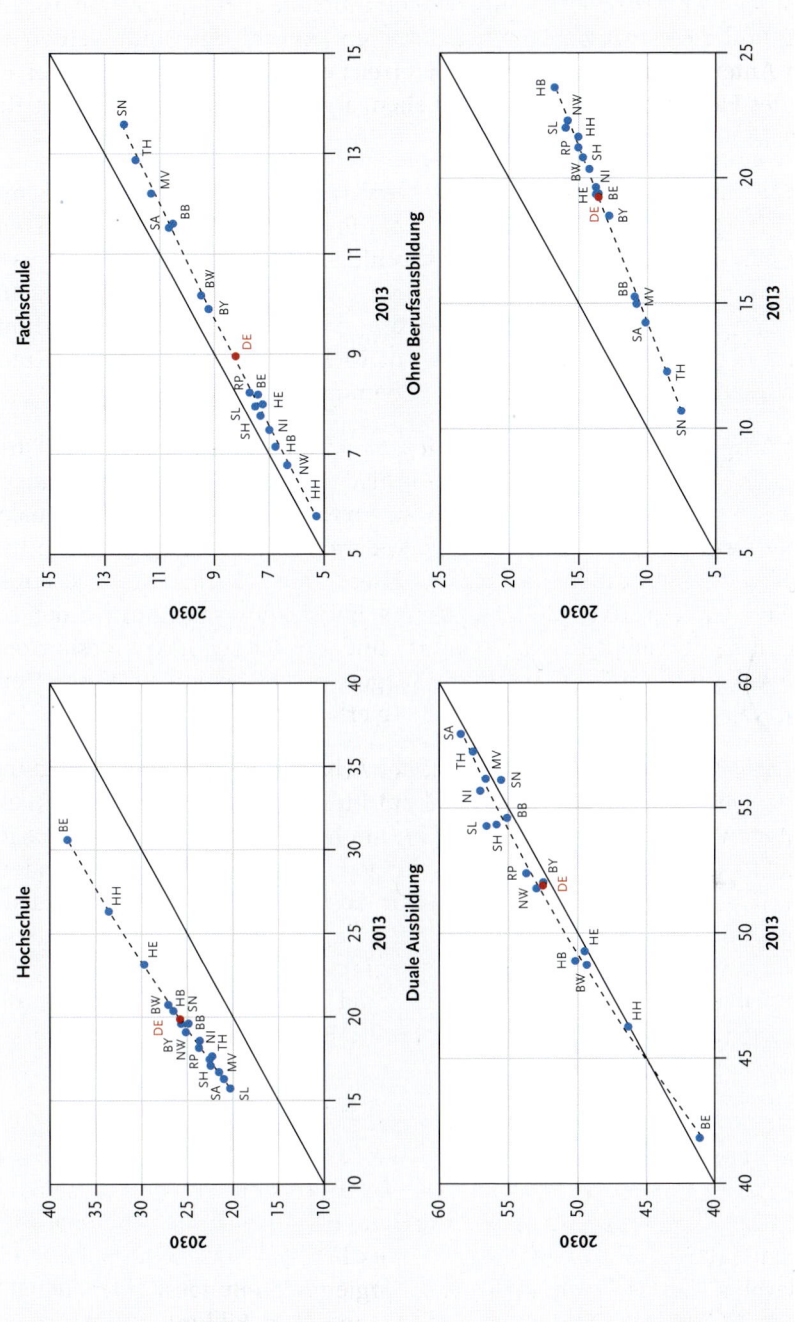

Abb. B 6 Qualifikationsstruktur des Arbeitsangebots
Anteil der Qualifikationsgruppen an den Erwerbspersonen des Bundeslandes in %, *Basisvariante*

Quelle: Economix (R3)

B 3 Nachfrage nach Arbeitskräften

Nach der Prognose auf Bundesebene erwarten wir, dass die Beschäftigung in Deutschland bis 2030 um 2,4 % sinken wird. Dies sind etwa eine Million Beschäftigte weniger als 2013. Der entscheidende Grund für diesen Beschäftigungsrückgang sind die sinkenden Bevölkerungszahlen und somit die fortgesetzten Arbeitskräfteengpässe auf dem deutschen Arbeitsmarkt. Nun geht es um die Frage, wie sich dies in den Bundesländern niederschlagen wird, zumal der vorangehende Abschnitt auf die starken regionalen Unterschiede in der Entwicklung des Arbeitsangebots hingewiesen hat.

Dabei gehen wir von einem engen Zusammenhang zwischen Demografie und wirtschaftlicher Entwicklung aus, der durch den bereits bestehenden Fachkräfteengpass auf dem deutschen Arbeitsmarkt verstärkt wird (siehe Teil A). In einer Situation, in der alle verfügbaren Arbeitskräfte beschäftigt sind, bietet der Arbeitsmarkt keine nennenswerte Reserve mehr – zumindest keine, die bei gegebenen Kosten produktiv genutzt werden kann. Wirtschaftliches Wachstum ist dann nur noch durch eine höhere Produktivität im Inland und/oder durch Verlagerung von Produktion ins Ausland möglich. Je enger die Grenzen sind, die diesen Alternativen gesetzt sind, umso direkter wirkt die demografische Entwicklung.

Wir gehen darüber hinaus von einem engen Zusammenhang der wirtschaftlichen Entwicklung zwischen den Bundesländern aus. Unternehmen und Arbeitskräfte unterliegen weitgehend gleichen rechtlichen und institutionellen Rahmenbedingungen. Vor allem aber sind sowohl der Arbeitsmarkt als auch die Wirtschaft flexible Systeme, die sich an Ungleichgewichte anpassen. Das Arbeitsangebot reagiert auf regionale Engpässe oder Überschüsse in Form erhöhter Binnenwanderung oder veränderter Pendlerströme. Die Wirtschaft reagiert bei angespannter Kapazitätsauslastung durch die Vergabe von Unteraufträgen oder die Auslagerung der Produktion in andere Regionen. Es existieren also „kommunizierende Röhren" zwischen den Regionen, die auf einen Ausgleich der Unterschiede hinwirken.

Wie stark die Konvergenzkräfte sind, hängt von der Anpassungsgeschwindigkeit der Bestimmungsfaktoren ab. Während sich technologisches und organisatorisches Wissen schnell verbreiten – und damit auch die Produktivitätsentwicklung in den Regionen ähnlich verläuft –, sind Anpassungen der Infrastruktur schon deutlich langsamer, und die Demografie reagiert mit noch stärkerer Verzögerung. Auch in dieser

Perspektive zeigt sich daher, dass die Demografie wohl jener Faktor ist, der die regionale Divergenz am nachhaltigsten beeinflusst.

Im Folgenden stellen wir die Beschäftigungsentwicklung in den Bundesländern dar und gehen auf den sektoralen, berufs- und qualifikationsspezifischen Wandel in der Beschäftigung ein. Die Zahl und Verteilung der Erwerbstätigen über 15 Wirtschaftssektoren lässt eine Einschätzung über die unterschiedlichen regionalen Entwicklungen zu und führt uns zur Vorausschätzung der Erwerbstätigkeit nach 13 Berufsgruppen und vier Qualifikationsgruppen innerhalb der Länder. Die Nachfrageentwicklung der Länder ist mit der Vorausschätzung der *Basisvariante* auf der Bundesebene abgestimmt.

Die Schätzungen nach Bundesländern wurden in einem zweistufigen Verfahren durchgeführt. Auf der ersten Stufe wurde die Beschäftigung in Abhängigkeit von Arbeitsangebot, Binnenwanderung, Pendlerströmen und Arbeitslosigkeit geschätzt. Jedes Bundesland wurde gesondert vorausgeschätzt und die Ergebnisse wurden anschließend mit der Bundesprognose abgestimmt. Die zweite Stufe nahm die sektorale Differenzierung auf Bundeslandebene vor. Dazu wurde ein zweidimensionales RAS-Verfahren angewandt, das die Übereinstimmung der sektoralen Schätzwerte sowohl mit der bundesweiten Sektorschätzung als auch der Summe aller Sektoren mit den Landesschätzungen sicherstellte. Diese RAS-Schätzung wurde in der Mehrzahl der Sektoren durch die erwartete Produktivitätsentwicklung auf Sektorebene gesteuert. In einzelnen Sektoren, wie Erziehungs- oder Gesundheitswesen wurde die demografische Entwicklung als Leitindikator eingesetzt.

B 3.1 Gesamtentwicklung

Nach unserer Prognose wird die Beschäftigung in den Bundesländern sehr unterschiedlich verlaufen: Im Zeitraum 2013 bis 2030 wird einem leichten Beschäftigungszuwachs von 1,8 % in Hamburg ein Beschäftigungsverlust von 11 % in Sachsen-Anhalt gegenüberstehen (Abbildung B 7). Alle ostdeutschen Bundesländer werden deutlich an Beschäftigung einbüßen, wobei Sachsen mit einem Rückgang um 8 % noch eine relativ günstige Position einnimmt. Für Brandenburg und Mecklenburg-Vorpommern erwarten wir –11 %, für Thüringen –10 %. Das Saarland kommt den ostdeutschen Bundesländern mit –8 % sehr nahe.

Die westdeutschen Flächenstaaten werden ebenfalls Beschäftigungsverluste verzeichnen, die sich aber fast durchweg unterhalb des Bundesdurchschnitts von –2,4 % befinden. Die Stadtstaaten Berlin und Bremen zeigen ebenso wie Bayern und Baden-Württemberg moderate Rückgänge in den Beschäftigten, gefolgt von den übrigen westlichen Bundesländern, die zwischen –1 % und –3 % liegen.

In diesen Ergebnissen spiegelt sich eine Reihe von Faktoren:
- Die Entwicklung in den Stadtstaaten wird von den Beschäftigungspotenzialen in den wissensbasierten Dienstleistungen profitieren. Die gut bezahlten Ar-

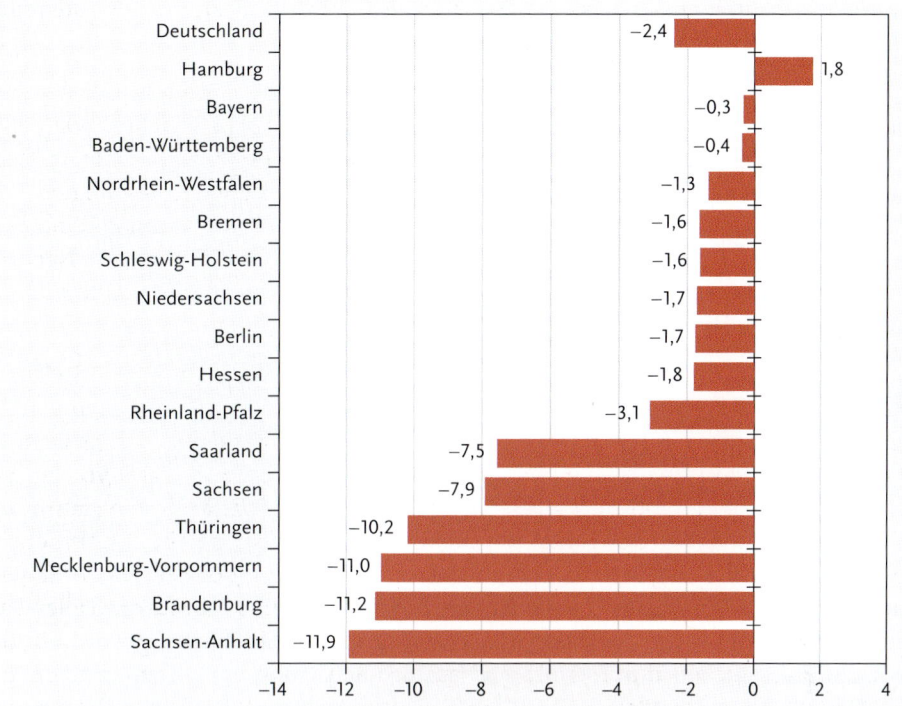

Abb. B 7 Erwerbstätigkeit
Veränderung 2013–2030 in %, *Basisvariante*

Quelle: Economix (E31)

beitsplätze in diesen Wirtschaftszweigen und die Dynamik einer jungen Generation werden die wirtschaftliche Entwicklung beschleunigen und damit einen immer stärkeren Sog auf andere Regionen – insbesondere den ländlichen Raum – ausüben. Darüber hinaus kann es zu einem bevorzugten Zustrom junger und gut ausgebildeter Arbeitskräfte und Migranten kommen, die in den vorliegenden Zahlen nicht explizit modelliert wurden.

- Ähnliches gilt für den Süden Deutschlands. In Bayern und Baden-Württemberg sind die Voraussetzungen für eine erfolgreiche Entwicklung in der Zukunft bereits jetzt sehr gut und die Attraktivität der Regionen ist hoch. Vergleichsweise moderne Wirtschaftsstrukturen und ein hohes Einkommensniveau werden gut ausgebildete Arbeitskräfte anziehen und die Entwicklungschancen verbessern.
- Die Flächenstaaten des mittleren und nördlichen Deutschlands werden dem gesamtdeutschen Trend folgen. Hier werden sich begünstigende und belastende Faktoren die Waage halten. Die städtischen Großräume Hannover, Köln und Frankfurt werden sich ähnlich entwickeln wie die Stadtstaaten. Der ländliche Raum wird aber von der Schrumpfung des Arbeitsangebots umso stärker betroffen sein.

- Die Entwicklung in den ostdeutschen Bundesländern und im Saarland wird das eigentliche Problem der Regionalpolitik in Deutschland sein. Zwar sind diese Länder in ihren Wirtschaftsstrukturen inzwischen gut aufgestellt, aber es werden ihnen die Arbeitskräfte fehlen, um Wachstum zu erzielen. Insbesondere Thüringen und Sachsen-Anhalt, die sich in der Mitte Deutschlands befinden, werden Schwierigkeiten haben, im bundesweiten Wettbewerb um Arbeitskräfte zu bestehen. Die Abwanderung von Arbeitskräften wird zum Dauerproblem werden und die Entwicklungschancen weiter beeinträchtigen. Es wird schwer werden, diesem Teufelskreis zu entkommen.

Nach diesen Ergebnissen wird die Wiedervereinigung und die durch sie verursachte Abwanderung von Arbeitskräften aus den ostdeutschen Bundesländern ein demografisches „Nachbeben" auslösen, das die Regionalstruktur in Deutschland grundlegend verändern wird. Den Verlust von bis zu einem Achtel der Arbeitskräfte können diese Regionen nicht verkraften ohne nachhaltigen Schaden zu nehmen. Ohne wirksame Gegenmaßnahmen wird es zur Entleerung der ländlichen Gebiete kommen und zur Abwanderung von Betrieben. Die regionalen Märkte werden schrumpfen und das Einkommensniveau wird sinken.

Es ist also höchste Zeit für die ostdeutschen Bundesländer, mit umfangreichen Programmen eine Politik der Arbeitskräftesicherung zu betreiben, die sowohl an der Entwicklung des Arbeitsangebots als auch an der Schaffung von Arbeitsplätzen ansetzt. Dazu gehört es vor allem
- die Attraktivität der kleineren Städte für junge Menschen zu steigern,
- die Gründung und den Ausbau von Bildungseinrichtungen, insbesondere der professionellen Weiterbildung voranzutreiben,
- altersgerechte Arbeitsplätze zu schaffen und ältere Arbeitskräfte durch berufliche Weiterbildung und Umschulung im Arbeitsmarkt zu halten,
- den wirtschaftlichen Strukturwandel voranzutreiben und eine wissensbasierte Dienstleistungsökonomie zu schaffen,
- die Länder durch die Anwerbung von Arbeitskräften aus dem Ausland und die Stärkung der in- und ausländischen Direktinvestitionen zu öffnen.

B 3.2 Sektoraler Wandel in der Beschäftigung

Die Wirtschaftsstruktur der Bundesländer weist heute deutliche Unterschiede auf und wir rechnen damit, dass diese regionale Spezialisierung in ihren Grundzügen erhalten bleibt. Gleichzeitig erwarten wir, dass sich die strukturellen Wandlungstendenzen, die wir auf der Bundesebene prognostiziert haben, in den einzelnen Bundesländern in ähnlicher – nicht in gleicher – Form durchsetzen werden. Der Strukturwandel auf der Länderebene wird also von Divergenz in den Ausgangsstrukturen und Konvergenz in den Wandlungstendenzen geprägt sein.

In Abbildung B 8 sind die Veränderungen der Beschäftigungsanteile in den Bundesländern für zusammengefaste Wirtschaftsbereiche dargestellt. Einzelheiten finden sich in Tabelle II 1.9 und II 1.10 im Anhang II.

Warenproduzierende Sektoren

Für die warenproduzierenden Sektoren – die Land- und Forstwirtschaft, verarbeitendes Gewerbe sowie Energie und Bergbau einschließen – sehen wir auf Bundesebene einen Rückgang der Beschäftigung um 8 % bis 2030. Dies wird ausnahmslos alle Bundesländer betreffen – allerdings in unterschiedlichem Ausmaß. Die auf die Warenproduktion spezialisierten Länder Baden-Württemberg, Bayern und Niedersachsen werden Einbußen von nur 3 bis 5 % zu verzeichnen haben.

Im Verhältnis zur Gesamtbeschäftigung im jeweiligen Bundesland werden die warenproduzierenden Sektoren an Bedeutung verlieren (Abbildung B 8). Dies gilt insbesondere für die westdeutschen Bundesländer, insbesondere die Stadtstaaten. Ausnahme ist das Saarland, in dem das verarbeitende Gewerbe auch heute einen hohen Anteil hat und ihn bei insgesamt rückläufiger Beschäftigung steigern wird. In den ostdeutschen Ländern ist lediglich mit einem gleichbleibenden Anteil der Warenproduktion zu rechnen. Dabei bedeutet ein hoher Anteil des verarbeitenden Gewerbes keinen Nachteil, zumindest dann nicht, wenn der intrasektorale Strukturwandel in Richtung technischer Dienste vorangetrieben und so die internationale Wettbewerbsfähigkeit erhalten wird.

Baugewerbe

Die hohen Anteile, die das Baugewerbe in den ostdeutschen Bundesländern auch heute noch hat, werden nach und nach abschmelzen, d. h. die Beschäftigung wird in diesem Sektor noch zurückgehen, wohingegen im Bundesdurchschnitt eine leicht positive Entwicklung erwartet wird. Diesen Rückgang erwarten wir insbesondere in Sachsen, Sachsen-Anhalt und Mecklenburg-Vorpommern. Der Bevölkerungsrückgang wird eine starke Belastung für den Bausektor in den ostdeutschen Bundesländern darstellen. Allerdings wird ein Teil der Unternehmen bundesweit oder international agieren und daher am Baugeschehen in anderen Regionen beteiligt sein. Dies wird umso eher der Fall sein, als Lohnkostenvorteile erhalten bleiben. In den westdeutschen Bundesländern wird die Beschäftigung im Bausektor zunehmen, ebenso wie in Berlin.

Handel, Gastgewerbe und Verkehr

Die Beschäftigtenanteile dieses Sektors liegen in allen Bundesländern in ähnlicher Größenordnung um 25 %. Lediglich Bremen, Hamburg und Schleswig-Holstein weisen höhere Anteile auf. Diese Länder profitieren dann auch von der positiveren Entwicklung des Sektors. In den meisten Bundesländern dominieren die kleinbetrieblichen Strukturen des Handels und des Gastgewerbes. Sie stehen in Abhängigkeit zur regionalen Nachfrage der privaten Haushalte und sind – insbesondere im Handel – durch die fortschreitende Konzentration des Sektors gefährdet. Dies ist in

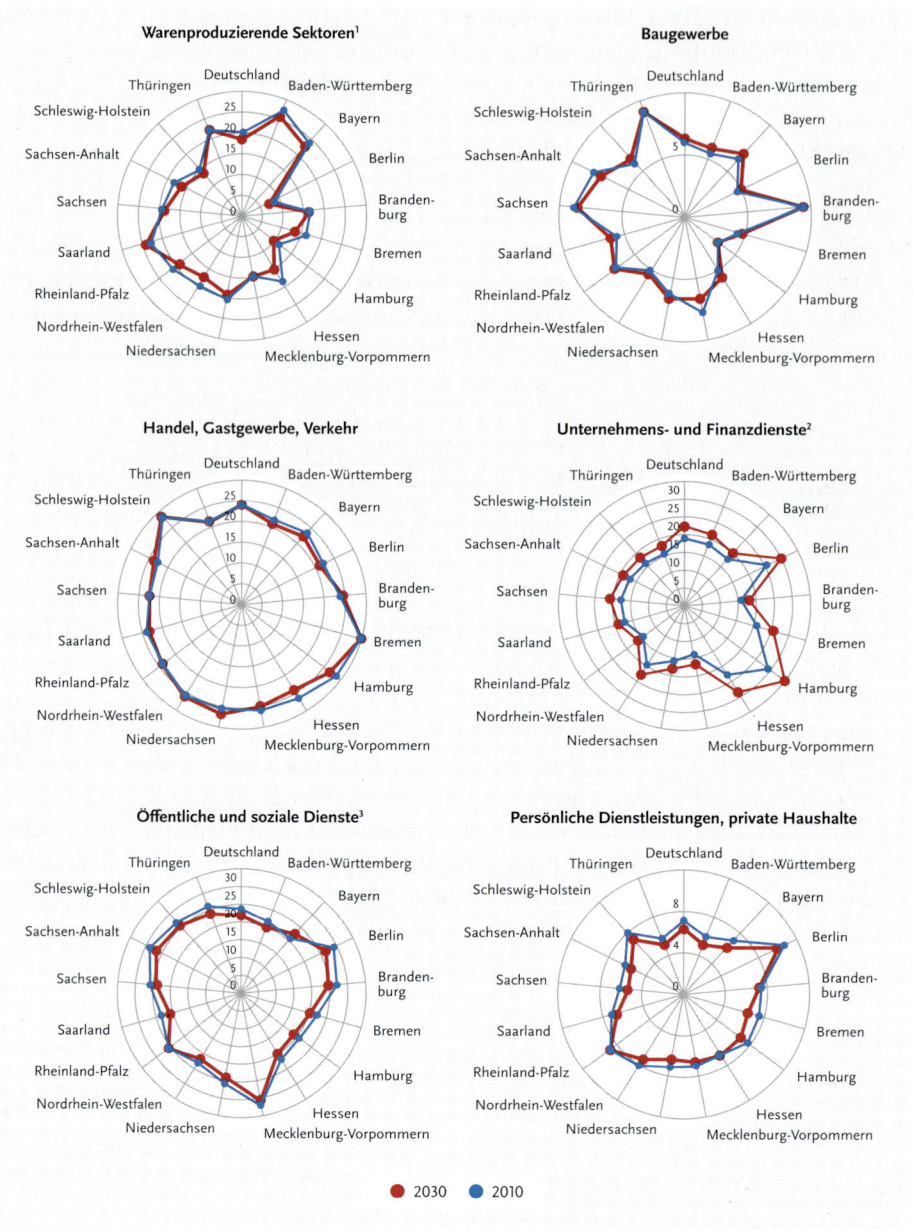

Warenproduzierende Sektoren[1]

Baugewerbe

Handel, Gastgewerbe, Verkehr

Unternehmens- und Finanzdienste[2]

Öffentliche und soziale Dienste[3]

Persönliche Dienstleistungen, private Haushalte

● 2030 ● 2010

[1] Land- und Forstwirtschaft, verarbeitendes Gewerbe, Energie und Bergbau; [2] Unternehmens- und Finanzdienste, einschl., Grundstücks- und Wohnungswesen, Vermietung beweglicher Sachen; [3] Öffentliche Verwaltung, Erziehung und Unterricht, Gesundheits- und Sozialwesen

Abb. B 8 Erwerbstätige nach Wirtschaftszweigen
Anteil des Wirtschaftsbereichs an den Beschäftigten des Bundeslandes in %, *Basisvariante*

Quelle: CE, Economix (E32)

Hamburg, Bremen und Schleswig-Holstein anders. Hier spielen die internationalen Handelshäuser und die Logistikzentren eine größere Rolle, für die wir mit Blick auf die Globalisierung steigende Beschäftigung prognostizieren. Allerdings wachsen in Hamburg die Unternehmensdienste deutlich stärker, sodass der traditionell hohe Anteil des Handels in Hamburg leicht zurückgehen wird.

Unternehmens- und Finanzdienste

Diesem Wirtschaftszweig, der neben den Unternehmensdiensten das Finanzwesen, die Grundstücks- und Wohnungsverwaltung sowie die Vermietung beweglicher Sachen umfasst, haben wir eine goldene Zukunft vorausgesagt. Im Bundesdurchschnitt wird die Beschäftigung bis 2030 nach unseren Erwartungen um 13 % steigen und in allen Bundesländern wird sich die Beschäftigung zumindest anteilsmäßig in diesen Sektor verlagern. Besonders stark wird die Umschichtung und damit der Sektoranteil in Hessen, Hamburg, Bremen und Berlin sein. Dort erwarten wir 2030 Beschäftigungsanteile von über 30 %, während der Beschäftigungsanteil im gesamten Bundesgebiet auf 22 % steigen wird. Auch in den anderen Bundesländern ist zu erwarten, dass die Finanz- und Dienstleistungszentren in den Großstädten von diesem Prozess in besonderer Weise profitieren.

Es wird allerdings auch Regionen geben, die diese Entwicklung zumindest in der Fläche nicht mitmachen werden. Dazu gehören die ostdeutschen Bundesländer, das Saarland und Rheinland-Pfalz, aber auch Bayern. In diesen eher industrielastigen Bundesländern ist zu erwarten, dass die unternehmensorientierten Dienste häufiger innerhalb als außerhalb der Industrieunternehmen entwickelt werden, während in den anderen Ländern mehr spezialisierte Dienstleistungsunternehmen entstehen werden. Dies könnte man als zwei verschiedene Wege zum gleichen Ziel ansehen. Dennoch dürften nach unserer Einschätzung die Spezialanbieter langfristig im Vorteil sein, weil sie das Dienstleistungsangebot zu ihrem Kerngeschäft entwickelt haben, während es in den Industrieunternehmen über längere Zeit Nebengeschäft bleibt.

Auch wenn aus dem geringeren Anteil an spezialisierten Unternehmens- und Finanzdiensten nicht auf eine Beeinträchtigung des Strukturwandels geschlossen werden kann, bleibt die Entwicklung dieses Sektors doch die besondere Aufgabe der Bundesländer mit niedrigen Beschäftigungsanteilen. Sie sind möglicherweise nur einen Schritt hinter den anderen Bundesländern, aber der Abstand kann sich langfristig ausweiten. Insbesondere für die ostdeutschen Bundesländer ist die Entwicklung der Unternehmens- und Finanzdienste ein wichtiges Politikfeld.

Öffentliche und soziale Dienste

Dies ist ein heterogener Sektor, für dessen Teilbereiche wir auf der Bundesebene unterschiedliche Entwicklungen vorausgeschätzt haben. In der öffentlichen Verwaltung rechnen wir bis 2030 mit einem Rückgang der Beschäftigung um 14 %, im Bereich Erziehung und Unterricht mit einer leichten Abnahme um 7 % und im Gesundheits- und Sozialwesen mit einem Anstieg um 0,3 %. Zusammen ergibt dies eine Beschäftigungseinbuße von 5,3 %. Im Bundesdurchschnitt liegt der Beschäftigungsanteil bis 2030 fast unverändert bei 23 %.

Regional unterscheiden sich die Beschäftigungsanteile dieses Sektors allerdings deutlich. In Berlin, Brandenburg, Mecklenburg-Vorpommern und Sachsen-Anhalt liegt er bei 27 bis 30 %, in Thüringen, Sachsen, Schleswig-Holstein, Niedersachsen und Rheinland-Pfalz bei etwa einem Viertel und in den übrigen Bundesländern bei etwa 20 %.

Eine wichtige Rolle in der Entwicklung spielt das Gesundheits- und Sozialwesen, das etwa die Hälfte der Beschäftigten in diesem Bereich stellt. Hier rechnen wir in den städtischen Zentren sowie in den südlichen Bundesländern mit vergleichsweise hohen Beschäftigungsgewinnen.

Persönliche Dienste, private Haushalte
Dieser Beschäftigungsbereich spielt mit einem Beschäftigungsanteil von 10 % in Berlin eine größere Rolle. In den übrigen Stadtstaaten liegen die Anteile niedriger, aber immer noch über dem Bundesdurchschnitt von 7 %. Bis 2030 wird sich dieses Muster nicht wesentlich ändern. Insgesamt wird der Anteil des Wirtschaftsbereichs an der Beschäftigung unverändert bleiben.

B 3.3   Beruflicher Strukturwandel

Die Anpassung der beruflichen Beschäftigungsstrukturen folgt in den einzelnen Bundesländern ähnlichen Mustern. Dies ist durch den raschen Transfer von technischen und organisatorischen Konzepten bedingt, denen die Unternehmen in allen Regionen aus Wettbewerbsgründen folgen. Die Märkte tun ein Übriges, indem sie Kundenpräferenzen in gleicher Weise aufgreifen bzw. selbst steuern. Auch der gemeinsame institutionelle und rechtliche Rahmen der deutschen Wirtschaft führt zu gleichgerichteten Anpassungserfordernissen in der Arbeitswelt. Auf der Länderebene wird der berufliche Strukturwandel daher in starkem Maße durch die Unterschiede in den sektoralen Strukturen bestimmt sein und weniger durch abweichende Organisationsstrukturen in den Betrieben. Wir stellen daher auch für die Vergangenheit fest, dass der berufliche Strukturwandel eine geringere Intensität aufweist, als der sektorale: Die Standardabweichung der Veränderung der sektoralen Beschäftigungsanteile innerhalb von fünf Jahren lag mit 0,849 % höher als die Standardabweichung der beruflichen Beschäftigungsanteile (0,631 %).[27]

---

27   In dieser Berechnung wurden die Zeiträume 2001–2005 und 2006–2010 verglichen. Dazu wurden für beide Zeiträume die Beschäftigtenanteile nach Sektoren und Berufen in jedem Bundesland berechnet und die Änderung dieser Beschäftigungsanteile zwischen den beiden Zeiträumen. Die Standardabweichung stellt dann über alle Bundesländer die durchschnittliche Anteilsänderung in den Sektoren bzw. Berufen dar.

Für die Darstellung des beruflichen Strukturwandels haben wir die 13 Berufe zu sechs Gruppen zusammengefasst. Die Ergebnisse sind in Abbildung B 9 dargestellt. Weitere Details finden sich im Anhang (Anhang Tabelle II 1.11, II 1.12).

Fertigungsberufe

In allen Bundesländern nimmt die Beschäftigung in den Fertigungsberufen bis 2030 ab, auch in Relation zur Gesamtbeschäftigung jedes Bundeslandes (Abbildung B 9). In den ostdeutschen Bundesländern wird der Rückgang am stärksten sein. Dort werden die Jobverluste in Fertigungsberufen bis 2030 zwischen 12 und 15 % betragen. Insbesondere in Sachsen-Anhalt und Mecklenburg-Vorpommern werden die Verluste groß sein. Die westdeutschen Flächenstaaten werden 5 bis 9 % der Beschäftigung in Fertigungsberufen einbüßen. Vor allem in Nordrhein-Westfalen, Rheinland-Pfalz und Hessen wird der Rückgang hoch sein. In den Stadtstaaten, die ohnehin geringe Anteile an Beschäftigten in Fertigungsberufen haben, variieren die Rückgänge zwischen 6 % in Hamburg und Berlin und 9 % in Bremen.

Technische und wissenschaftliche Berufe, Manager

In den technischen, wissenschaftlichen und Managementberufen wird die Beschäftigung im Bundesdurchschnitt um 6 % steigen. Davon werden vor allem Baden-Württemberg und Bayern profitieren. Ihre Zuwachsraten bis 2030 liegen in diesem Berufsbereich bei 9 bis 12 %. In den ostdeutschen Flächenstaaten ist hingegen aufgrund des generellen Beschäftigungsrückgangs auch in diesem Berufssegment mit Rückgängen zu rechnen. Sie werden nach unseren Berechnungen bei –6 % liegen. Die Ausnahme ist Sachsen, für das eine gleichbleibende Beschäftigung erwartet wird.

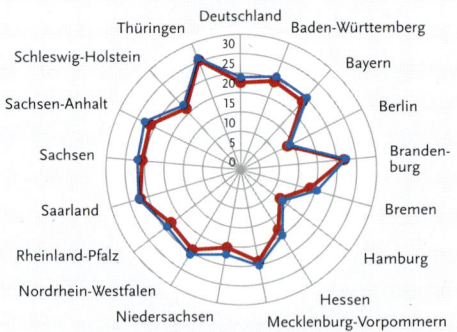

Fertigungsberufe

Technische Berufe, Wissenschaftler, Manager

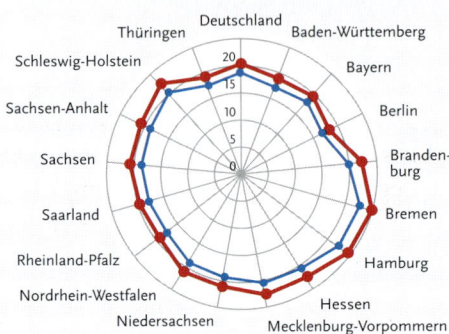

Waren-, Dienstleistungskaufleute, Verkehrsberufe

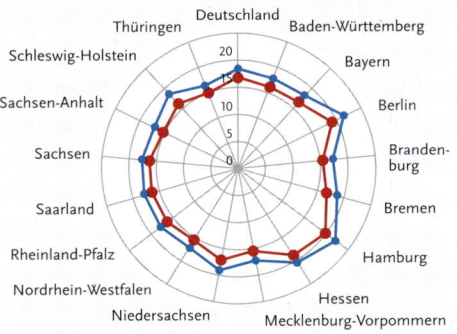

Verwaltungs-, Büroberufe, Ordnungs-, Sicherheitsberufe

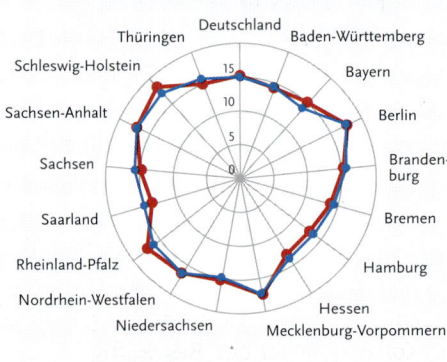

Gesundheits-, Erziehungsberufe, Sozialberufe

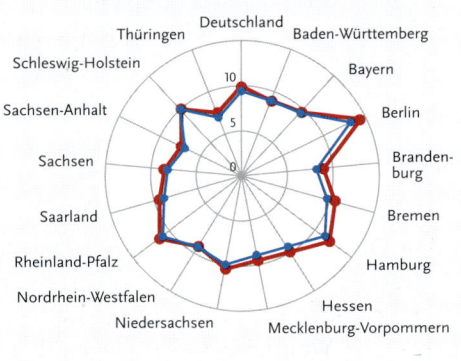

Persönliche Dienstleistungen, Künstler

● 2030   ● 2010

Abb. B 9 Erwerbstätige nach Berufen
Anteil des Berufsbereichs an den Beschäftigten des Bundeslandes in %, *Basisvariante*

Quelle: IER, Economix (E33)

Für die wissenschaftlichen Berufe wird im Bundesdurchschnitt ein Wachstum von 15 % prognostiziert. Auch hier sind es die Stadtstaaten und die südlichen Bundesländer, die überdurchschnittliches Wachstum verbuchen können. Aber auch in Sachsen kommt es zu einer positiven Entwicklung, mit einem Wachstum von 8 %. In den übrigen ostdeutschen Flächenländern sind hingegen Beschäftigungsrückgänge zu erwarten, die aber im Vergleich zum jeweiligen Landesdurchschnitt moderat bleiben. Die Bedeutung dieser Berufsgruppe nimmt also überall zu.

In den Managementberufen gehen wir von einem bundesweiten Zuwachs um 6 % bis 2030 aus. Davon werden in erster Linie die städtischen Zentren profitieren, sowie Hessen, Baden-Württemberg, aber auch Bayern. In den übrigen westdeutschen Flächenstaaten werden die Managementberufe in etwa im Bundesdurchschnitt wachsen. In den ostdeutschen Bundesländern hingegen wird die Beschäftigung im Zuge des generellen Beschäftigungsrückgangs sinken, allerdings nicht ganz so stark wie die Beschäftigung des Landes insgesamt.

Waren- und Dienstleistungskaufleute, Verkehrsberufe

Die leichte bundesweite Beschäftigungszunahme von 5 % sowohl bei den Waren- und Dienstleistungskaufleuten als auch von 8 % bei den Verkehrsberufen ist das Resultat von Zugewinnen in den westlichen Flächenstaaten und den Stadtstaaten sowie von Rückgängen im Osten. Die Verkehrsberufe legen vor allem in den Hafenstädten Hamburg und Bremen mehr zu als die Waren- und Dienstleistungskaufleute. In Baden-Württemberg zeigt sich hingegen für die Waren- und Dienstleistungskaufleute ein stärkerer Zuwachs.

Verwaltungs- und Büroberufe, Ordnungs- und Sicherheitsberufe

Die Bedeutung der Verwaltungs- und Büroberufe nimmt nach unserer Prognose bundesweit um 11 % ab. Dies ist einer der „globalen" Trends in der Veränderung der Berufsstrukturen, der mit der Rationalisierung der Büroarbeit in Zusammenhang steht. Nach unserer Einschätzung werden alle Bundesländer davon betroffen sein, allerdings mit leichten Unterschieden: Relativ zu ihrer Beschäftigung werden vor allem die Stadtstaaten die Verwaltungsjobs reduzieren. In den ostdeutschen Flächenstaaten wird der Rationalisierungsprozess verzögert vonstatten gehen. Dort wird der Anteil der öffentlichen Verwaltung und der sozialen Dienste hoch bleiben.

In den Ordnungs- und Sicherheitsberufen kommt es zu einem starken Rückgang der Beschäftigung in der öffentlichen Verwaltung, die mit dem Abbau der Wehrpflicht in Zusammenhang steht. Dem steht ein Ausbau dieser Berufe im Grundstücks- und Wohnungswesen gegenüber. Die Konzentration der Beschäftigung auf Wehrstandorte wird daher einer breiteren regionalen Streuung weichen.

Gesundheits-, Erziehungs- und Sozialberufe

Für die Gesundheitsberufe erwarten wir bis 2030 einen Beschäftigungszuwachs von 4 %. Er hängt mit der steigenden Nachfrage nach Gesundheitsdiensten in einer alternden Bevölkerung zusammen. Dies bewirkt nur geringe Rückgänge in diesem

Berufsbereich in den ostdeutschen Flächenländern, da dort die Alterung besonders ausgeprägt sein wird. In den westdeutschen Flächenländern wird es zu deutlichen Zuwächsen kommen, vor allem in Bayern, Rheinland-Pfalz und Schleswig-Holstein. Beschäftigungssteigerungen wird es in den Stadtstaaten Hamburg und Bremen geben.

Ganz anders stellt sich Lage in den Erziehungs- und Sozialberufen dar, die von den sinkenden Zahlen junger Menschen betroffen sein werden. Wir erwarten zwar, dass diese Effekte durch höhere Investitionen in Bildung und Ausbildung kompensiert werden. Aber dies wird nur zum Teil gelingen und vor allem dann nicht, wenn die Bevölkerung – wie in Ostdeutschland – stark schrumpft. Wir erwarten daher in allen ostdeutschen Flächenstaaten Rückgange von ungefähr 18 bis 20 % in diesem Berufsbereich. In den westdeutschen Flächenstaaten werden sich die Rückgänge hingegen in den Grenzen bzw. unterhalb des bundesweiten Rückgangs von 6 % halten.

Persönliche Dienstleistungsberufe, künstlerische Berufe
Persönliche Dienstleistungsberufe sind vor allem im Gastgewerbe, aber auch im Grundstücks- und Wohnungswesen, im Sektor Erbringung sonstiger öffentlicher und privater Dienstleistung sowie im Bereich der privaten Haushalte vorzufinden. Insgesamt rechnen wir bundesweit mit einer Beschäftigungsabnahme von 3 % bis 2030.

Für die künstlerischen und kreativen Berufe erwarten wir eine deutlich stärkere Expansion von bundesweit 13 %. Dies wird – ähnlich wie bei den persönlichen Dienstleistungsberufen – in allen Bundesländern positive Beschäftigungseffekte in diesem Berufsbereich auslösen. Besonders stark werden die Zuwächse in den Stadtstaaten und den südlichen Flächenstaaten sein. In den ostdeutschen Flächenstaaten wird diese Berufsgruppe stagnieren.

B 3.4   Spezialisierungsmuster

In den Berufsstrukturen der warenproduzierenden Sektoren zeigen sich deutliche regionale Unterschiede. Die ostdeutschen Flächenländer und das Saarland sind durch einen im Bundesvergleich hohen Anteil an Fertigungsberufen gekennzeichnet (Abbildung B 10). Dem stehen niedrigere Anteile dieser Berufsgruppe in den westdeutschen Flächenstaaten und vor allem in den Stadtstaaten gegenüber. Die Stadtstaaten wiederum weisen hohe Anteile an technischen, wissenschaftlichen und Managerberufen auf. Die Anteile sind auch in den westdeutschen Bundesländern höher als in den ostdeutschen.

Diese Verteilung der industriellen Kernberufe weist auf eine für die ostdeutsche Industrie nachteilige Position in der Warenproduktion hin. Nach wie vor scheinen zumindest Teile der ostdeutschen Industrie als die verlängerte Werkbank der westdeutschen Industrieunternehmen zu sein. In solchen Betrieben steht die Produktion im Vordergrund, während Produktentwicklung, Marketing und Unternehmensorganisation in den westdeutschen oder ausländischen Zentralen festgelegt werden. Damit ist nicht nur ein hohes Maß an wirtschaftlicher Abhängigkeit verbunden, sondern auch eine geringere Wertschöpfung je Produkteinheit und eine hohe Wettbewerbsintensität gegenüber ausländischen Anbietern.

Auch für den Zeitraum bis 2030 sehen wir nicht, wie sich die ostdeutschen Bundesländer aus dieser Lage befreien können. Zwar werden auch sie Erfolge bei der Umstrukturierung in Richtung technischer und wissenschaftlicher Dienstleistungen vorweisen können. Der Abstand zu den westlichen Bundesländern und den Stadtstaaten wird allerdings bestehen bleiben. Die Entwicklung einer regional eigenständig agierenden Industrie wird umso schwerer, je geringer das wirtschaftliche Wachstum und je schneller der Schrumpfungsprozess des Arbeitsangebots abläuft. Beide Bedingungen sind aufgrund der demografischen Entwicklung in Ostdeutschland mehr als ungünstig und belasten die Industrie in ihrer Entwicklung.

Im Baugewerbe ergibt sich ein ähnliches Bild mit einem vergleichsweise hohen Beschäftigungsanteil der Fertigungsberufe in den ostdeutschen Bundesländern. In diesem Sektor beherrschen allerdings die Fertigungsberufe das Gesamtbild mit Anteilen zwischen 75 und 80 %, sodass erst bei weiterer Differenzierungen der Berufsstruktur Aussagen gemacht werden können.

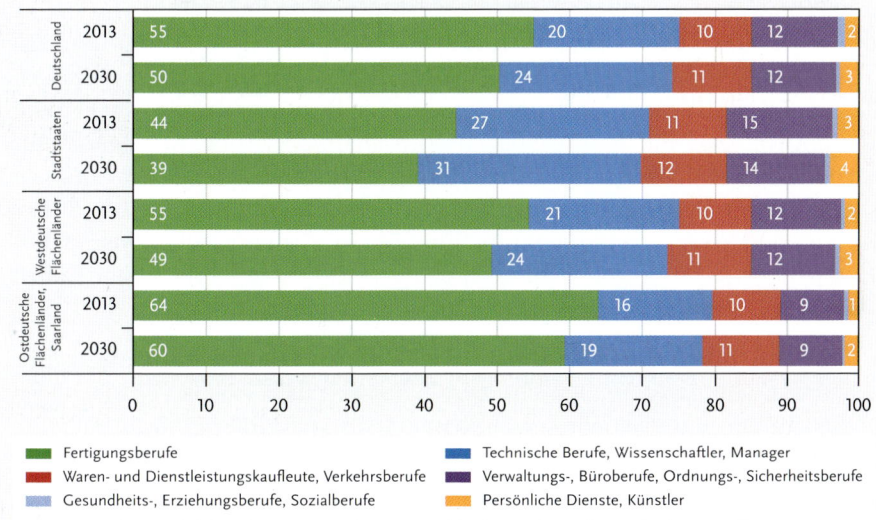

Abb. B 10 Berufsstruktur der warenproduzierenden Sektoren[1]
Anteil an der Beschäftigung des Sektors in %, *Basisvariante*

[1] Land- und Forstwirtschaft, verarbeitendes Gewerbe, Energie und Bergbau

Quelle: Economix (E34)

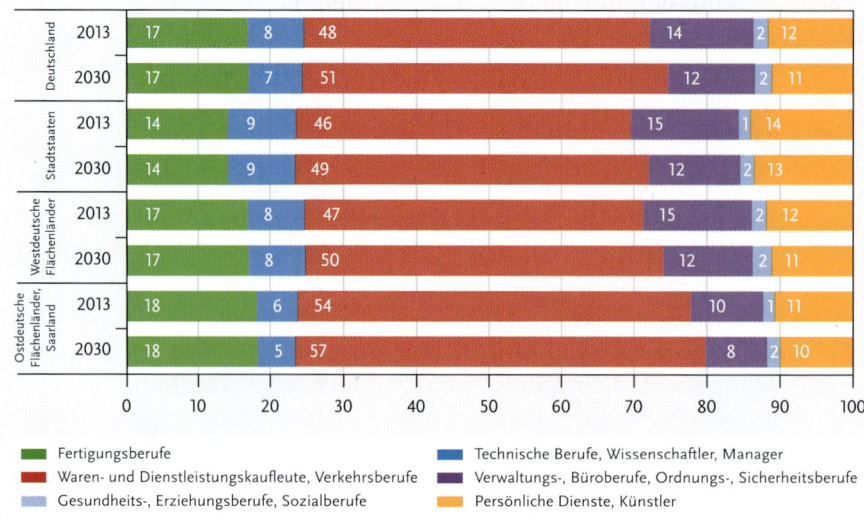

Abb. B 11 Berufsstruktur in Handel, Gastgewerbe und Verkehr
Anteil an der Beschäftigung des Sektors in %, *Basisvariante*

Quelle: Economix (E34)

Im Handel, Gastgewerbe und Verkehrswesen zeichnen sich die ostdeutschen Bundesländer durch etwas höhere Anteile an Beschäftigten in Waren- und Dienstleistungs- bzw. Verkehrsberufen aus (Abbildung B 11). Der Abstand gegenüber den westlichen Bundesländern und den Stadtstaaten beträgt 6 bis 8 Prozentpunkte. Demgegenüber sind die technischen, wissenschaftlichen und Managementberufe schwächer vertreten, ebenso wie die Verwaltungs-, Büro-, Ordnungs- und Sicherheitsberufe. Auch dieses Bild entspricht daher der Arbeitsteilung, die für den warenproduzierenden Sektor ermittelt wurde, und deutet in einem Sektor, der sich ohnehin durch hohe Konzentration auszeichnet, auf die funktionale Abhängigkeit der ostdeutschen Unternehmen hin.

Nach unseren Erwartungen gewinnen die Waren- und Dienstleistungskaufleute/Verkehrsberufe bis 2030 an Gewicht. Dies hängt mit dem Ausbau des Handelsvolumens zusammen, mit dem wir sowohl national als auch international rechnen. Die anderen Berufsgruppen verlieren demgegenüber.

In den Unternehmens- und Finanzdiensten zeigen sich nur geringe regionale Unterschiede in den Berufsstrukturen (Abbildung B 12). Dies ist aber der Sektor, in dem sich die Rationalisierung der Büroarbeit am stärksten auswirkt. Wir rechnen damit, dass der Anteil der Verwaltungs- und Büroberufe (einschl. der Ordnungs- und Sicherheitsberufe) bis 2030 von 29 auf 26 % sinken wird. Davon sind die Stadtstaaten ebenso betroffen wie die übrigen Bundesländer. Demgegenüber gewinnen die Waren- und Dienstleistungskaufleute/Verkehrsberufe leichte Anteile.

Die Berufsstruktur der öffentlichen und sozialen Dienste weist ebenfalls keine grundlegenden regionalen Verschiedenheiten auf (Abbildung B 13). Sie wird sich bis 2030 in Richtung der Gesundheitsberufe verschieben, während die Verwaltungs-, Büro-, Organisations- und Sicherheitsberufe an Bedeutung verlieren werden.

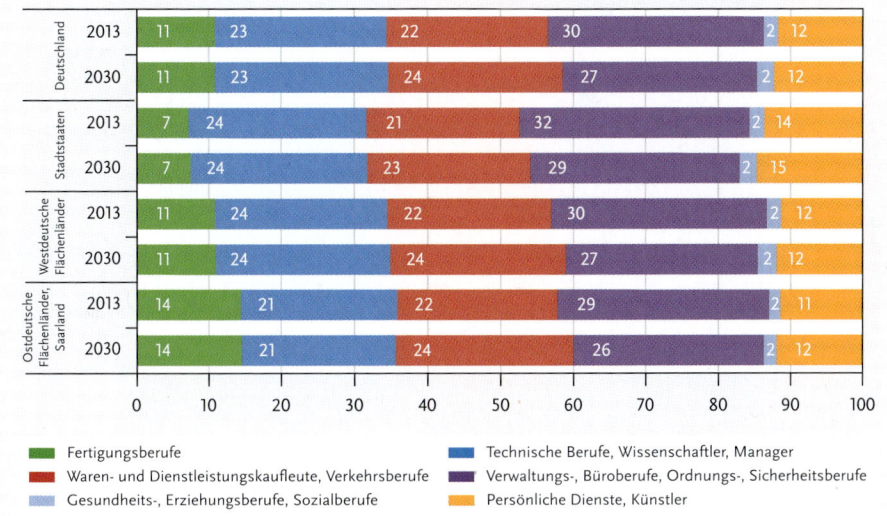

Fertigungsberufe

Waren- und Dienstleistungskaufleute, Verkehrsberufe

Gesundheits-, Erziehungsberufe, Sozialberufe

Technische Berufe, Wissenschaftler, Manager

Verwaltungs-, Büroberufe, Ordnungs-, Sicherheitsberufe

Persönliche Dienste, Künstler

Abb. B 12 Berufsstruktur in Unternehmens- und Finanzdiensten[1]
Anteil an der Beschäftigung des Sektors in %, *Basisvariante*

[1] einschl. Grundstücks- und Wohnungswesen, Vermietung beweglicher Sachen

Quelle: Economix (E34)

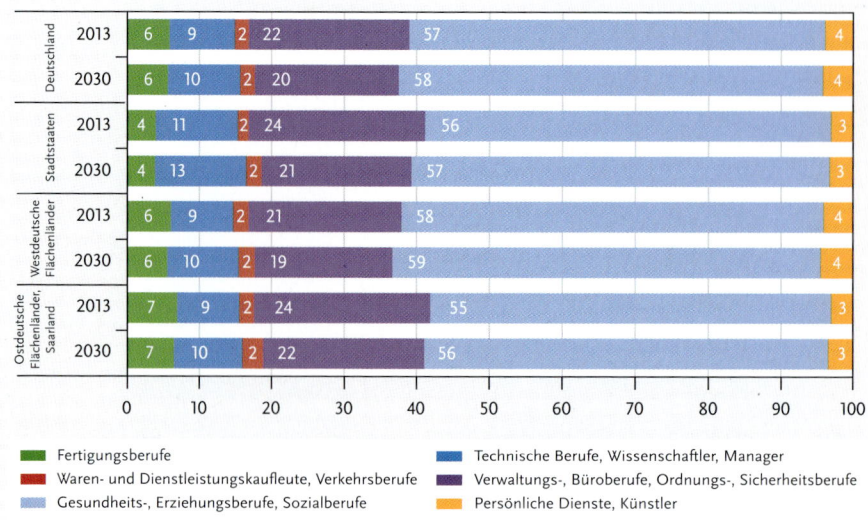

Abb. B 13 Berufsstruktur in den öffentlichen und sozialen Diensten[1]
Anteil an der Beschäftigung des Sektors in %

[1] einschl. Erziehungs-, Gesundheits- und Sozialwesen

Quelle: Economix (E34)

B 4 Arbeitsmarktungleichgewichte

Nach der Vorausschau auf Angebots- und Nachfrageentwicklung geht es in diesem Abschnitt um die künftigen Ungleichgewichte in den Arbeitsmärkten der Bundesländer. Der bundesweite Rückgang der Erwerbslosigkeit wird sich auch in den Bundesländern niederschlagen. Die unterschiedliche demografische Entwicklung lässt allerdings erwarten, dass sich die Problemlagen verschieden darstellen werden und Länder mit Arbeitskräfteengpässen Ländern mit – zumindest impliziten – Überschüssen gegenüberstehen werden.

Wie in unserer Bundesprognose betrachten wir Angebot und Nachfrage in gegenseitiger Abhängigkeit, d. h. Arbeitskräfteengpässe werden dazu führen, dass die Wachstumsmöglichkeiten der Region nicht in vollem Umfang ausgeschöpft werden. Arbeitskräfteüberschüsse werden andererseits zu verstärkter Abwanderung oder größeren Pendlerströmen führen. In unserer Analyse kommt es daher insbesondere darauf an, die impliziten Ungleichgewichte auf den Arbeitsmärkten der Bundesländer zu erfassen.

Wir tun dies in zwei Schritten: Zunächst stellen wir die regionalen Ungleichgewichte auf den Arbeitsmärkten der Bundesländer dar, wie sie sich aus unseren Modellrechnungen unter Berücksichtigung der Anpassungen zwischen Angebot und Nachfrage ergeben. Dies ist unsere Prognose der wahrscheinlichen Arbeitsmarktentwicklung. Im zweiten Schritt unternehmen wir eine Simulationsrechnung, die von einer konstanten beruflichen Angebotsstruktur ausgeht und so die virtuelle Fachkräftelücke ermittelt, wie sie sich bei verlangsamten Anpassungsgeschwindigkeiten ergäbe. Daraus ergibt sich die implizite Fachkräftelücke oder der implizite Fachkräfteüberschuss, den es durch geeignete Politikmaßnahmen zu vermeiden gilt.

Auf den Arbeitsmärkten der Bundesländer erfolgt ein Ausgleich zwischen Angebot und Nachfrage, ebenso wie auf der Bundesebene durch eine Veränderung der Erwerbslosigkeit und durch Arbeitskräftewanderungen über die jeweiligen Grenzen. Ein weit größeres Gewicht als für den Bund erhalten hierbei die Pendler, die ihren Arbeitsort in einem anderen Bundesland haben als ihren Wohnort. Insbesondere für die Stadtstaaten und die angrenzenden Bundesländer spielen diese Pendlerströme eine wichtige Rolle. Wir stellen daher die Veränderungen der Pendlerströme im Einzelnen dar.

B 4.1 Regionale Arbeitsmarktungleichgewichte

Vom bundesweiten Abbau der Erwerbslosigkeit werden alle Bundesländer profitieren und damit ihre Arbeitskräftereserve besser nutzen. Nach beiden Prognosevarianten erwarten wir für das gesamte Bundesgebiet einen Rückgang der Erwerbslosenquote von 5,0 % in 2013 auf 2,8 % in 2030. Davon werden nach unserer Einschätzung insbesondere die ostdeutschen Bundesländer profitieren. Die Erwerbslosenquoten werden in diesen Ländern im Jahr 2030 um 3 bis 4 Prozentpunkte niedriger sein als im Basisjahr 2013 und damit einen beachtlichen Beitrag leisten, den demografischen Rückgang des Arbeitsangebots zu dämpfen (Abbildung B 14). Auch für Berlin und Bremen erwarten wir Entlastungen in ähnlicher Größenordnung. In den meisten westlichen Bundesländern wird die Erwerbslosigkeit um etwa 2 Prozentpunkte sinken.

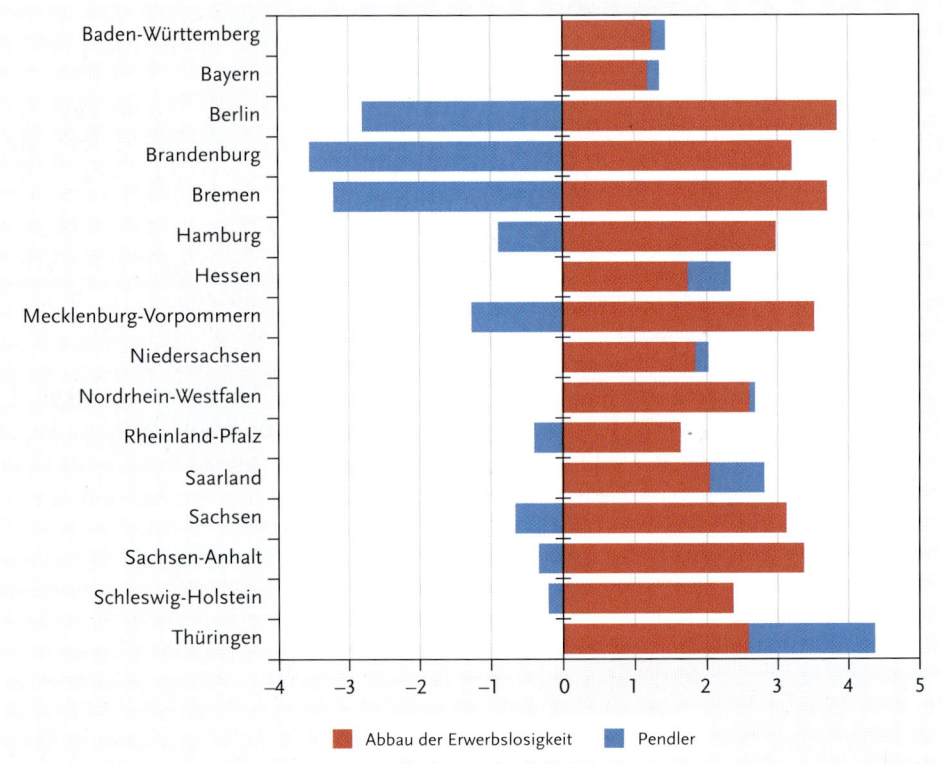

Abb. B 14 Erwerbslose und Pendlerströme
Beiträge zur Entlastung des Arbeitsmarktes 2013 bis 2030 in Prozent der Erwerbspersonen
Basisvariante

Quelle: Economix (E41)

Das Arbeitsangebot in den Bundesländern reagiert auf Engpässe, indem es die regionalen Ungleichgewichte durch Binnenwanderung, also die Verlagerung von Wohn- und Arbeitsplatz in ein anderes Bundesland, oder durch Pendlerbewegungen zwischen Wohn- und Arbeitsplatz auszugleichen versucht. Die Binnenwanderung ist in unserem Modell festgelegt. Dabei gehen wir für die meisten Bundesländer – insbesondere aber für die ostdeutschen Bundesländer von leicht sinkenden Nettowanderungsquoten aus (siehe Box „Binnenwanderung").

Die Pendlerströme richten sich hingegen stark nach der Beschäftigungsdynamik bzw. nach der Höhe der Arbeitslosigkeit in den regionalen Arbeitsmärkten. Insgesamt muss die Summe der Nettopendelströme zwischen den Bundesländern zwar ausgeglichen sein. Für die Bundesländer zeigt sich hingegen ein differenzierteres Bild: Die Stadtstaaten reduzieren ihren Pendelsaldo, während die südlichen Flächenstaaten den Saldo zu ihren Gunsten ausweiten. Auch Hessen, Nordrhein-Westfalen und das Saarland weiten den Pendelsaldo etwas aus. Thüringen ist in der Lage den negativen Saldo etwas zu verringern. In den östlichen Ländern Brandenburg, Mecklenburg-Vorpommern und Sachsen-Anhalt steigt hingegen die Zahl der (Netto-) Auspendler. Gleiches gilt für die westlichen Flächenstaaten Schleswig-Holstein und Rheinland-Pfalz. Auffallend ist, dass die Zunahme der Erwerbspersonen durch den Abbau der Arbeitslosigkeit in Berlin, Brandenburg und Bremen zu einer etwa gleich großen Veränderung der Pendlerströme führt.

Die Prognoseergebnisse deuten darauf hin, dass die Wirkungen von Binnenwanderung und Pendlerströmen meist parallel laufen. In Bundesländern wie Berlin, Brandenburg, Bremen, Mecklenburg-Vorpommern, Sachsen-Anhalt und Nordrhein-Westfalen tragen beide Faktoren maßgeblich zum Rückgang des Arbeitsangebots bei und führen in der Folge zu vergleichsweise hohem Abbau der Erwerbslosigkeit. In Baden-Württemberg und Bayern hingegen sind beide Ströme positiv und der Rückgang der Erwerbslosigkeit bleibt gering. Damit geht die Prognose von einem funktionierenden Anpassungsprozess aus, in dem der Austausch von Arbeitskräften über die Grenzen der Bundesländer den Arbeitsmarkt stabilisiert.

Binnenwanderung

Die Ausgangswerte zur Schätzung der Binnenwanderung orientieren sich an den (prozentualen) Werten der 12. koordinierten Bevölkerungsvorausberechnung. Anders als die amtliche Prognose gehen wir aber nicht davon aus, dass die Binnenwanderung bis 2030 zum Stillstand kommt. Wir unterstellen einen langsam sinkenden Trend zur Binnenwanderung, der durch mehrere Faktoren begründet ist: Bereits in den letzten Jahren hat per Saldo die massive Abwanderung aus den ostdeutschen Bundesländern nachgelassen. Die zunehmende Alterung der Erwerbsbevölkerung mag eine Rolle spielen, aber auch die besseren Beschäftigungschancen am Heimatort. Zudem zeigt sich, dass die städtischen Zentren in den ostdeutschen Bundesländern Arbeitskräfte aus den ländlich strukturierten Gegenden anziehen. Der Fachkräftemangel in manchen ostdeutschen Bundesländern ist spürbar und stärkt das Bemühen um die Anwerbung von Arbeitskräften aus anderen Bundesländern. Zugleich sinkt der Druck zum Abwandern im Zuge sinkender Arbeitslosigkeit, wenngleich Lohnunterschiede in der Vergangenheit und wohl auch in der Zukunft weiterhin ein wichtiges Migrationsmotiv darstellen werden.

In Abbildung B 15 sind die Annahmen zur durchschnittlichen Binnenwanderung pro 1.000 Einwohner für die Jahre 2013, 2020 und 2030 aufgeführt. Danach gehen die normierten Wanderungssalden bis 2030 in den meisten Bundesländern zurück. Berlin profitiert hingegen ebenso wie Hamburg vom Zuzug in die Großstädte. Dies geht zulasten der bisher starken Zuwanderung nach Brandenburg. Allerdings bleiben auch Brandenburg und Schleswig-Holstein Zuwanderungsländer, da sie von der Expansion der großstädtischen Räume profitieren. Hessen und Niedersachsen bleiben bei ihren sehr niedrigen Abwanderungswerten.

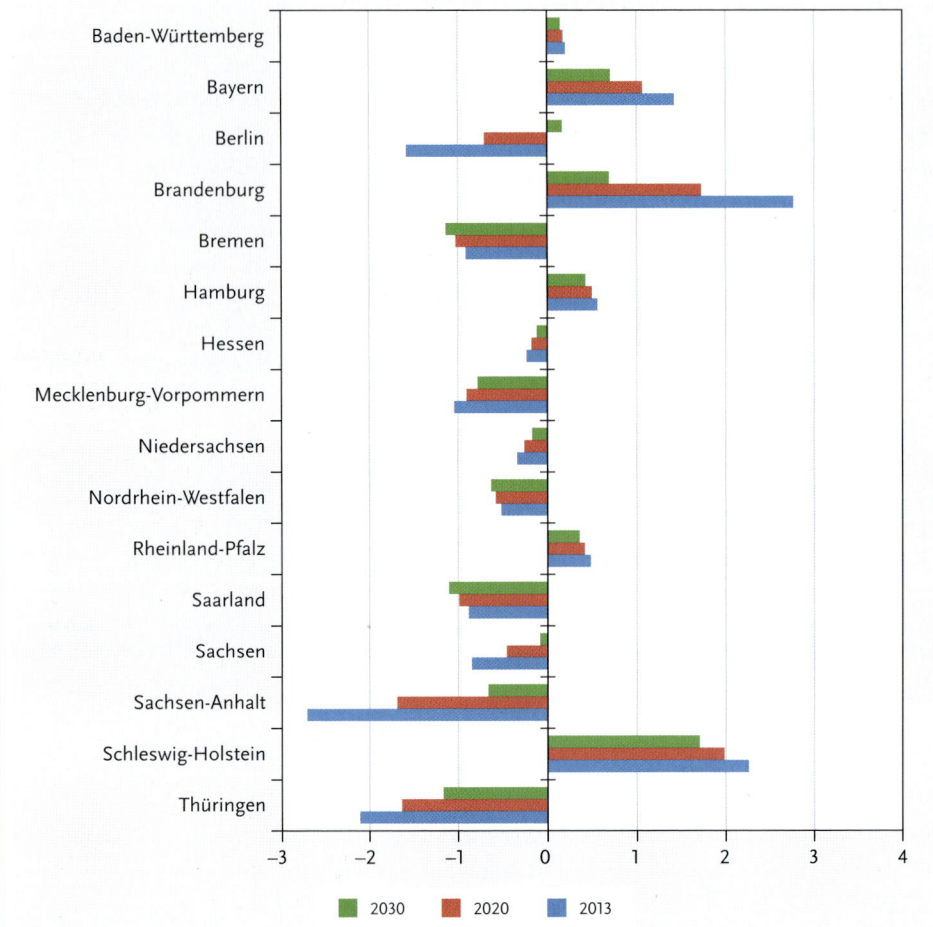

Abb. B 15 Annahmen zur Binnenwanderung
Jährlicher Wanderungssaldo in Personen je 1.000 Einwohner, *Basisvariante*

Quelle: Economix (E53)

B 4.2 Qualifikations- und berufsspezifische Ungleichgewichte

Die Erwerbslosigkeit sinkt mit dem Qualifikationsniveau. Dies reflektiert die stärkere Nachfrage nach Arbeitskräften mit abgeschlossener Berufsbildung, insbesondere nach Hochschulabsolventen. Die höchsten Erwerbslosenquoten sind daher bei den Arbeitskräften ohne Ausbildung zu finden. Diese Entwicklung setzt sich auch bis 2030 fort, wobei sich die Erwerbslosigkeit noch stärker auf Erwerbspersonen ohne berufliche Qualifikation konzentrieren wird (Tabelle B 1). Unter den Absolventen der dualen Ausbildung wird es in einigen Bundesländern noch Erwerbslosigkeit auf durchschnittlichem landesüblichem Niveau geben. Für Hochschulabsolventen werden die Erwerbslosenquoten so niedrig sein, dass dies als Indikator eines deutlichen Nachfrageüberhangs zu interpretieren ist.

Tab. B 1 Erwerbslosenquoten nach Qualifikation in 2030
Erwerbslose in % der Erwerbspersonen

	Erwerbslosenquoten 2030				
	Hochschule	Duale Ausbildung	Fachschule	ohne Abschluss	insgesamt
Baden-Württemberg	0,2	1,3	0,3	6,3	1,6
Bayern	0,2	1,3	0,3	6,1	1,5
Berlin	0,7	5,4	1,3	18,5	5,1
Brandenburg	0,6	4,5	1,1	16,9	4,6
Bremen	0,4	3,2	0,7	14,3	4,2
Hamburg	0,4	2,6	0,6	11,9	3,2
Hessen	0,3	2,0	0,4	9,1	2,3
Mecklenburg-Vorpommern	0,6	5,4	1,3	17,2	5,2
Niedersachsen	0,3	2,1	0,5	9,8	2,7
Nordrhein-Westfalen	0,3	2,5	0,6	11,6	3,3
Rheinland-Pfalz	0,2	1,7	0,4	7,9	2,1
Saarland	0,3	2,1	0,5	9,7	2,8
Sachsen	0,6	4,9	1,2	15,6	4,2
Sachsen-Anhalt	0,6	5,1	1,2	15,8	4,8
Schleswig-Holstein	0,3	2,3	0,5	10,5	2,9
Thüringen	0,5	4,1	1,0	12,9	3,7
Deutschland	0,3	2,5	0,6	10,1	2,8

Quelle: Economix (R44)

Die höchste Erwerbslosenquote wird unter den Erwerbspersonen ohne Abschluss zu finden sein. Hier variieren die Werte von 6,1 % in Bayern bis zu 18,5 % in Berlin. Diese Gruppe bleibt auch deshalb problematisch, weil sich in allen Bundesländern im Vergleich zu anderen Qualifikationsgruppen hohe Arbeitskräfteüberschüsse zeigen werden.

Auch in der Entwicklung der Erwerbslosenquoten von Arbeitskräften mit dualer Ausbildung variieren die Bundesländer stark. In den östlichen Bundesländern bleibt die Erwerbslosenquote relativ hoch, in Sachsen-Anhalt wird sie 5,1 % betragen, in Berlin und Mecklenburg-Vorpommern 5,4 %. Thüringen, Brandenburg und Sachsen zeigen mit 4,1 %, 4,5 % und 4,9 % noch die für den Osten besten Werte für Erwerbs- lose mit dualer Ausbildung vor. In den westlichen Bundesländern wird die Quote am niedrigsten in den südlichen Flächenländern sein, gefolgt von Niedersachsen und Hessen. Auffallend gute Werte in der dualen Ausbildung werden auch für das Saar- land mit 3 % erwartet. Die Entwicklung der Erwerbslosigkeit der Fachschulen ist ähnlich verteilt. Sie wird aber deutlich niedriger sein als die unter den dual ausgebil- deten Erwerbspersonen.

Ähnliches ist auch bei den Erwerbslosen nach Berufen zu finden. Höhere Berufe weisen 2030 niedrige Erwerbslosenzahlen aus, vor allem – aber nicht nur – in den wirtschaftlich starken Zentren. Vor allem Manager und Technische Berufe sind hier zu nennen. Auch bei den Gesundheitsberufen, die auch schon 2010 relativ niedrige Erwerbslosenquoten aufwiesen, kommt es zu einem nochmaligen Rückgang auf etwa die Hälfte der Ausgangsniveaus. In diesen drei nachfrageseitig begünstigten Berufsbereichen ist die Streuung der Erwerbslosenquoten am niedrigsten unter al- len Berufsgruppen. Für die Gesundheitsberufe und die Manager ist ein ausgeprägter Mangel in allen Ländern zu erwarten. Die technischen Berufe weisen dahingegen große Unterschiede über die Bundesländer auf: Erwerbslosenraten von unter 1 % in Bayern und fast 8 % in Brandenburg. Höhere Werte sind unter den Technikern nur in den östlichen Ländern prognostiziert. Die Erwerbslosigkeit konzentriert sich eher in den persönlichen Dienstleistungsberufen, den Verkehrsberufen und den Ord- nungs- und Sicherheitsberufen, und im geringeren Maße auf die Fertigungsberufe.

B 4.3 Qualifikationsspezifische Pendlersalden

Die Zahl der Berufspendler, die ihren Arbeitsplatz in einem Bundesland und ihren Wohnort in einem anderen Bundesland haben, ist hoch. In den Stadtstaaten erreicht der Netto-Pendelsaldo für Bremen 26,4 % in 2010 und wir erwarten eine Steigerung auf 27,5 % in 2030. Ein Teil dieser Pendelbewegung bleibt lokal, da er sich in der Nähe der Ländergrenzen bewegt. So gibt es traditionell viele Pendler zwischen den Stadtstaaten und den angrenzenden Bundesländern. Ein anderer Teil der Pendler- ströme bezieht sich auf größere Distanzen, wie zum Beispiel die Pendelbewegung aus den ostdeutschen Ländern in die südlichen Flächenstaaten. Diese Pendlerströme sind die Folge der unterschiedlichen Arbeitsmarktengpässe und -überschüsse. Die regionalen Ungleichgewichte auf den Arbeitsmärkten werden u. a. durch interregio- nale Bewegung der Arbeitnehmer ausgeglichen. Pendelbewegungen spielen hierbei eine wichtige Rolle.

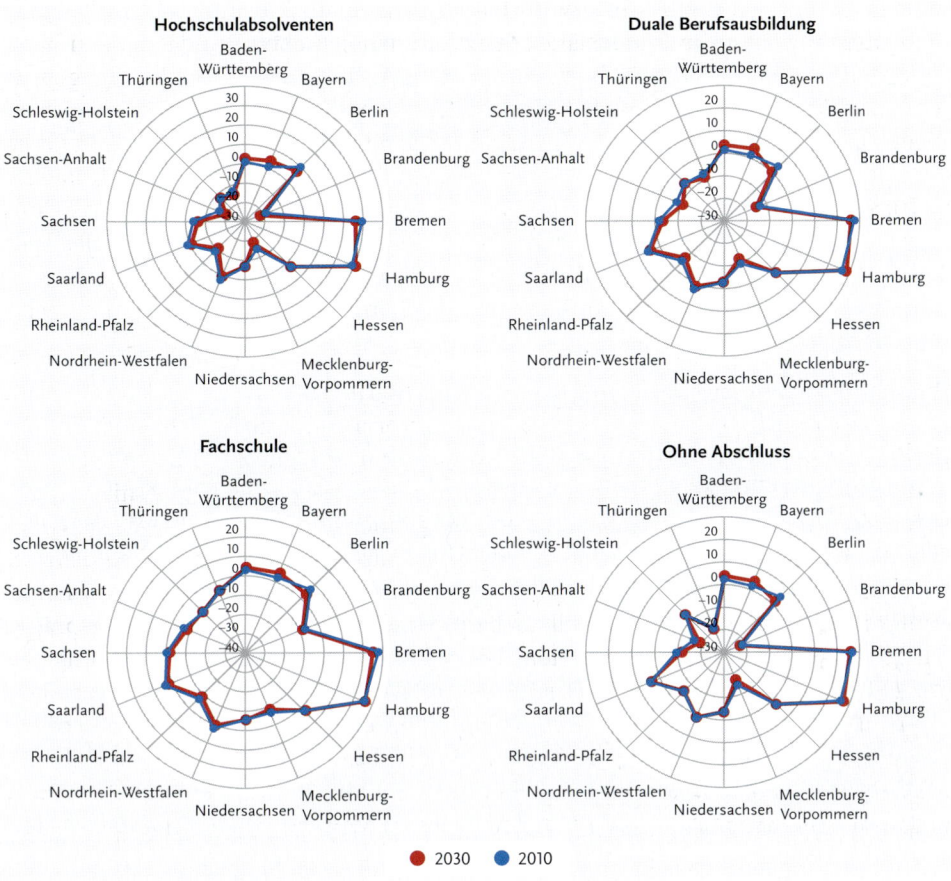

Abb. B 16 Pendlersalden nach fachlicher Berufsbildung und Bundesland
Jährlicher Pendlersaldo in % der Erwerbspersonen, *Basisvariante*

Quelle: Economix (E42)

Der Anteil der Pendler kann vor allem in den Stadtstaaten einen großen Anteil an den Erwerbstätigen stellen. Bezogen auf die Erwerbspersonen können die Pendlersalden die Größenordnung von einem Viertel der Beschäftigten erreichen. Auch 2030 wird der Großteil der Pendler in den Stadtstaaten Hamburg und Bremen arbeiten. Auch Nordrhein-Westfalen und Hessen nehmen größere Pendlerströme auf. Diese kommen vor allem aus den östlichen Flächenstaaten: Brandenburg, Mecklenburg-Vorpommern, Sachsen, Sachsen-Anhalt und Thüringen, aber auch aus Rheinland-Pfalz und Schleswig-Holstein.

Das Pendelverhalten der einzelnen Qualifikationsgruppen zeigt nur geringe Unterschiede und wir erwarten auch für die Zukunft stabile Verhaltensmuster (Abbildung B 16). Die Pendelströme hängen vor allem von der allgemeinen Lage auf dem Arbeitsmarkt und der Verflechtung mit den angrenzenden Regionen ab und weniger von der spezifischen Qualifikation oder dem spezifischen Beruf.

Der Rückgang der Arbeitslosigkeit in allen Bundesländern verringert zwar den Druck auf die Auspendler, insbesondere auf die unteren Qualifikationsgruppen mit ihrer hohen Arbeitslosigkeit. Die Effekte auf die Pendlerströme bleiben aber auch hier gering, da das Pendelverhalten von Unterschieden in den Miet- und Immobilienpreisen, vom Interesse an langfristiger Beschäftigung sowie von familiären und kulturellen Beziehungen bestimmt ist. Hier sehen wir nur geringe Veränderungen.

B 4.4 Arbeitsmarktengpässe nach Berufen

In unseren Prognosen gehen wir davon aus, dass Diskrepanzen zwischen Angebot und Nachfrage zumindest teilweise ausgeglichen werden. Dies kann durch die Außen- und Binnenwanderung, Pendler oder die Einbindung der Erwerbslosen geschehen, aber auch durch Reaktionen auf der Nachfrageseite und der Produktion. Im folgenden Gedankenexperiment wollen wir die Arbeitsmarktengpässe in den Bundesländern zwischen 2013 und 2030 simulieren, ohne dass sich die Struktur der Erwerbspersonen anpasst. Hierzu nutzen wir die Erwerbspersonenstruktur nach Berufen von 2010 angepasst an das Niveau der Werte in 2030. Damit messen wir den Effekt des beruflichen Strukturwandels und wir konfrontieren ihn mit der Arbeitsmarktnachfrage von 2030. Diese Art des „virtuellen" Vergleichs entspricht Modellen, die keine oder kaum Rückkoppelungen zwischen Angebot und Nachfrage zulassen.

Tabelle B 2 zeigt die Ergebnisse dieser Simulation. Danach wäre bei unveränderter beruflicher Angebotsstruktur in vielen Bundesländern erheblicher Fachkräftemangel unter den Wissenschaftsberufen, den Gesundheitsberufen, den künstlerischen Berufen sowie den Managementberufen zu erwarten. Ein Mangel an Managern ergäbe sich in den westlichen Bundesländern und in Sachsen. Wissenschaftliche Berufe würden in allen Bundesländern abgesehen von Berlin knapp, ebenso künstlerische Berufe, die nur in Berlin und Schleswig-Holstein keine Nachfrageüberschüsse haben. Verkehrsberufe zeigen Knappheiten in Brandenburg, Berlin, Bremen, Hessen und Sachsen. Ein Arbeitskräfteüberschuss wäre bei lediglich bei den Verwaltungs- und Büroberufen in Berlin und Thüringen zu finden.

Tab. B 2 Angebots- und Nachfrageüberschüsse bei simulierter Erwerbspersonenstruktur
Diskrepanz zwischen Angebot minus Nachfrage, *Basisvariante*

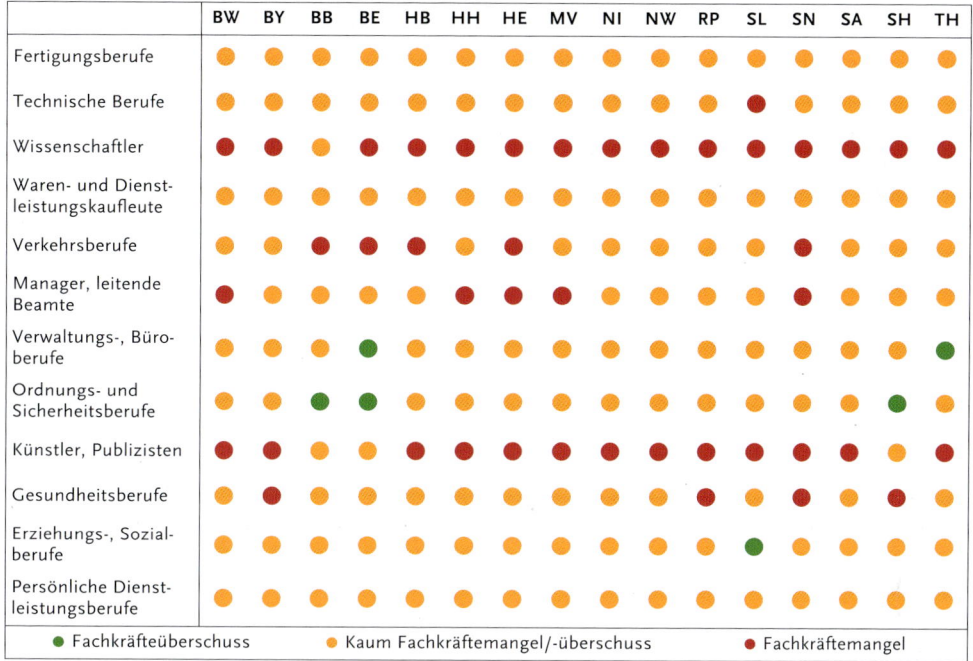

	BW	BY	BB	BE	HB	HH	HE	MV	NI	NW	RP	SL	SN	SA	SH	TH
Fertigungsberufe																
Technische Berufe																
Wissenschaftler																
Waren- und Dienst-leistungskaufleute																
Verkehrsberufe																
Manager, leitende Beamte																
Verwaltungs-, Büro-berufe																
Ordnungs- und Sicherheitsberufe																
Künstler, Publizisten																
Gesundheitsberufe																
Erziehungs-, Sozial-berufe																
Persönliche Dienst-leistungsberufe																

● Fachkräfteüberschuss   ● Kaum Fachkräftemangel/-überschuss   ● Fachkräftemangel

Quelle: Economix (R43)

B 4.5 Zusammenfassende Bewertung

Die Bundesprognose in Teil A setzt für die Regionalprognose den Rahmen, in dem sich die Länderergebnisse einfügen.

Die Analyse der vom Modell prognostizierten Erwerbslosenquoten und der Pendelströme zeigt, dass es innerhalb des deutschen Arbeitsmarktes bis 2030 zu Fachkräftemangel in erheblichem Ausmaß kommen kann. Insbesondere Arbeitskräfte mit Hochschulbildung werden fehlen. Auch für viele Berufe werden Erwerbslosenraten prognostiziert, die sehr niedrig sind. Dies sind Anzeichen für erhebliche Spannung in den Arbeitsmärkten. Bei den Wissenschaftsberufen, den künstlerischen Berufen, aber auch den Gesundheitsberufen und den Managern wird es zu Engpässen kommen. Es wird auch eine Aufgabe der Regionalpolitik sein, diese Stellen zu füllen.

Unsere Analyse weist auch darauf hin, dass die Diskrepanzen zwischen Angebot und Nachfrage bei verlangsamter Anpassung für Probleme sorgen können. So zeigt unsere Simulation, dass es bei unveränderten Berufsstrukturen in einzelnen Bundesländern zu deutlichem Fachkräftemangel kommen könnte. Wir gehen in unserer Analyse grundsätzlich nicht davon aus, dass dies geschehen wird; im Gegenteil, wir erwarten, dass die verschiedenen Akteure des Arbeitsmarkts auf entstehende Diskrepanzen reagieren und versuchen diese zu lösen. Dies wird allerdings nicht von allein gehen. Sowohl die Bundesländer, der Bund, die Firmen und die Arbeitnehmer werden dazu Beiträge leisten müssen.

Für die Länder stellt sich die Herausforderung attraktiv im Wettbewerb um Beschäftigung und Fachkräften zu sein. Hierzu müssen bildungspolitische Schritte unternommen werden, um den zunehmenden Qualifikationsbedarf, insbesondere die Höherqualifizierung der Arbeitnehmer zu ermöglichen. Gleichzeitig sollten bisherige Randgruppen in den Qualifizierungsprozess integriert werden. Ein weiterer wichtiger Schritt ist der Aufbau und die aktive Unterstützung von Weiterbildungsmöglichkeiten, die eine sinnvolle und anerkannte Qualifizierung während des Arbeitslebens ermöglicht. Auch die Zuwanderung bietet Chancen und Herausforderungen. Die Bundesländer sollten aktiv versuchen qualifizierten Migranten eine neue Heimat zu bieten. Hierzu gehörten neben der Arbeitsmarktintegration auch die flankierenden Maßnahmen der Anerkennung von ausländischen Qualifikationen, der Qualifikation über eine Kombination von Weiterbildung und Anerkennung, die das Erlangen von in Deutschland anerkannten Berufsqualifikationen auch außerhalb der etablierten Bildungswege ermöglichen.

B 5 Alternativrechnung: Hohe Zuwanderung

Im Rahmen der Prognose 2014 haben wir neben der *Basisvariante* auch noch eine Variante *Hohe Zuwanderung* genutzt. In dieser Variante bleibt die Zuwanderung zwischen 2020 und 2030 auf einem hohen Niveau von 300.000 Personen pro Jahr. Dahingegen sinkt in der Basisvariante die Zuwanderung bis zum Jahr 2020 auf 200.000 ab 2020. Für die Regionalprognose wurden die Effekte der Variante hohe Zuwanderung auf Bevölkerung, Erwerbstätige und Erwerbspersonen berechnet.

B 5.1 Bevölkerung

Die Migrantenströme in der *Hohen Zuwanderungsvariante* wurden auf die gleiche Weise auf die Bundesländer umgelegt wie in der *Basisvariante*. Die Migrantenströme verstärken im Prinzip die bestehenden Effekte, da sie sich vor allem auf bevölkerungsreiche, attraktive Bundesländer konzentrieren. Allerdings gehen wir auch davon aus, dass die neuen Bundesländer, pro Rato, auch von der höheren Zuwanderung profitieren.

Insgesamt sorgt die höhere Zuwanderung dafür, dass die Bevölkerung von 2013–2030 nicht schrumpft. Der geringe bundesweite Rückgang von 1,1 % nach der *Basisvariante* wird in der *Hohen Zuwanderungsvariante* umgewandelt in einen Zuwachs um 0,9 %. Die im Vergleich zur *Basisvariante* gut 1,6 Millionen zusätzlichen Einwohner werden sich in den südlichen Flächenländern Bayern (+262.000) und Baden-Württemberg (+220.000), aber auch auf das bevölkerungsreiche Nordrhein-Westfalen (+354.000) verteilen. Prozentual gesehen profitieren vor allem die Bundesländer Baden-Württemberg, Hamburg und Bayern. In den westdeutschen Bundesländern wird die bisherige Stagnation der Bevölkerung in ein Wachstum umgewandelt. Die ostdeutschen Bundesländer und das Saarland werden hingegen weiterhin schrumpfen, auch wenn die zusätzliche Zuwanderung diesen Prozess verlangsamt (Abbildung B 17).

Insgesamt profitieren aber alle Länder von der höheren Zahl der Zuwanderer, die insgesamt die Alterung der Erwerbspersonen abfedert. Der durchschnittliche Alterskoeffizient in 2030 sinkt von 1,51 auf 1,48. Eine ähnliche, leichte Verbesserung ist in allen Bundesländern zu finden. Da der Zustrom und die Verteilung relativ gleichmäßig über alle Bundesländer verteilt werden, ist allerdings keine besondere Verwerfung in der Altersstruktur zu erwarten.

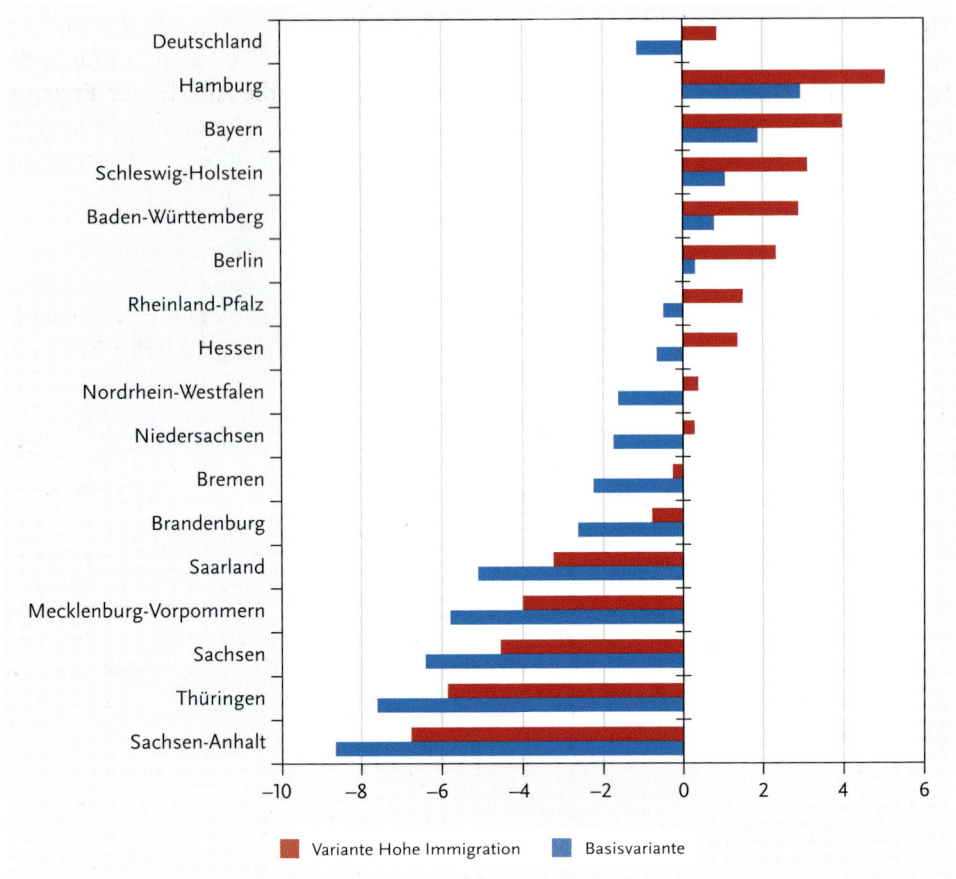

Abb. B 17 Veränderung der Bevölkerung der Bundesländer
Veränderung 2013–30 in %

Quelle: Economix

B 5.2 Erwerbspersonen und Beschäftigung

Die höhere Bevölkerungszahl durch die Zuwanderung sorgt auch für eine verbesserte Situation beim Arbeitskräfteangebot. Die Zahlen spiegeln das Bild der Bevölkerungsentwicklung (Tabelle B 3).

Obwohl die Zahl der Erwerbspersonen – trotz hoher Zuwanderung – durch die Alterung der Bevölkerung bundesweit um 900.000 Personen sinkt, können durch die Zuwanderung Baden-Württemberg, Bayern und Hamburg die Anzahl der Erwerbspersonen mit insgesamt gut 200.000 ausbauen. In den anderen Bundesländern wird die Zahl der Erwerbspersonen insgesamt um rund 1,1 Millionen Personen sinken.

Tab. B 3   Erwerbspersonen
Veränderung der Zahl der Erwerbspersonen 2013–30 in %

	Basisvariante	Variante Hohe Zuwanderung	% Differenz
Baden-Württemberg	−1,8	0,8	2,62
Bayern	−1,6	1,0	2,64
Berlin, Stadt	−2,8	−0,1	2,69
Brandenburg	−10,8	−8,5	2,29
Bremen	−2,0	0,6	2,58
Hamburg	0,1	3,0	2,91
Hessen	−4,1	−1,5	2,58
Mecklenburg-Vorpommern	−13,4	−11,3	2,14
Niedersachsen	−3,8	−1,3	2,55
Nordrhein-Westfalen	−4,0	−1,5	2,55
Rheinland-Pfalz	−4,4	−2,0	2,45
Saarland	−10,1	−7,9	2,25
Sachsen	−10,4	−8,1	2,29
Sachsen-Anhalt	−15,1	−13,0	2,09
Schleswig-Holstein	−4,1	−1,5	2,56
Thüringen	−14,6	−12,5	2,14

Quelle: Economix

Der Unterschied in der Entwicklung der Erwerbspersonen von 2013–30 zwischen dem Basisszenario und dem Hohen Zuwanderungsszenario fluktuiert zwischen 2,5 und 2,7 %. Geringere Effekte sind in den östlichen Bundesländern zu erwarten und die höchsten Effekte in den südlichen Flächenstaaten sowie in Hamburg und Hessen.

Die Verteilung der Zuwanderung und somit auch die Verteilung der Erwerbspersonen wurden relativ gleichmäßig gewählt. Die attraktiveren Länder haben nur leicht höhere Zuwächse in den Erwerbspersonen, verglichen mit den stagnierenden und schrumpfenden Ländern.

Es ist durchaus denkbar, dass es zu deutlich extremeren Varianten in der Verteilung des Einwanderungszustroms kommt. Eine Variante wäre ein Zustrom, der sich auf die attraktiven Städte und wachstumsstarken Regionen konzentriert. Dies würde wahrscheinlich, kurz- bis mittelfristig, zu einem Rückgang der Pendelströme in diese Gebiete führen. Insgesamt würde es die positive wirtschaftliche Entwicklung in diesen Gebieten noch verstärken. Nur wenn die von dieser Zuwanderung weitgehend ausgeschlossenen Gebiete in der Lage wären, vermehrt die eigene Bevölkerung in den regionalen Arbeitsprozess zu integrieren, würden sie zumindest indirekt von einer solchen Variante profitieren.

Eine andere denkbare Variante wäre eine Konzentration der Zuwanderung auf die wirtschaftlich schwächeren Gebiete, die einen Teil ihres Arbeitskräftepotenzials an die stärkeren Länder durch Pendler oder Binnenwanderung abgeben. Durch die Zuwanderung könnten Lücken gefüllt werden und die bestehenden wirtschaftlichen Strukturen erhalten bleiben.

Trotz sinkender Erwerbspersonen steigt insgesamt die Zahl der Erwerbstätigen in der Variante *Hohe Zuwanderung* (vgl. Abschnitt A 5). Diesem Trend folgen alle westdeutschen Länder, mit Ausnahme des Saarlandes und Rheinland-Pfalz. Besonders profitieren die Stadtstaaten und die südlichen Flächenstaaten. Dieses grundsätzliche Ergebnis der regionalen Prognose bleibt unverändert. Bei den ostdeutschen Bundesländern kommt es auch in dieser positiveren Variante zu erheblichen Rückgängen in der Beschäftigung. Insgesamt verschiebt sich also die Entwicklung der Beschäftigung entsprechend der allgemeinen Zunahme der Erwerbstätigen auf nationalem Niveau.

Interessant für die Einschätzung der allgemeinen Arbeitsmarktengpässe ist auch die Erwerbslosenrate (Tabelle B 4). Relativ zum Basisszenario ist deutlich zu sehen, dass die Erwerbslosenraten in der Variante *Hohe Zuwanderung* in allen Bundesländern noch weiter sinkt. Wie bereits im Abschnitt A 5 beschrieben führt die höhere Zuwanderung nicht zu weniger Fachkräftemangel, da durch diese Zunahme der Beschäftigten auch ein höheres Wirtschaftswachstum erreicht werden kann.

Tab. B 4 Beschäftigungsentwicklung und Erwerbslosenrate
Veränderung der Zahl der Erwerbstätigen 2013–30 in %

	Erwerbstätige		Erwerbslosenrate	
	Basisvariante	Variante Hohe Zuwanderung	Basisvariante	Variante Hohe Zuwanderung
Baden-Württemberg	−0,4	2,4	1,6	1,5
Bayern	−0,3	2,5	1,5	1,4
Berlin, Stadt	−1,7	1,0	5,1	4,8
Brandenburg	−11,2	−8,7	4,4	4,2
Bremen	−1,6	1,2	4,1	3,9
Hamburg	1,8	4,7	3,1	2,9
Hessen	−1,8	1,0	2,3	2,2
Mecklenburg-Vorpommern	−11,0	−8,5	5,3	5,0
Niedersachsen	−1,7	1,1	2,7	2,5
Nordrhein-Westfalen	−1,3	1,4	3,3	3,1
Rheinland-Pfalz	−3,1	−0,3	2,1	2,0
Saarland	−7,5	−4,9	2,8	2,7
Sachsen	−7,9	−5,3	4,2	4,0
Sachsen-Anhalt	−11,9	−9,4	5,0	4,7
Schleswig-Holstein	−1,6	0,6	2,9	2,7
Thüringen	−10,2	−7,6	3,8	3,6

Quelle: Economix

B 6 Fazit

In diesem Teil wurden die im ersten Teil dargestellten Bundesergebnisse nach Bundesländern differenziert. Dabei haben wir versucht, sowohl die Abhängigkeiten als auch die Konkurrenzbeziehungen der Regionen untereinander herauszuarbeiten und zu einem Gesamtbild zusammenzufügen. Da schon die Bundesprognose eine strategische Vorausschau war, für die das Handlungskonzept auf dem Weg in die Zukunft wichtiger war als eine ohnehin unsichere Punktprognose, steht auch für die Regionalprognose die Frage nach den Handlungskonzepten für die Bundesländer im Vordergrund. Die Studie zeigt, dass nicht nur die Rahmenbedingungen der Arbeitsmarkt- und Beschäftigungspolitik auf der Länderebene höchst unterschiedlich sind. Sie zeigt auch, dass die einzelnen Länder – angesichts der demografischen und wirtschaftlichen Trends – vor ganz unterschiedlichen Herausforderungen stehen.

Auch mehr als 20 Jahre nach der Wiedervereinigung zeichnet sich – trotz der inzwischen erreichten wirtschaftlichen und gesellschaftlichen Integration – eine scharfe Trennlinie zwischen den Entwicklungsperspektiven für die westdeutschen und die ostdeutschen Bundesländer ab. Diese Trennlinie steht maßgeblich mit der demografischen Entwicklung der Vergangenheit in Zusammenhang. Die starke Abwanderung junger Menschen aus den ostdeutschen Flächenstaaten in den Jahren nach der Wende hat die Entwicklungspotenziale dieser Regionen nachhaltig geschwächt. Sie verringert nicht nur das quantitative Angebot an Arbeitskräften, sondern beschleunigt die Alterung der Bevölkerung. Beides wird ein demografisches „Nachbeben" auslösen, das den Arbeitsmärkten in Ostdeutschland weiteren Schaden zufügt. Wir rechnen in den ostdeutschen Flächenländern bis 2030 mit Beschäftigungsverlusten zwischen 10 und 15 %. Derartige Verluste an Arbeitskräften werden die östlichen Bundesländer im Wettbewerb mit den westlichen Bundesländern spürbar beeinträchtigen.

Eine zweite Trennlinie verläuft zwischen den großstädtischen Zentren und dem ländlichen Raum. Unsere Prognose zeigt, dass die Entwicklung in den Stadtstaaten einerseits vom Zustrom junger und gut ausgebildeter Arbeitskräfte vorangetrieben wird und andererseits von den Beschäftigungspotenzialen in den wissensbasierten Dienstleistungen. Die gut bezahlten Arbeitsplätze in den Unternehmens- und Finanzdienstleistungen und die Dynamik einer jungen Generation werden dort die wirtschaftliche Entwicklung beschleunigen und damit einen immer stärkeren Sog auf andere Regionen – insbesondere den ländlichen Raum – ausüben. Was wir im Rahmen dieser Studie auf der Länderebene in Hamburg, Berlin und Bremen beobachten, ist nur ein Teil einer allgemeinen Urbanisierung. Alle deutschen Großstädte hatten, zusammen mit ihrem Umland, in der Vergangenheit Wanderungsgewinne zu verzeichnen. Die ländlichen Regionen verloren hingegen umso mehr, je weiter sie von den städtischen Zentren entfernt waren. Dies betraf weite Teile Ostdeutschlands, ebenso wie größere Gebiete Niedersachsens, Nordrhein-Westfalens, Hessens und des nördlichen Bayerns. Wir gehen davon aus, dass der Trend zur Urbanisierung auch die Zukunft prägen wird und erwarten für die Länder Hamburg, Bremen und Berlin deutliche Beschäftigungsgewinne. In Hessen, Baden-Württemberg und Bayern, aber auch in Nordrhein-Westfalen werden die Großstädte erheblich zur relativ positiven Gesamtentwicklung beitragen.

Schließlich gibt es eine Trennlinie zwischen den südlichen Bundesländern Bayern und Baden-Württemberg und den verbleibenden westlichen Flächenstaaten. In den südlichen Bundesländern sind die Voraussetzungen für eine erfolgreiche Entwicklung in der Zukunft bereits jetzt sehr gut und die Attraktivität der Regionen ist hoch. Vergleichsweise moderne Wirtschaftsstrukturen und ein hohes Einkommensniveau werden gut ausgebildete Arbeitskräfte anziehen und die Entwicklungschancen weiter verbessern. Die Flächenstaaten des mittleren und nördlichen Deutschlands werden dem gesamtdeutschen Trend folgen, da sich begünstigende und belastende Faktoren in diesen Regionen die Waage halten. Das Saarland wird allerdings eher der Entwicklung der ostdeutschen Bundesländer folgen.

Die wirtschaftliche Entwicklung in den Bundesländern wird nach unserer Einschätzung vom Engpassfaktor Humankapital bestimmt. Demografie und die Qualifikation der Erwerbsbevölkerung werden die Wachstumspotenziale der Regionen umso mehr bestimmen, als sich die Produktivität auf ihrem Maximalpfad bewegt. Genau dies ist bei raschem Informationsfluss und hoher Mobilität des Kapitals zu erwarten. Beide Faktoren bewirken eine schnelle Angleichung der technologischen Standards, der innerbetrieblichen Organisationsstrukturen und letztlich des strukturellen Wandels in den Regionen. Gleichzeitig weiten sich die Absatzregionen durch die informationstechnische Vernetzung aus und reduzieren damit die strukturgestaltende Wirkung der regionalen Nachfrage. Der Einfluss der regionalen Wirtschaftsstruktur auf das Wachstum schwächt sich damit ab und wird durch den Engpassfaktor „Qualifikation des Humankapitals" abgelöst.

Dies lenkt das Augenmerk der Regionalpolitik auf das Arbeitsangebot und seine Qualifikation. Hier besteht der größte Handlungsbedarf. Wir gehen davon aus, dass steigende Investitionen in die Berufsbildung zur Angleichung der Qualifikationsstrukturen in den Bundesländern führen werden. Der Anteil der Hochschulabsolventen unter den Erwerbstätigen wird bis 2030 in allen Bundesländern zwischen 20 und 35 % liegen. Wir gehen zudem davon aus, dass die Bundesländer, die zum heutigen Zeitpunkt am stärksten von den bildungspolitischen Zielen abweichen, auch die weitreichendsten Maßnahmen ergreifen werden, um ihre Bildungsstrukturen zu modernisieren. Dennoch stellen sich den einzelnen Bundesländern unterschiedliche Aufgaben:

In den ostdeutschen Flächenländern und im Saarland steht die Begrenzung der quantitativen Verluste an Arbeitskräften im Vordergrund. Mit umfangreichen Programmen wäre eine Politik der Arbeitskräftesicherung zu betreiben, die sowohl an der Entwicklung des Arbeitsangebots als auch an der Schaffung von Arbeitsplätzen ansetzt. Dazu gehört es vor allem,

- die Attraktivität der kleineren Städte für junge Menschen zu steigern,
- die Gründung und den Ausbau von Bildungseinrichtungen, insbesondere der professionellen Weiterbildung voranzutreiben,
- altersgerechte Arbeitsplätze zu schaffen und ältere Arbeitskräfte durch berufliche Weiterbildung und Umschulung im Arbeitsmarkt zu halten,
- den wirtschaftlichen Strukturwandel voranzutreiben und eine wissensbasierte Dienstleistungsökonomie zu schaffen,
- die Länder durch die Anwerbung von Arbeitskräften aus dem Ausland und die Stärkung der in- und ausländischen Direktinvestitionen zu öffnen.

Dabei geht es eher um Schadensbegrenzung als um Trendumkehr, denn die demografischen Grundstrukturen bestimmen das Geschehen noch lange.

In der Variante *Hohe Zuwanderung* konnten alle Bundesländer von der verstärkten Zuwanderung profitieren. Allerdings profitieren im größten Maße die attraktiveren Standorte, die wohl auch am einfachsten ausländische Fachkräfte anwerben können. Wir gehen davon aus, dass alle Bundesländer Anstrengungen unternehmen, um den zukünftigen Fachkräftemangel durch die Anwerbung von ausländischen Arbeitnehmern zu verringern. Dies kann nur funktionieren wenn Strukturen aufgebaut werden, um die Zuwanderer schnell und effizient im Arbeitsprozess zu integrieren, aber auch indem man für die nötige Akzeptanz der Zuwanderer in den Regionen sorgt. Trotz hoher Zuwanderung werden die ostdeutschen Bundesländer einen massiven Verlust der Erwerbspersonen und Erwerbstätigen in diesem Szenario verzeichnen. Die Zuwanderer werden das Schrumpfen des Arbeitsangebots nur abmildern, aber nicht gänzlich kompensieren können.

Der Beitrag der westdeutschen Länder zur Zukunftsbewältigung auf dem Arbeitsmarkt wird weit stärker in bildungspolitischen Maßnahmen bestehen. Neben dem Ausbau der Hochschulen wird der Fokus auf die unteren Qualifikationsgruppen zu richten sein. Will man die Höherqualifizierung der Arbeitskräfte in dem von uns beschriebenen Ausmaß erreichen, müssen die westdeutschen Länder vor allem ihre ungelernten Arbeitskräfte ausbilden. Dies kann nur durch den Ausbau der beruflichen Weiterbildung erreicht werden, da diese Arbeitskräfte zum überwiegenden Teil im Berufsleben stehen.

Die Regionalpolitik wäre sicherlich zu eng festgelegt, würde sie sich auf das Arbeitsangebot beschränken. Erst das Wechselspiel zwischen Angebot und Nachfrage auf dem Arbeitsmarkt eröffnet die Entwicklungschancen. Auch im Rahmen eines humankapitalbasierten Ansatzes kommt es daher auf die Ansiedlung und Entwicklung von langfristig orientierten Unternehmen an. In den östlichen Bundesländern steht dabei nach unserer Einschätzung die stetige Emanzipation der Industrie-, Bau- und Handelsunternehmen von ihren westdeutschen oder ausländischen Mutterunternehmen im Vordergrund. Nur wenn ein größerer Anteil an dispositiven Unternehmensfunktionen in den ostdeutschen Unternehmen angesiedelt wird, können sie sich aus ihrer Rolle als verlängerte Werkbank oder Filialbetrieb befreien. Dies erscheint nicht nur im Sinne größerer Selbstständigkeit notwendig, sondern vor allem im Sinne einer ertragreicheren Wertschöpfung.

Unsere Analyse der Arbeitsmarktengpässe zeigt, dass sich der Fachkräftemangel bis 2030 in allen regionalen Arbeitsmärkten ausbreiten wird. Sowohl die Erwerbslosenraten in vielen Berufen als auch die Berechnungen der Fachkräftelücke bei unveränderter Angebotsstruktur weisen auf erhebliche Engpässe bei Arbeitskräften mit Hochschulabschluss hin.

Nach dieser Vorausschätzung kommt der regionalen Dimension des Arbeitsmarktes eine entscheidende Rolle für die Entwicklung in Deutschland zu. Die ungleiche Bevölkerungsentwicklung, die abweichenden Bildungsstrukturen und nicht zuletzt die ungleiche Attraktivität der Standorte für die zukünftigen Arbeitsplätze lassen nicht nur divergierende Entwicklungen erwarten, sondern erhöhen das Risiko suboptimaler Lösungen. Die Gefahr, dass die ostdeutschen Flächenländer durch die demografische Entwicklung in eine Negativspirale gezogen werden, ist keineswegs gebannt. Aber nicht nur die Regionalpolitik in Ostdeutschland steht vor großen Herausforderungen. Die westdeutschen Bundesländer stehen – wenn auch in geringerem Ausmaß – vor der gleichen Problematik eines sinkenden Angebots an Fachkräften.

Teil C Prognose für kleine, mittlere und große Betriebe

C 1 Konzept und Methodik

Deutschland war schon immer ein Land des Mittelstandes, das den Effizienzvorteilen der Großbetriebe die Dynamik der kleinen und mittleren Betriebe entgegengesetzt hat. Im internationalen Wettbewerb wurde statt auf die Kostenvorteile der „economies of scale" auf die Vorteile einer vergleichsweise klein strukturierten, aber innovativen Wirtschaft gesetzt. Damit fügt sich die Größenstruktur der deutschen Wirtschaft in das Gesamtkonzept einer auf Qualitäts- statt Kostenwettbewerb ausgerichteten Wirtschaftspolitik.

Größe allein ist damit kein Kriterium für eine erfolgreiche Wirtschaftsstrategie. Vielmehr kommt es auf die Wettbewerbsstärke der Betriebe und Unternehmen in ihrem jeweiligen Marktsegment an. Auch große Betriebe können ggf. durch die Konkurrenzsituation geschwächt werden, ebenso wie Kleinbetriebe sich aus ihrer Abhängigkeit von Großunternehmen befreien können. Große wie kleine Betriebe können durch ein qualitatives Alleinstellungsmerkmal eine beherrschende Position auf ihren Produktmärkten erreichen. Mittelstandspolitik ergibt daher erst Sinn, wenn sie mit einer innovativen Strategie verknüpft wird, und mit dem Vertrauen, dass die kleinen und mittleren Betriebe am ehesten in der Lage sind, eine derartige Strategie umzusetzen.

Die Position der Betriebe unterschiedlicher Größe im Wirtschaftsgefüge ist multivalent, je nach der Betrachtungsebene, mit der Größe gemessen und bewertet wird. Zum Teil sind sie in Wertschöpfungsketten eingebunden, in denen die Nachfragemacht großer Betriebe die wirtschaftlichen Bedingungen festlegt. Es gibt auch eine Vielzahl unabhängiger Unternehmen, die ihre Produkte direkt auf Endverbrauchermärkten absetzen. Hinter den großen Produktions- und Dienstleistungsbetrieben stehen – nach dem Maßstab der Beschäftigtenzahl – kleine Holdings, die über das Finanzkapital verfügen und die Entscheidungen der Großbetriebe maßgeblich bestimmen. Es gibt also die zweite Ebene der Kapitalmacht, die sich in den strukturellen Veränderungen der Wirtschaft spiegelt. Schließlich gibt es die Marktstruktur, die die gesamtwirtschaftliche Produktion in produktspezifische Marktsegmente aufteilt: Konsumgüter, Investitionsgüter, Vorprodukte. Auf jedem dieser Märkte und der Vielzahl ihrer Submärkte herrschen andere Wettbewerbsbedingungen und finden sich demzufolge unterschiedliche Größenstrukturen. Bei der Betrachtung von Betriebsgrößen und ihren Veränderungen haben wir es daher mit einem vielschichtigen Problem zu tun, das eng mit dem wirtschaftlichen Strukturwandel verbunden ist. Im Prinzip gehen wir davon aus, dass sich die Größenstrukturen in Abhängigkeit von den technologischen „Unteilbarkeiten", den Skalenerträgen und den Rentabilitätsbedingungen auf den Güter- und Faktormärkten herausbilden.

Betriebe unterschiedlicher Größe treffen nicht nur auf den Waren- und Dienstleistungsmärkten als Konkurrenten aufeinander. Sie sind auch Wettbewerber um die Arbeitskräfte in der Region. Da die Versorgung der Betriebe mit Fachpersonal von zentraler Bedeutung ist, hat die unterschiedliche Position kleiner, mittlerer und großer Betriebe auf dem Arbeitsmarkt die Debatte um den Fachkräftemangel von Anfang an beherrscht. Diese Konkurrenzsituation wird sich unter den Bedingungen des von uns prognostizierten Arbeitskräftemangels in Zukunft weiter verschärfen.

In diesem Teil des Berichts führen wir unsere Überlegungen zur Entwicklung des deutschen Arbeitsmarktes durch eine Differenzierung der Prognoseergebnisse auf Bundesebene nach der Größe der Betriebe fort. Dabei geht es zum einen um die Frage, wie sich der sektorale, berufliche und qualifikationsspezifische Strukturwandel, den wir für den deutschen Arbeitsmarkt prognostiziert haben, in der Nachfrage nach Arbeitskräften der Betriebe unterschiedlicher Größe niederschlagen wird. Es geht zum anderen um die Frage, wie sich die verschieden großen Betriebe in dem absehbar schärferen Wettbewerb um Arbeitskräfte behaupten werden.

Unsere Analyse bezieht sich auf den Betrieb als lokale Produktions- und Dienstleistungseinheiten – nicht auf das Unternehmen. Dabei unterscheiden wir zwischen
- Kleinstbetrieben mit weniger als 10 Beschäftigten;
- Kleinbetrieben mit 10 bis 49 Beschäftigten;
- Mittelbetrieben mit 50 bis 499 Beschäftigten;
- Großbetrieben mit 500 und mehr Beschäftigten.

Neben der besseren Verfügbarkeit von statistischen Daten ist die Wahl des Betriebs als Beobachtungseinheit durch die Überlegung gerechtfertigt, dass es die Betriebe sind, die auf dem lokalen Arbeitsmarkt als Nachfrager auftreten, nicht die manchmal sehr großen und vielgliedrigen Unternehmen. Dabei gehen zwar die nach Betriebsgrößen gegliederten Statistiken, wie die Beschäftigtenstatistik der Bundesagentur für Arbeit oder die Erhebung des gesamtwirtschaftlichen Stellenangebots (EGS), Kompromisse mit den Unternehmen ein und akzeptieren gelegentlich Sammelmeldungen für eine größere Zahl von Filialbetrieben. Dies sind allerdings Ausnahmen, die die Abbildung der betrieblichen Größenstrukturen auf der von uns beobachteten Aggregationsebene nicht wesentlich beeinflussen.

Bei der Interpretation der Ergebnisse ist zu berücksichtigen, dass die Beobachtungsebene der Betriebe ihrerseits Probleme aufwirft. Es ist davon auszugehen, dass die Rekrutierungsstrategien kleiner oder mittlerer Filialbetriebe oft aus der Sicht eines Großunternehmens oder gar multinationalen Unternehmens getroffen werden und damit anders ausfallen als dies ein eigenständiges Unternehmen dieser Größe getan hätte. Wir vergleichen damit Einheiten, deren Entscheidungslogik verschiedenen

Konzepten folgt und deren Entwicklung sich daher auch zu einem gewissen Grade einer durchgängigen Erklärung entzieht.

Die Ausgangsdaten unserer Prognose stammen aus den beiden bereits genannten Quellen, der Beschäftigtenstatistik und der EGS. Mit diesen Daten wurde für das Basisjahr 2013 die Matrix der Beschäftigten nach 15 Wirtschaftsbereichen und vier Größenklassen berechnet. Ebenso wurden mit den Daten der EGS die Matrizen nach 15 Berufen und vier Größenklassen sowie nach vier Qualifikationsgruppen und vier Größenklassen ermittelt.[28] Dazu war eine Reihe von Schätzungen erforderlich, um die auf der Statistik der sozialversicherungspflichtig Beschäftigten beruhenden Ausgangsdaten an das Konzept der Volkwirtschaftlichen Gesamtrechnung anzupassen. Dies schloss die Schätzung der Selbstständigen nach Wirtschaftszweigen und Größenklassen ein, ebenso wie die Schätzung der geringfügig Beschäftigten und der Beamten.[29] Alle Daten sind im Hinblick auf Niveau und Struktur mit den für die Bundesprognose verwendeten VGR-Daten abgestimmt.

Die Vorausschätzung der Beschäftigungsentwicklung nach Betriebsgröße erfolgte zum einen mit den Randvektoren der genannten Matrizen, d. h. der sektoralen, beruflichen und qualifikationsspezifischen Beschäftigungsentwicklung bis 2030. Zum anderen haben wir Hypothesen entwickelt, wie sich die Größenstruktur in den einzelnen Untergliederungen im Zuge des in der Bundesprognose beschriebenen Strukturwandels verändern wird. Die dafür maßgeblichen Annahmen flossen in die Schätzungen der Beschäftigtenmatrizen Größenklasse mal Wirtschaftszweig, Größenklasse mal Beruf und Größenklasse mal Qualifikation ein. In einem multiplen Anpassungsprozess wurden die Schätzungen für die vier Dimensionen Größenklasse, Wirtschaftszweig, Beruf und Qualifikation miteinander abgestimmt. Damit wurde die Konsistenz aller drei Vorausberechnungen nach Sektoren, Berufen und Qualifikationsgruppen erreicht.

Da der Nachfrage der Betriebe nach Arbeitskräften kein entsprechendes, nach Betriebsgröße gegliedertes Arbeitsangebot gegenübersteht, ist eine sinnvolle Quantifizierung von Arbeitsmarktengpässen für einzelne Betriebsgrößen nicht möglich. Vielmehr spiegeln sich die Engpasssituationen in Umfrageindikatoren, die das Geschehen aus der Sicht der Betriebe beschreiben und bewerten. Dazu zählen Indikatoren wie Arbeitskräftemangel, Zahl der Bewerber für neue Stellen, unbesetzte Arbeitsplätze, oder der Abbruch der Personalsuche durch die Betriebe. Sie reflektieren zwar die Präferenzen der Arbeitsanbieter, aber das Arbeitsangebot entzieht sich an dieser Stelle der direkten Messung. Da die Engpassindikatoren aus den Erhebungen nur für die Basisperiode vorliegen, entwickelt unsere Prognose Überlegungen, wie sich der Fachkräftemangel nach Betriebsgröße durch die Nachfrageänderungen in sektoraler, beruflicher und qualifikationsspezifischer Hinsicht verändern kann. Dazu wurde von unseren Knappheitsindikatoren nach Berufen und Qualifikationen auf

---

28 Zu den Details der Systematiken vgl. Anhang III 2
29 Im Einzelnen ist das Vorgehen im Methodenbericht (Kriechel, Vogler-Ludwig 2014) beschrieben.

Bundesebene ausgegangen und – unter Berücksichtigung der Nachfragetrends – die Auswirkungen auf die unterschiedlichen Betriebsgrößen abgeleitet.

C 2 Beschäftigungsentwicklung nach Betriebsgröße

C 2.1 Gesamtergebnis

Das größenspezifische Wandlungsmuster der deutschen Wirtschaft wird sich in der Prognoseperiode nicht grundlegend verändern. Wie bereits in der vergangenen Periode zu beobachten war, verlagern sich die Anteile der Beschäftigung zu den Kleinst- und Großbetrieben. Allerdings erwarten wir, dass der Strukturwandel unter den Vorzeichen sinkender Erwerbstätigkeit zugunsten der Großbetriebe als auch zugunsten der Kleinstbetriebe verlaufen wird (Tabelle C1).

Den Löwenanteil des Beschäftigungsrückgangs bis 2030 werden nach unseren Einschätzungen die Mittelbetriebe mit 50 bis 499 Beschäftigten zu tragen haben. Auf sie wird 40 % des gesamten Beschäftigungsrückgangs von 1,0 Millionen entfallen (−3.2 %). Knapp ein Drittel wird auf die Kleinbetriebe mit 10 bis 49 Beschäftigten entfallen. Für sie erwarten wir einen Verlust von 287.000 Arbeitsplätzen bis 2030 (−3,0 %). Die Kleinst- sowie die Großbetriebe werden hingegen weniger betroffen sein. Bei Großbetrieben rechnen wir mit einem leichten Rückgang um 106.000 (−1,3 %), bei Kleinstbetrieben um 202.000 (−1,8 %).

Tab. C 1 Erwerbstätigkeit nach Betriebsgrößenklassen

Erwerbstätige je Betrieb	2013	2030	Veränderung 2013–30		Veränderung 2000–13
	in 1.000		in 1.000	in %	in %
<10	11.139	10.938	−202	−1.8	2,0
10–49	8.987	8.700	−287	−3.2	−1,7
50–499	13.538	13.135	−402	−3.0	−1,8
500+	8.178	8.071	−106	−1.3	1,6
Insgesamt	41.841	40.844	−997	−2.4	

Quelle: Economix (G1)

C 2.2 Auswirkungen des sektoralen Strukturwandels

Die Entwicklung in den Größenklassen geht maßgeblich auf den erwarteten sektoralen Strukturwandel zurück. Bei differenzierter Betrachtung der Beschäftigungsänderungen bis 2030 zeigt sich, dass die Beschäftigungsverluste der Großbetriebe im Wesentlichen mit dem Rückgang der Warenproduktion zusammenhängen, relative Gewinne sind im Bereich Handel, Gastgewerbe und Verkehr sowie bei den Unternehmensdienstleistungen zu finden. Die Beschäftigungsgewinne der Kleinstbetriebe gehen auf die Zuwächse in den Unternehmensdiensten zurück (Abbildung C1).[30] Ähnlich stellt sich die Lage bei den Mittelbetrieben dar. Sie werden nicht nur in der Warenproduktion an Beschäftigten verlieren, sondern auch im Bereich Handel, Gastgewerbe, Verkehr und den öffentlichen und sozialen Diensten. Der Beschäftigungszuwachs bei den Unternehmens- und Finanzdiensten wird diese Verluste nicht kompensieren können. Bei den Kleinstbetrieben wird dies schon eher der Fall sein. Sie gewinnen stark durch den Ausbau der Unternehmens- und Finanzdienste, ohne die Beschäftigung in den anderen Wirtschaftsbereichen ebenso stark abzubauen wie größere Betriebe. Die Kleinbetriebe sind ähnlich gelagert, aber ihre Beschäftigungsgewinne in den Unternehmens- und Finanzdiensten halten sich in Grenzen.

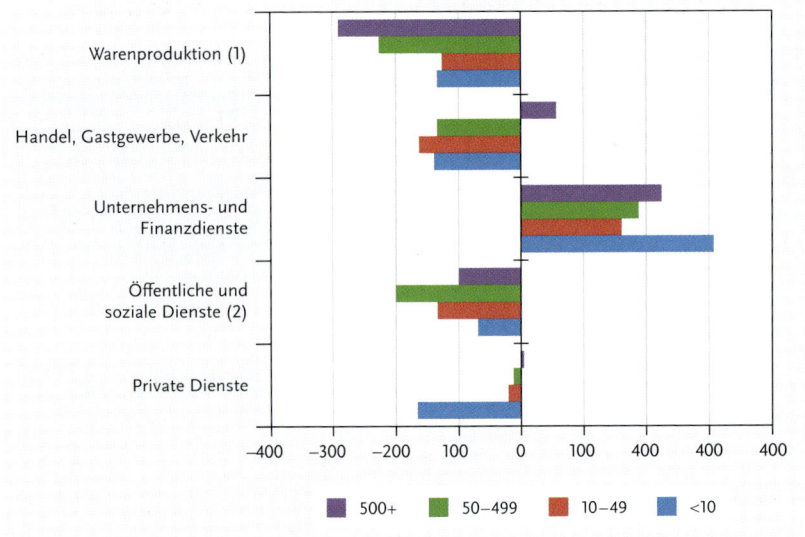

(1) Land- und Forstwirtschaft, verarbeitendes Gewerbe, Energie, Bergbau, Baugewerbe
(2) Öffentliche Verwaltung, Erziehung und Unterricht, Gesundheits- und Sozialwesen

Abb. C 1 Erwerbstätigkeit nach Größenklassen und Wirtschaftszweigen 2013–30
Veränderung der Erwerbstätigkeit 2013–2030 in 1.000

Quelle: Economix (G1)

---

30   Detaillierte Prognoseergebnisse sind im Anhang III, Tabelle III 1.1, wiedergegeben.

Die sektorale Darstellung in Abbildung C1 zeigt auch, dass die größenspezifische Umschichtung der Beschäftigung in den einzelnen Sektoren der Wirtschaft unterschiedlich verläuft. Während in der Warenproduktion damit zu rechnen ist, dass der Beschäftigungsrückgang überwiegend von den Groß- und Mittelbetrieben getragen wird, werden die Großbetriebe im Handel, Gastgewerbe und Verkehr sogar leichte Zuwächse verbuchen. In den öffentlichen und sozialen Diensten werden die mittelgroßen Betriebe die Hauptlast des Beschäftigungsabbaus zu tragen haben. Auf die Ursachen dieser Umschichtung gehen wir im folgenden Abschnitt näher ein.

C 2.3 Größenspezifischer Strukturwandel

Über alle Wirtschaftszweige gerechnet zeigt die Komponentenzerlegung der Beschäftigungsänderung, dass der sektorale Strukturwandel ein größeres Gewicht für die Beschäftigungsentwicklung der einzelnen Größenklassen hat, als die Umschichtung der Beschäftigung zwischen den Größenklassen (Abbildung C2). Es treten aber auch sichtbare Größenstruktureffekte auf, die insgesamt den Beschäftigungsabbau sowohl bei den Groß- als auch den Kleinstbetrieben dämpfen werden. Bei den Mittel- und Kleinbetrieben wird die Umschichtung der Beschäftigung zwischen den Größenklassen hingegen zur Verstärkung des Beschäftigungsabbaus beitragen.

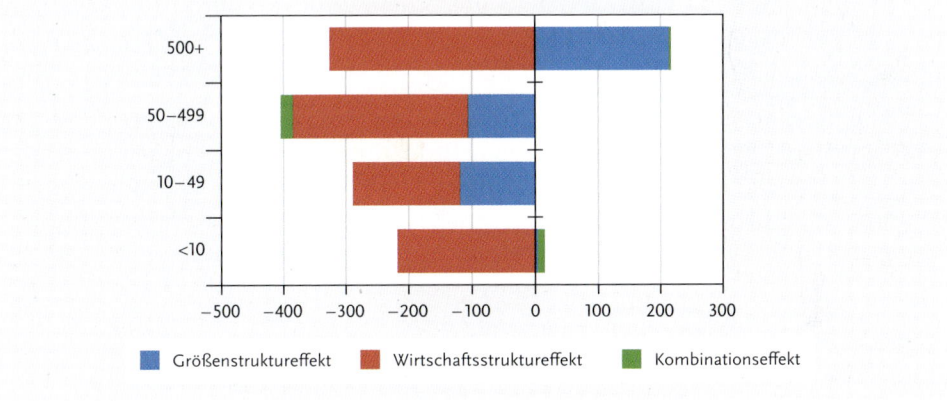

Abb. C 2 Veränderung der Erwerbstätigkeit 2013–30
Beiträge zur Veränderung der Erwerbstätigkeit 2013–2030 in 1.000 *

(*) Die Komponentenzerlegung isoliert die Auswirkungen des sektoralen Strukturwandels in der Erwerbstätigkeit (den Wirtschaftsstruktureffekt), indem sie die Größenstruktur von 2013 mit der sektoralen Beschäftigungsänderung zwischen 2013 und 2030 fortschreibt. Umgekehrt wird der Größenstruktureffekt ermittelt, indem die sektorale Beschäftigungsstruktur von 2013 mit der Veränderung der Größenklassen zwischen 2013 und 2030 fortgeschrieben wird. Der Kombinationseffekt ergibt sich aus der gleichzeitigen Änderung von sektoraler Beschäftigung und Größenstruktur.

Quelle: Economix (G1)

Für die Verlagerungen der Beschäftigung zwischen den Betriebsgrößen sind sowohl sektorspezifische als auch generelle, alle Sektoren betreffende Ursachen zu benennen. Zu den generellen Ursachen gehören das Gründungsgeschehen ebenso wie die Unternehmensorganisation und die Reorganisation der Wertschöpfungsketten. Darüber hinaus gibt es sektorspezifische Veränderungen, die mit Veränderungen der Marktstrukturen, der Technologie und anderen Faktoren zusammenhängen.

Grundsätzlich sind die Besonderheiten der Klassifizierung nach Betriebsgrößen zu beachten.

- Zum einen sind dies ihre statistischen Eigenheiten. Die Statistik der Betriebsgrößen wird durch die Definition der Größenklassen bestimmt, mit dem Effekt, dass breite Größenklassen weniger im Austausch mit den angrenzenden Größenklassen stehen als schmale. Soweit Verlagerungen zwischen den Größenklassen stattfinden, beobachten wir nur den Saldo der Verlagerungen nach oben oder nach unten. Dies verbirgt oft mehr als es aufdeckt.
- Zum anderen erfassen die Wirtschaftssektoren ein weites Spektrum an Subsektoren, die sich hinsichtlich ihrer Märkte, ihrer Produktionsbedingungen als auch ihrer Entwicklungsperspektiven unterscheiden. Damit stehen für die Interpretation der beobachteten Veränderungen meist mehrere Hypothesen zur Verfügung.
- Schließlich folgt die Reorganisation der Unternehmen und der Betriebe keinem einheitlichen Konzept. Vielmehr finden sich widerstreitende Ansätze, die sich im Wettbewerb durchsetzen oder untergehen, um dann durch eine neue „Unternehmensphilosophie" ersetzt zu werden.

Kurz gefasst, im Spiegel der Größenklassen beobachten wir nur einen kleinen Teil des Strukturwandels. Die empirisch beobachteten Verlagerungen zwischen den Größenklassen sind keinem eindimensionalen Erklärungsansatz zugänglich und lassen sich folglich auch nicht mit einem derartigen Ansatz prognostizieren. Wir gehen daher differenziert an die Aufgabe einer Voraussage der größenspezifischen Entwicklungen heran und versuchen, die ihnen zugrunde liegenden Faktoren zu beschreiben.

C 2.3.1 Neugründung von Betrieben

In den Jahren 2010–13 wurden nach der Erhebung des gesamtwirtschaftlichen Stellenangebots im Durchschnitt jährlich 2,8 % der Betriebe neu gegründet. Sie erreichten im Gründungsjahr einen Anteil von 2,3 % an der Gesamtbeschäftigung. Das Gründungsgeschehen wurde insbesondere vom Handel, dem Gesundheits- und Sozialwesen und den Bereichen Maschinenbau, Elektrotechnik, Fahrzeugbau, dem Baugewerbe und der öffentlichen Verwaltung getragen. Dabei ist zu berücksichtigen, dass die Betriebsgründungen auch Aus- und Umgründungen bereits bestehender Betriebe beinhalten.

In den genannten Bereichen entstanden durchschnittlich 50.000 bis 60.000 Arbeitsplätze pro Jahr, wobei der Handel, Bau und das Gesundheits- und Sozialwesen die höchsten Werte aufwiesen. Die Gründungsdynamik hat seit 2010 deutlich nachgelassen. In den neu gegründeten Betrieben ging die Zahl der Arbeitsplätze von 890.000 im Jahr 2010 auf 700.000 im Jahre 2013 zurück, wobei die Zahl der Arbeitsplätze in 2011 und 2012 deutlich niedriger lag. Diese Entwicklungen werden auch durch die Unternehmens- und Gewerbestatistik bestätigt.[31]

Wir gehen nicht davon aus, dass sich das Gründungsgeschehen in Zukunft beleben wird. Dies liegt zunächst daran, dass einer der Gründe für den Anstieg der Selbstständigkeit in der Vergangenheit, die Arbeitslosigkeit, seine – in diesem Fall positive – Kraft verlieren wird. Der Rückgang der Arbeitslosigkeit, die bisher einen wesentlichen Beitrag zu den Neugründungen geleistet hat, wird den Druck auf die Arbeitslosen, in der Selbstständigkeit eine Existenzgrundlage zu finden, verringern. Gleichzeitig wird der Arbeitskräftemangel die abhängige Beschäftigung attraktiver machen, da die Unternehmen nicht nur gut bezahlte, sondern auch sichere Arbeitsplätze anbieten werden. Dies wird das Gründungsgeschehen verlangsamen.

Andererseits eröffnen die wachsenden Märkte in den wissensorientierten Diensten gute Chancen für Unternehmensgründer. Auch die Ausgründungen von Dienstleistern aus Industrie-, Handels- und Finanzunternehmen werden steigen, sodass das Gründungsgeschehen neue Impulse erfahren wird. Insgesamt werden sich die beiden genannten Effekte auf der gesamtwirtschaftlichen Ebene weitgehend kompensieren. Wir gehen daher auch für 2030 davon aus, dass jährlich etwa 2 bis 3 % der Arbeitsplätze in neu gegründeten Betrieben entstehen werden.

In struktureller Hinsicht wird das Gründungsgeschehen allerdings nicht neutral bleiben. Dies gilt zum einen für die sektorale Dimension. Die Gründungsaktivitäten werden sich in den Dienstleistungssektor verlagern, während die Zahl der Industrieunternehmen rückläufig sein wird. Das stärkste Wachstum erwarten wir für die Unternehmensdienste sowie für das Gesundheits- und Sozialwesen. Zum anderen wird sich die Qualifikationsstruktur der Beschäftigten in neugegründeten Betrieben verändern. Der Anteil der Hoch- und Fachschulabsolventen liegt in diesen Betrieben schon heute deutlich höher als in bestehenden Betrieben.[32] Anders als in der jüngeren Vergangenheit werden es daher die Hochschulabsolventen sein, die den entscheidenden Beitrag zu den Neugründungen und ihrem Wachstum leisten werden. Für viele Betriebe wird das wissenschaftliche, technische, juristische oder kaufmännische Know-how die Geschäftsgrundlage bilden.

---

31 Institut für Mittelstandsforschung: Gründungen und Unternehmensschließungen. Statistisches Bundesamt (2011): Ausgewählte Ergebnisse für kleine und mittlere Unternehmen in Deutschland 2009; in: Unternehmen und Arbeitsstätten. Wiesbaden.

32 Nach der EGS lag in neu gegründeten Betrieben der Anteil der Hochschulabsolventen bei 21 % und damit um 6 Prozentpunkte über dem Durchschnitt aller Betriebe. Der Anteil der Fachschulabsolventen lag mit 17 % um 7 Prozentpunkte höher.

Gleichzeitig bietet das Internet ein breites Spektrum an Gründungschancen, die zu niedrigen Markteintrittskosten genutzt werden können. Handel, Verkehr, technische und handwerkliche Dienste und viele andere Branchen können ihre Dienste nicht nur direkt im Markt anbieten, sondern ihre Absatzgebiete ohne nennenswerte Zusatzkosten erweitern. Dies wird die Wettbewerbsposition neu eintretender und kleiner Betriebe stärken. Die Direktvermarktung durch Produzenten wird zunehmen, ebenso wie die Eigenverwertung von Copyrights. Damit geraten die meist mittelgroßen bis großen Zwischenhändler und Verlage unter Druck.

C 2.3.2 Reorganisation der Wertschöpfungsketten

Die industrietypische Verknüpfung von kleinen und großen Unternehmen, bei der kleine Unternehmen die Zulieferer der großen sind, wird sich in der Dienstleistungsökonomie weitgehend auflösen. Die Wachstumskerne werden weniger hierarchisch organisiert sein und häufiger in Form von Netzwerken unabhängiger Unternehmen operieren. Gleichzeitig wird die Herstellung von Gütern zurückgefahren, verlagert oder ganz aufgegeben. Kleine und mittlere Unternehmen werden die Innovationsträger in sehr hoch spezialisierten technologischen Gebieten sein, und gleichzeitig durch ihre Kooperation eine breites Spektrum technologischer und wissenschaftlicher Entwicklungen abdecken.[33] In der Dienstleistungswirtschaft bietet die Betriebs- und Unternehmensgröße in der Mehrzahl der Märkte keinen entscheidenden wirtschaftlichen Vorteil. Vielmehr bietet die Kooperation unabhängiger Klein- und Mittelunternehmen größere Flexibilität, ein zielgenaueres Anreizsystem und eine stärkere Entwicklungsdynamik. Der deutsche Mittelstand, der diesem Konzept schon lange folgt, befindet sich damit auf dem richtigen Weg.

Allerdings gibt es auch dazu ein „Aber", denn die Informations- und Kommunikationstechnik hat die Skalenvorteile aus der industriellen Großserienproduktion in die Erstellung von informationstechnischen Dienstleistungen übertragen und sie auf diese Weise mehr denn je ins Spiel gebracht. Diese Technik ist in weiten Teilen durch hohe Fixkosten und geringe marginale Kosten gekennzeichnet. Dabei werden die Fixkosten durch den im Vergleich zur industriellen Warenproduktion schnellen technologischen Wandel noch weiter gesteigert. Es ist also kein Wunder, dass auf den Softwaremärkten fast nur Weltunternehmen amerikanischen Ursprungs die Entwicklung bestimmen. Europäische und deutsche Unternehmen sind nur am Rande beteiligt. Die Mehrzahl bleibt bei der Anwendung der globalen Technologien. Dies bedeutet, dass in den informationstechnischen Industrien ausländische Unternehmen bestimmen, welcher Teil der Gesamtproduktion auf Deutschland entfällt.

---

33 Die von Economix in Zusammenarbeit mit dem Warwick Institute for Employment erstellte Studie über die Bedeutung der beruflichen Bildung für die sektorale und regionale Umstrukturierung zeigte am Beispiel einzelner Regionen, wie Baden-Württemberg, Brabant und Jütland, dass kooperative Unternehmensnetzwerke nicht nur in der Lage sind, die auf Großunternehmen zentrierten Industriestrukturen abzulösen. Sie erwiesen sich als flexibler in der Anpassung an den strukturellen Wandel der Industrie und wirkten ihrerseits als Motoren einer auf Know-how gestützten wirtschaftlichen Umstrukturierung (Bosworth et al. 2012).

Häufig sind das die marktnahe Entwicklung und die Vermarktung selbst, während Management und Produktentwicklung in den USA und die Produktion in Asien stattfindet.

Wir gehen nicht davon aus, dass es der deutschen Industrie gelingen wird, die Vormachtstellung der USA in diesem Technologiefeld zu überwinden. Es wird kein deutsches Silicon-Valley geben. Folglich erwarten wir auch nicht, dass sich in diesem Segment neue Großunternehmen herausbilden werden. Vielmehr wird es eine große Zahl von Kleinst- und Kleinbetrieben geben, die für den Service der informationstechnischen Einrichtungen und die kundenspezifische Programmierung da sein werden.

Ein zweites „Aber" ergibt sich aus der Globalisierung, die vor allem in China zu – nach deutschen Maßstäben – riesigen Betrieben geführt hat. Dies hat die Schrumpfung der industriellen Großbetriebe in Deutschland zur Folge, während die industriellen Mittel- und Kleinbetriebe bessere Chancen haben werden. Im Sektor Finanz- und Unternehmensdienste sieht der Trend hingegen anders aus: Die weltweite Organisation der industriellen Wertschöpfungsketten hat zu starkem Größenwachstum in diesen Branchen geführt. In beiden Bereichen ist die Präsenz an den Standorten der industriellen Wertschöpfung eine entscheidende Voraussetzung für die angebotenen Services – nicht nur im physischen Sinne, sondern auch im Hinblick auf die Qualität der Dienstleistungen. Wir erwarten daher, dass sich im Zuge der Globalisierung große Konglomerate aus Dienstleistungsanbietern bilden werden, die weltweit tätig sein werden. Auch hier scheinen die amerikanischen Unternehmen bereits weit vorangeschritten zu sein, soweit sie nicht durch rechtliche Schranken aufgehalten wurden. Im Finanzsektor und in der Telekommunikation dürften solche Schranken weiterhin wirksam sein. In den Unternehmensdiensten hingegen wird es mit dem zunehmenden Abbau der Sprachgrenzen weniger Barrieren geben. Die starke Rolle der deutschen Industrieunternehmen in den globalen Wertschöpfungsketten wird auch nach entsprechend starken Anbietern in den Support-Services verlangen. Es besteht daher eine gewisse Wahrscheinlichkeit, dass die deutschen Großunternehmen in diesen Branchen weiter wachsen werden.

C 2.3.3 Sektorspezifische Entwicklungen

Unsere Annahmen zur Veränderung der Größenstruktur in den Wirtschaftszweigen haben wir in Tabelle C 2 dargestellt. Sie basieren auf den im Folgenden dargestellten Thesen und Überlegungen.

Bei der Umsetzung der Anteilsverschiebungen in quantitative Größen sind vergleichsweise geringe Änderungen unterstellt worden, da in vielen Wirtschaftszweigen von sich kompensierenden Faktoren auszugehen ist. Im Durchschnitt beträgt die Anteilsänderung zwischen 2013 und 2030 ±0,6 Prozentpunkte. Soweit die Anteilsänderung diesen Wert überschreitet, ist dies in Tabelle C 2 farblich markiert.[34]

Über alle betrachteten Wirtschaftszweige wird sich nach unseren Einschätzungen die Erwerbstätigkeit bis 2030 mit einem Anteilsgewinn von 0,16 Prozentpunkten in die Kleinstbetriebe verlagern. Die Großbetriebe werden 0,22 Prozentpunkte gewinnen. Die Mittelbetriebe werden im Gegenzug 0,19 Prozentpunkte verlieren und der Anteil der Kleinbetriebe wird um 0,18 Prozentpunkte sinken.

Tab. C 2 Erwerbstätige nach Wirtschaftszweigen und Größenklassen 2013–30

	Veränderung 2013–30		Veränderung des GK-Anteils des Wirtschaftszweigs 2013–30*			
	in 1.000	in %	<10	10–49	50–499	500+
Land- und Forstwirtschaft	−119	−18,7	-	+	+	+
Bergbau, Steine und Erden	−23	−33,9	-	+	+	-
Verarbeitendes Gewerbe	−601	−8,2	+	+	+	-
Energie- und Wasserversorgung	−66	−13,5	+	-	-	+
Baugewerbe	24	1,0	-	-	+	+
Handel, Instandhaltung/Reparatur	−111	−1,9	+	-	-	+
Gastgewerbe	−177	−10,1	-	+	+	+
Verkehr und Nachrichtenübermittlung	−96	−3,7	+	-	-	+
Kredit- und Versicherungsgewerbe	84	7,1	-	-	-	+
Unternehmensdienste	808	12,2	+	-	-	+
Öffentliche Verwaltung u.Ä.	−356	−13,8	-	-	-	+
Erziehung und Unterricht	−176	−6,7	-	-	+	+
Gesundheits-, Sozialwesen	13	0,3	+	-	-	+
Sonst. öffentl./private Dienste	−84	−3,7	-	-	+	+
Private Haushalte	−116	−13,2	=	=	=	=
Alle Wirtschaftszweige	−997	−2,4	+	-	-	+

(*) Positive und negative Veränderung des Anteils der GK an den Erwerbstätigen im Wirtschaftszweig.
Bei farblicher Markierung übersteigt die Anteilsveränderung die Standardabweichung aller Anteilsveränderung von ±0,6 Prozentpunkten.

Quelle: Economix (G2)

Land- und Forstwirtschaft
In diesem Sektor werden die Kleinstbetriebe den größten Beschäftigungsanteil von fast 70 % behalten, allerdings in ihrem Anteil leicht einbüßen. Dies hängt mit dem hohen Rentabilitätsdruck zusammen, der für die Betriebe nach wie vor bestehen wird. Auch die Umgestaltung der landwirtschaftlichen Produktionsbetriebe in landschaftserhaltende Betriebe wird dies nicht ändern. Großbetriebe werden ebenso gewinnen wie Klein- und Mittelbetriebe.

Verarbeitendes Gewerbe
Im Zuge der Umstrukturierung der Produktionsprozesse zu mehr Dienstleistungen wird die Zahl der Großbetriebe rückläufig sein. Dies wird überwiegend im Rahmen der Umstrukturierung von Großunternehmen bzw. Konzernen stattfinden und sich

---

34 Detailergebnisse in Anhang III, Tabelle III 1.2

auf die Produktionsbetriebe konzentrieren. Alle anderen Größenklassen werden in etwa gleichem Umfang Beschäftigungsanteile gewinnen. Das Handwerk wird seine Rolle als kundenspezifischer Dienstleister behalten, ebenso wie die Klein- und Mittelbetriebe ihre Rolle als Innovationsträger. Das Heranwachsen zu Großbetrieben wird aber nicht mehr in gleichem Umfang stattfinden, wie in der Vergangenheit, da die Großserienproduktion überwiegend im Ausland stattfinden wird.

Bergbau, Energie- und Wasserversorgung

Die Energiewende und die Veränderungen im Energiemix werden regionale, kleinere Kraftwerke bevorzugen und daher zu einer steigenden Zahl von Kleinstbetrieben führen. Dies gilt umso mehr, als auch heute große Kraftwerke oft nur eine kleine personelle Besetzung haben. Einen Zuwachs erwarten wir allerdings auch bei den Großbetrieben, die überwiegend im Bereich Verwaltung zu finden sein werden. Im Bergbau werden die großen Zechen noch in diesem Jahrzehnt weitgehend geschlossen werden. Dies wird zum Abbau des Beschäftigungsanteils großer Betriebe zugunsten der vorhandenen Mittelbetriebe führen.

Baugewerbe

Der demografisch bedingte Rückgang der Baunachfrage wird sich vor allem auf die Kleinst- und Kleinbetriebe auswirken. Der Rückgang des Wohnungsbaus wird vor allem die Mittelbetriebe treffen, während Großbetriebe von der Nachfrage im Ausland profitieren können. Die hohe Bedeutung von Um- und Ausbauten wird diese Effekte allerdings zugunsten der Kleinst- und Kleinbetriebe abfedern. Sowohl die Alterung der Bevölkerung als auch die Energieeinsparung werden diesen Trend in Richtung der kleinen Betriebe unterstützen.

Handel, Instandhaltung/Reparatur

Die Zunahme des Internethandels wird zur Verdrängung der stationären Einzelhandelsgeschäfte beitragen. Davon werden sowohl die Kleinstbetriebe als auch die Großbetriebe profitieren. Die Klein- und Mittelbetriebe werden hingegen unter Druck geraten. Die Krise der Kaufhäuser wird zu einem weiteren Rückgang der meist mittelgroßen Geschäfte führen. Die steigende Bedeutung des internationalen Großhandels hingegen wird die Großbetriebe begünstigen.

Gastgewerbe

Hier werden alle Größenklassen vom demografisch bedingten Nachfragerückgang in ähnlicher Weise betroffen sein werden. Allerdings ist zu erwarten, dass im Zuge der Urbanisierung einerseits und dem Vordringen der Systemgastronomie oder ähnlicher Angebotsformen andererseits eher größere Betriebseinheiten entstehen werden. Die Größenstruktur des Sektors wird sich daher von den Kleinstbetrieben auf größere Einheiten verlagern.

Verkehr und Nachrichtenübermittlung

Die Zunahme der Paketdienste wird Kleinstbetrieben – z. B. selbstständige Zusteller – und vor allem Großbetrieben in Form von Logistikzentren Zuwächse bringen. Mittelständische Speditionsbetriebe kommen auch durch den Ausbau globaler Verkehrsdienste eher unter Druck.

Kredit- und Versicherungsgewerbe

Im Kredit- und Versicherungsgewerbe erwarten wir insgesamt eine Erholung, allerdings erst nach einer grundlegenden Restrukturierung. Wir rechnen zwar mit einem Ausbau der Vermögensberatung, die kleinen Anbietern eine Geschäftsgrundlage bieten wird. Gleichzeitig werden aber die Filialbanken rationalisiert, sodass ein Teil der kleinbetrieblichen Filialen geschlossen wird. Die zunehmende Nutzung des Internetbanking wird zudem große, zentralisierte Verwaltungsbetriebe begünstigen, die diese Dienste im Back-Office-Betrieb anbieten. Auch im Versicherungsbereich erwarten wir, trotz Rationalisierungen im Verwaltungsbereich, dass er weiterhin konzentriert bleiben wird auf einige wenige, große Betriebe und eine Vielzahl kleinster Vertriebsorganisationen. Die Größenstruktur des Sektors Kredit- und Versicherungsgewerbe wird sich aufgrund dieser Trends noch stärker als in der Vergangenheit zu den Großbetrieben verlagern.

Unternehmensdienste

In diesem Bereich werden insgesamt die größten Zuwächse erzielt. Der Markt für Unternehmensdienste wird allerdings weiterhin gespalten sein: Global agierende Großunternehmen werden Beratungs- und Unterstützungsdienste nur von Anbietern beziehen, die ihrerseits über ein globales Netzwerk an Dienstleistungsbetrieben verfügen. Lokal agierende Klein- und Mittelbetriebe werden hingegen kleinere Dienstleistungsanbieter mit Kenntnis der regionalen Gegebenheiten bevorzugen. Auch hoch spezialisierte Unternehmensdienstleister werden als Kleinbetriebe gute Chancen haben. Wir erwarten daher zum einen eine Zunahme bei Kleinstunternehmen, in denen Spezialisten ihre spezifischen Kenntnisse anbieten. Zum anderen werden sich weitere große Anbieter herausbilden, die in den Lage sind, weltweite Großprojekte durchzuführen. Mittelgroße Unternehmen sind auf dem Markt für internationale Unternehmensdienstleistungen oft zu klein – und gleichzeitig zu groß um eine Nischenspezialisierung anzubieten.

Öffentliche Verwaltung

Rationalisierung und vermehrter elektronischer Zugang zu den Behördendiensten werden kleinere Organisationen überflüssig machen. Wir erwarten daher eine Zunahme der Großbetriebe in der öffentlichen Verwaltung auch mit Blick auf den Zwang zur Kosteneinsparung. Insbesondere in Regionen mit starkem Bevölkerungsrückgang – wie in Ostdeutschland – wird der Kostendruck steigen und zur Zusammenlegung von Betrieben der öffentlichen Verwaltung führen.

Erziehung und Unterricht

Der demografisch bedingte Rückgang in der Zahl der Kinder wird sich vor allem bei Kleinst- und Kleinbetrieben niederschlagen, da vor allem Schulen und Kindergärten in dieser Größenklasse zu finden sind. Bei den mittelgroßen Betrieben wird der

Ausbau der Erwachsenenbildung – den wir nach den Ergebnissen der Bundesprognose für unabdingbar halten – den Demografie-Effekt dämpfen. In dieser Gruppe erwarten wir, dass die Zunahme der Weiterbildung vor allem die Anbieter mittlerer Größe begünstigen wird, da ein wettbewerbsfähiges Angebot vermutlich nur mit einem weitläufig bekannten Namen erfolgreich angeboten und umgesetzt werden kann. Auch die Hochschulen und Universitäten werden von der Zunahme der Erwachsenenbildung profitieren.

Gesundheits-, Veterinär- und Sozialwesen, sonstige öffentliche und private Dienste
Obwohl es im Gesundheitsbereich zu einer Konsolidierung unter den Krankenhäusern und anderen größeren Einrichtungen kommen wird, rechnen wir aufgrund der Alterung der Bevölkerung mit dem Ausbau der Gesundheits- und Sozialdienste. Da diese Dienste bevölkerungsnah angeboten werden, erwarten wir einen Zuwachs bei Kleinstbetrieben. Gleichzeitig wird der Kostendruck zur Aufgabe mittelgroßer Betriebe zugunsten von medizinischen Großeinrichtungen führen. Ähnliches erwarten wir für die sonstigen öffentlichen und privaten Dienste, bei denen sich – kostenbedingt – ebenfalls großbetriebliche Organisationsformen durchsetzen werden. Die privaten Haushalte werden weiterhin Personal nur im Umfang von Kleinstbetrieben beschäftigen.

C 2.4 Beruflicher Strukturwandel

Die gesamtwirtschaftlichen Veränderungen in der beruflichen Struktur der Erwerbstätigkeit werden sich aufgrund der Stärke der Trends und der Vernetzung von kleinen und großen Betrieben in allen Größenklassen niederschlagen. So rechnen wir in allen Betriebsgrößen mit einem Abbau der Beschäftigung in Fertigungsberufen. Ebenso wird die Beschäftigung in Verwaltungs- und Büroberufen in großen wie in kleinen Betrieben zurückgehen, in den Gesundheitsberufen hingegen steigen. Allerdings ist die Intensität der Änderungen nicht überall gleich und weist in einzelnen Berufen sogar entgegengesetzte Vorzeichen auf (Tabelle C 3).[35]

---

35 Detailergebnisse in Anhang III, Tabelle III 1.3

Tab. C 3 Erwerbstätige nach Berufen und Größenklassen 2013–30

	Veränderung 2013–30		Veränderung des GK-Anteils des Berufs 2013–30*			
	in 1.000	in %	<10	10–49	50–499	500+
Fertigungsberufe	−783	−7,9	+	+	-	-
Technische Berufe	97	3,9	+	-	-	+
Wissenschaftler	86	15,4	+	-	-	+
Waren- und Dienstleistungskaufleute	276	5,4	-	-	+	+
Verkehrsberufe	210	7,9	+	-	-	+
Manager, leitende Beamte	158	6,4	-	-	-	+
Verwaltungs- und Büroberufe	−675	−11,1	+	-	-	+
Ordnungs- und Sicherheitsberufe	−143	−9,5	+	+	-	-
Künstler, Publizisten	107	13,3	-	-	-	+
Gesundheitsberufe	124	4,3	+	+	-	+
Erziehungs-, Sozialberufe	−226	−6,6	+	-	-	+
Persönliche Dienstleistungsberufe	−90	−2,8	-	+	+	+
Arbeitskräfte ohne bestimmten Beruf	−138	−20,6	-	+	-	+
Alle Berufe	−997	−2,4	+	-	-	+

(*) Positive und negative Veränderung des Anteils der GK an den Erwerbstätigen im Wirtschaftszweig.
Bei farblicher Markierung übersteigt die Anteilsveränderung die Standardabweichung aller Anteilsveränderung von ±0,9 Prozentpunkten.

Quelle: Economix (G2)

In Abbildung C 3 sind die erwarteten Veränderungen der Berufsprofile in den einzelnen Größenklassen dargestellt. Danach ergibt sich folgendes Bild:

Abb. C 3 Berufsprofile der Betriebe nach Größenklassen
Veränderung 2013–2030 in %

Quelle: Economix (G2)

Nach unseren Erwartungen werden die Berufsprofile der Großbetriebe stärker auf das Management, den Warenhandel und die Dienstleistungen sowie auf Wissenschaft und Technik ausgerichtet sein. In diesen Berufssegmenten werden diese Betriebe die Beschäftigung bis 2030 um rund 215.000 ausweiten. Auch in den Gesundheitsberufen, den persönlichen Dienstleistungsberufen und den künstlerischen Berufen wird die Beschäftigung in Großbetrieben wachsen (+75.000). Dem wird ein Beschäftigungsabbau von 276.000 in den Fertigungsberufen und von 95.000 in den Verwaltungs- und Büroberufen gegenüberstehen.

Bei den Mittelbetrieben wird die Umschichtung des Berufsprofils im Prinzip ähnlich verlaufen. Allerdings werden sie vom Abbau der Fertigungsberufe weniger stark betroffen sein. Aber auch die Nachfrage nach Waren- und Dienstleistungskaufleuten und nach Managern wird weniger expandieren als bei den Großbetrieben. Die Reaktionen auf den industriellen Strukturwandel werden in dieser Größenklasse daher weniger ausgeprägt sein. Dies gilt auch für die Umstrukturierung in Richtung der Gesundheitsberufe, der persönlichen Dienstleistungsberufe und der künstlerischen Berufe.

Die Berufsprofile der Kleinbetriebe werden sich im Vergleich zu den anderen Größenklassen nur moderat verändern. Sie werden sich in Richtung Gesundheitsberufe, persönliche Dienstleistungsberufe, künstlerische und wissenschaftliche Berufe verlagern. Die Expansion der Nachfrage nach Waren- und Dienstleistungskaufleuten und Verkehrsberufen werden sie hingegen nicht mitmachen. Vom Abbau der Fertigungsberufe werden sie weniger betroffen sein als die größeren Betriebe. Der Abbau der Verwaltungs- und Büroberufe wird allerdings besonders forciert sein.

In den Kleinstbetrieben wird sich die Nachfrage vor allem zu Gesundheitsberufen, künstlerischen und wissenschaftlichen Berufen verschieben. Darüber hinaus werden dort mehr Verkehrsberufe nachgefragt. Der Rückgang der Fertigungsberufe wird in dieser Größenklasse am geringsten ausfallen.

C 2.5 Qualifikationsspezifischer Strukturwandel

Nach unserer Hauptprognose wird sich die Nachfrage nach Arbeitskräften deutlich in Richtung Hochschulabsolventen verschieben. Sie werden 2030 mehr als ein Viertel der Erwerbstätigen stellen (Tabelle C 4). Der Anteil der dual Ausgebildeten wird in etwa gleich bleiben, der Anteil der Fachschulabsolventen wird hingegen deutlich sinken.

Die starke Expansion der Beschäftigten mit Hochschulabschluss wird sich in allen Größenklassen niederschlagen. So werden 2030 gut ein Viertel der Beschäftigten in Kleinstbetrieben eine tertiäre Berufsbildung haben. Bei Großbetrieben wird es knapp ein Drittel sein. Die Klein- und Mittelbetriebe werden etwas geringere Anteile an Hochschulabsolventen haben. In absoluten Zahlen wird die Beschäftigung von

Hochschulabsolventen bei Kleinstbetrieben um 641.000 steigen. Ähnlich stark wird sie bei Mittelbetrieben ausgedehnt werden (+628.000), während Kleinbetriebe 415.000 zusätzliche Hochschulabsolventen benötigen werden und Großbetriebe 472.000. In diesem Qualifikationssegment wird sich der Wettbewerb um Arbeitskräfte also in erster Linie abspielen.

Die Anteilsveränderungen der dual ausgebildeten Arbeitskräfte werden sich im Vergleich dazu in sehr engen Grenzen halten. Während die Gesamtzahl der dual Ausgebildeten bis 2030 um 310.000 sinken wird, steigt ihr Anteil an der Gesamtbeschäftigung um einen halben Prozentpunkt auf 52,5 %. Der Beschäftigungsrückgang wird sich in allen Größenklassen abspielen. Lediglich in den Kleinstbetrieben wird die Beschäftigung dual Ausgebildeter geringfügig zulegen.

Die sinkende Nachfrage nach Fachschulabsolventen – die zunehmend durch Hochschulabsolventen ersetzt werden – wird in allen Größenklassen sichtbar werden. Dadurch gehen in jeder Größenklasse jährlich zwischen 84.000 und 141.000 Beschäftigte dieser Qualifikationsgruppe verloren. Ihre Anteile an den Beschäftigten werden 2030 zwischen 7 und 11 % liegen, etwa 1 Prozentpunkt weniger als 2013.

Tab. C 4 Erwerbstätigkeit nach fachlicher Berufsbildung und Größenklassen

	Anteil der Qualifikationsgruppe 2013 (%)					Anteil der Qualifikationsgruppe 2030 (%)				
	<10	10–49	50–499	500+	insgesamt	<10	10–49	50–499	500+	insgesamt
Hochschulabschluss	20,4	17,8	19,3	26,0	20,6	26,7	23,1	24,7	32,2	26,4
Duale Berufsausbildung	51,5	55,3	52,4	48,0	51,9	51,5	56,1	53,6	48,0	52,5
Fachschule	11,8	9,7	7,6	8,2	9,3	10,7	8,8	6,9	7,2	8,4
Ohne Abschluss	16,2	17,3	20,7	17,8	18,2	11,1	12,0	14,7	12,6	12,8
Insgesamt	100,0	100,0	100,0	100,0	100,0	100,0	100,0	100,0	100,0	100,0
	Veränderung 2013–30 (in 1.000)					Veränderung 2013–30 (in %)				
Hochschulabschluss	641	415	628	472	2.156	6,2	5,4	5,4	6,2	5,8
Duale Berufsausbildung	−107	−93	−55	−55	−310	0,0	0,8	1,2	−0,1	0,5
Fachschule	−141	−104	−111	−84	−441	−1,1	−0,9	−0,6	−0,9	−0,9
Ohne Abschluss	−595	−505	−864	−438	−2.402	−5,1	−5,2	−5,9	−5,2	−5,4
Insgesamt	−202	−287	−402	−106	−997	0,0	0,0	0,0	0,0	0,0

Quelle: Economix (G2)

Die große Erwartung dieser Prognose richtet sich auf den Abbau des Anteils an Beschäftigten ohne berufliche Bildung. Ihr Anteil wird nach unserer Einschätzung von 19 auf 13 % sinken. Damit dies gelingen kann, müssen Betriebe aller Größenklassen ihren Beitrag zur Berufsbildung der bildungsfernen Schichten – sowohl der Jugendlichen als auch der Erwachsenen – leisten. Wir erwarten, dass dies erreicht werden kann. In allen Größenklassen wird daher die Beschäftigung von Arbeitskräften ohne Berufsbildung um 40 % abnehmen. Dies sind insgesamt 2,4 Millionen Arbeitskräfte. Den größten Beitrag werden dabei die Mittelbetriebe leisten, die diese Gruppe um 864.000 verringern werden. Aber auch die Kleinstbetriebe werden 2030 rund 595.000 ungelernte Arbeitskräfte weniger haben. Bei Kleinbetrieben werden es 505.000 sein, und bei Großbetrieben 438.000.

C 3 Arbeitskräfteengpässe

Die Identifizierung von unterschiedlichen Arbeitskräfteengpässen nach der Größe des Betriebs kann – wie schon am Beginn festgestellt – nur aus der Perspektive der nachfragenden Betriebe erfolgen. Informationen über das Arbeitskräfteangebot nach Betriebsgröße sind im Rahmen der Erhebung des gesamtwirtschaftlichen Stellenangebots nur aus der Sicht der Betriebe vorhanden. Eine Quantifizierung dieses Angebots ist nicht möglich und wäre auch aufgrund der fehlenden Segmentierung des Angebots im Hinblick auf die Betriebsgröße nicht sinnvoll.

Im Allgemeinen gehen wir davon aus, dass sich im Zuge des demografisch bedingten Angebotsrückgangs der Engpass in der Versorgung mit Arbeitskräften bis 2030 verschärfen wird. Hier geht es also um die Frage, in welchem Ausmaß die einzelnen Betriebsgrößen davon betroffen sein und in welchen Sektoren, Berufen und Qualifikationsgruppen diese Engpässe in besonderer Schärfe auftreten werden. Dabei gehen wir zwei Wege: Zum einen werden Überlegungen angestellt, wie sich die bestehenden Unterschiede in der Versorgung mit Arbeitskräften durch den Strukturwandel in der Nachfrage verschärfen oder abmildern werden. Zum anderen gehen wir von den Knappheitsindikatoren aus, die in der nationalen Prognose – im Teil A – gemessen wurden, und überlegen, wie sich diese Knappheiten aufgrund der unterschiedlichen Nachfragestrukturen auf die Betriebe auswirken werden. Der doppelte Ansatz erlaubt es, die Lage unterschiedlich großer Betriebe auf dem Arbeitsmarkt zumindest in qualitativer Form einzuschätzen.

C 3.1 Arbeitskräfteengpässe nach Betriebsgröße

Nach den Untersuchungen des IAB auf der Grundlage der Erhebung des gesamtwirtschaftlichen Stellenangebots (Dietz et al. 2013) stellt sich die Lage der Kleinst- und Kleinbetriebe in der Tat anders dar, als dies bei Großbetrieben der Fall ist: Kleinere Betriebe bieten mehr Stellen an als mittlere und größere zusammen und haben einen höheren Job-Turnover. Gleichzeitig besteht auf Seiten der Bewerber eine ausgeprägte Präferenz für Großbetriebe. Dies führt bei kleineren Betrieben letztlich zu einem hohen Anteil an erfolglosen Suchprozessen. Fast ein Viertel der Kleinst- und Kleinbetriebe gibt die Stellenbesetzungspläne auf. Bei Mittelbetrieben ist dies hingegen nur ein Zehntel und bei Großbetrieben sogar nur ein Fünfzigstel.

Die Präferenz der Bewerber für größere Betriebe ist in der Tat ausgeprägt. Im Jahr 2011 erhielten große Betriebe auf jede Stellenausschreibung 23 Bewerbungen. Bei Kleinst- und Kleinbetrieben waren es hingegen nur neun. Auch die Relation der geeigneten Bewerber zeigt ähnliche Größenverhältnisse. Den sieben geeigneten Bewerbern bei Großbetrieben standen drei bei den kleineren Betrieben gegenüber (Dietz et al. 2013). Dies hat vielfältige Ursachen. Großbetriebe bieten im Allgemeinen höhere Löhne, haben bessere Arbeitsbedingungen, eröffnen günstigere Karrierechancen und möglicherweise ein geringeres Arbeitslosigkeitsrisiko. Zusammen genommen stellt dies für Großbetriebe einen wesentlichen Wettbewerbsvorteil auf den regionalen Arbeitsmärkten dar, sodass wir davon ausgehen, dass diese Vorteile auch in der Prognoseperiode das Arbeitsmarktgeschehen bestimmen werden.

Eine zweite Ursache für den niedrigen Anteil erfolgloser Suchprozesse bei Großbetrieben liegt in der Größe der internen Arbeitsmärkte. Sie bieten eine Vielzahl von Alternativen zur Stellenbesetzung von außen. Die höhere Abhängigkeit der Kleinst- und Kleinbetriebe vom externen Arbeitsmarkt wird auch in Zukunft bestehen bleiben. Schlimmer noch, die Personalengpässe werden sich im Zuge des Angebotsrückgangs verschärfen.

Allerdings zeigt das IAB auch Wege auf, wie die kleineren Betriebe ihre Situation verbessern können. Sie können multiple Suchwege beschreiten und insbesondere das Internet häufiger bei der Personalsuche einschalten. Sie können versuchen, die Attraktivität der Arbeitsplätze zu verbessern, z. B. durch bessere und längerfristige Arbeitsverträge und ein familienfreundliches Arbeitsumfeld. Aber dies wird ihre Wettbewerbsposition nicht wesentlich verbessern. Auch wenn wir davon ausgehen, dass die kleineren Betriebe diese Möglichkeiten nutzen, werden auch die Großbetriebe angesichts des allgemeinen Arbeitskräftemangels nicht untätig bleiben. Im Gegenteil, sie werden im Wettbewerb um Arbeitskräfte alle Register ziehen, um nicht nur mehr, sondern auch die am besten qualifizierten Arbeitskräfte zu gewinnen. Ihre professionellen Personalabteilungen werden sich darum kümmern, die besten Arbeitskräfte anzuwerben. Dem werden die kleineren Betriebe nichts Gleichwertiges entgegenzusetzen haben. Dies ist einer der Gründe warum wir den Beschäftigungsrückgang bei den Großbetrieben geringer einschätzen als bei Klein- und Mittelbetrieben.

Die Attraktivität der Großbetriebe bleibt für manche Arbeitskräfte aber auch begrenzt. Insbesondere die Alternative der Selbstständigkeit wird angesichts des hohen Wachstums in den wissensbasierten Dienstleistungen den Zustrom von Arbeitskräften in die kleinen Betriebe stärken. Aber auch abhängig Beschäftigte werden sich dem Strukturwandel anpassen und Arbeitsplätze im wachstumsstarken, kleinstrukturierten Dienstleistungssektor suchen.

Es ist daher davon auszugehen, dass es eher die Mittelbetriebe sind, die unter den sich abzeichnenden Angebotseinschränkungen zu leiden haben werden. Dies wird insbesondere dann der Fall sein, wenn sie in traditionellen, durch den Strukturwandel gefährdeten Bereichen tätig sind. Dies zeigt sich bereits heute in dem Ergebnis, dass sich der von den Betrieben wahrgenommene Arbeitskräftemangel auf die Klein- und Mittelbetriebe konzentriert, während Kleinst- und Großbetriebe davon weniger betroffen sind.[36]

C 3.2 Engpassberufe

Die Zusammenführung der bisherigen Analyseergebnisse mit den für den gesamten Arbeitsmarkt zu erwartenden Engpässen lässt erkennen, in welchen Berufen bzw. in welchen Berufsbildungszweigen am ehesten Knappheiten in der Versorgung mit Arbeitskräften zu erwarten sind. Dabei sind die generellen Knappheiten an Arbeitskräften anhand des Knappheitsindikators zu berücksichtigen (vgl. Abschnitt A 5.2), ebenso wie die unterschiedlichen Tendenzen des Strukturwandels und die abweichende Wettbewerbsposition der Betriebsgrößen. So haben einige Qualifikationen deutlich höhere Anteile in bestimmten Größenklassen. Auch ist die Attraktivität von Arbeitgebern häufig abhängig von der jeweiligen Größenklasse des Betriebs. So sind größere Unternehmen eher in der Lage kompetitive Löhne anzubieten, auch sind in den Betrieben die Aufstiegschancen besser. Unsere Überlegungen sind in Tabelle C 5 dargestellt.

Tab. C 5 Engpassberufe nach Größenklassen

	<10	10–49	50–499	500+	Knappheits-indikator
Hochschul-abschluss	Technische Berufe; Wissenschaftler; Künstler;	Technische Berufe; Wissenschaftler; Künstler; Manager; Gesundheitsberufe	Technische Berufe; Wissenschaftler; Künstler; Manager; Gesundheitsberufe	Technische Berufe; Wissenschaftler; Künstler; Manager; Gesundheitsberufe	−8,6
Duale Berufs-ausbildung	Waren und Dienstleistungskaufleute; Gesundheitsberufe; Technische Berufe	Waren und Dienstleistungskaufleute; Gesundheitsberufe; Technische Berufe	Waren und Dienstleistungskaufleute; Gesundheitsberufe; Technische Berufe	Gesundheitsberufe; Technische Berufe	−0,7
Fachschule	Gesundheitsberufe; Künstler	Gesundheitsberufe; Künstler	Gesundheitsberufe; Künstler	Gesundheitsberufe; Künstler	4,9

36 Im Durchschnitt der Jahre 2010 bis 2013 lag der Anteil der Betriebe, deren Produktionstätigkeit durch Arbeitskräftemangel behindert war, in Kleinstbetrieben bei 21 %, in Großbetrieben bei 31 % und in Klein- und Mittelbetrieben bei 36 % (Quelle: Erhebung des gesamtwirtschaftlichen Stellenangebots).

(Fortsetzung Tab. C 5)

	<10	10–49	50–499	500+	Knappheits-indikator
Ohne Abschluss	Verkehrsbe-rufe;	Verkehrsbe-rufe;	Verkehrsbe-rufe;	Verkehrsbe-rufe;	13,1
Anteil der Eng-passberufe an den Erwerbs-tätigen der Größenklasse 2030 in %	40,43	42,81	44,69	46,80	

(*) Indexwert aus Knappheitsindikator I, 2013–30. Aggregierte Werte nach vier Qualifikationsniveaus. Negative Werte geben relative Knappheit an. Vgl. Abbildung A 24

Quelle: Economix

Durch die zunehmende Nachfrage nach höher qualifiziertem Personal sind in allen Größenklassen Engpässe bei Arbeitskräften mit Hochschulabschluss zu erwarten. Insbesondere Manager, Ingenieure Rechts-, Wirtschafts- und Sozialwissenschaftler und auch Künstlerberufe werden aufgrund der starken Expansion der Unternehmensdienste benötigt. Hier zeigen sich nur geringe Unterschiede nach Größenklassen. Allerdings werden die Klein- und Mittelbetriebe größere Schwierigkeiten haben, ihren Personalbedarf auf dieser Qualifikationsebene zu decken, da sowohl in den Unternehmensdiensten als auch im Gesundheitsbereich die großen und die kleinen Einheiten Vorteile haben. Bei den Großen ist es die Attraktivität der Arbeitsplätze, bei den Kleinen die Chance der Selbstständigkeit, die die Engpässe abmildern werden.

Im Arbeitsmarkt für dual ausgebildete bzw. an der Fachschule ausgebildete Arbeitskräfte sind Engpässe am ehesten bei den Gesundheits- und Pflegeberufen sowie unter den Technikern zu erwarten. Aber auch die Waren- und Dienstleistungskaufleute sind bei den dual ausgebildeten Berufen unter den Engpassberufen. Dies wird ebenfalls in allen Größenklassen spürbar werden. Aufgrund des stärkeren Wachstums der Ränder der Größenklassenverteilung in dieser Sparte werden die Kleinst- und Großbetriebe am stärksten von den Knappheiten am Arbeitsmarkt betroffen sein.

Generell werden sich die kleineren Betriebe rasch an einen Arbeitsmarkt gewöhnen müssen, in dem der Zustrom an jungen Arbeitskräften kontinuierlich zurückgeht. Wir erwarten daher auch für Arbeitskräfte in industriellen und handwerklichen Berufen Engpässe, von denen kleinere Betriebe besonders betroffen sein werden. Da kleinere Betriebe stärker an der dualen Ausbildung beteiligt sind, ist hier der Problemdruck am größten. Dies hat insbesondere Auswirkungen auf das Handwerk. Dabei ist nicht zu übersehen, dass die Umschichtung des Personals von Auszubildenden auf ausgebildete Arbeitskräfte mit höheren Personalkosten verbunden sein wird. Die kleineren Betriebe, die bisher auf Auszubildende gesetzt haben, werden also mit organisatorischen Umstellungen reagieren müssen, die die Produktivität der Arbeitsleistung auf den bisher von Auszubildenden eingenommenen Arbeitsplätzen entsprechend erhöht. Dies wird weitreichende Folgen für die Kostenstrukturen und die gesamte Betriebsorganisation haben. Sie werden sich auch darauf einstellen müssen, dass ein größerer Teil des Fachkräftebedarfs auch durch eine duale Ausbildung für Erwachsene gedeckt werden muss. Dies wird insbesondere für die Arbeitskräfte ohne berufliche Bildung erforderlich sein. Damit stehen die an der dualen Ausbildung beteiligten Betriebe vor der Aufgabe, die gesamte Ausbildung auf der intermediären Ebene zu reformieren.

Auf der Fachschulebene sehen wir im Gesamten nur geringe Engpässe. Allerdings werden sowohl die Erziehungs- und Pflegeberufe als auch die künstlerischen und gestalterischen Berufe weiterhin auch aus diesem Zweig der beruflichen Bildung kommen. Angesichts des hohen Bedarfs in diesen Berufsbereichen werden alle Größenklassen Engpässe erleben. Für Arbeitskräfte ohne berufliche Bildung sehen wir beste Aufstiegschancen, soweit sie sich an der Berufsbildung in irgendeiner Form beteiligen.

Die Engpässe werden in den verschiedenen Berufs- und Qualifikationssegmenten des Arbeitsmarktes so stark sein, dass sie in der Regel sowohl Groß- als auch Kleinbetriebe betreffen. Gleichwohl steigt nach unseren Berechnungen der Anteil der knappen Berufe an den Erwerbstätigen der einzelnen Größenklassen mit steigender Betriebsgröße an. Nach Tabelle C 5 (letzte Zeile) wird dieser Anteil im Jahr 2030 bei Kleinstbetrieben 40 % erreichen. Bei Großbetrieben werden es hingegen 47 % sein. Insgesamt haben also Berufsgruppen mit stärkerer Knappheit einen größeren Anteil an der Beschäftigung in Großbetrieben.

Dem steht allerdings die Bevorzugung von Großbetrieben durch die Bewerber für einen neuen Arbeitsplatz gegenüber. Dies wird die Unterschiede zwischen den Größenklassen kompensieren. Kleinere Unternehmen werden sich im Konkurrenzkampf um Beschäftigte an die Strategien der Großunternehmen anpassen müssen. Dies bedeutet, dass sie ähnlich attraktive Angebote machen müssen, aber auch breitere. Zudem müssen sie im In- und Ausland die Fachkräfte anwerben, die sie benötigen. In der Gesamtlage des Arbeitsmarktes werden die größenspezifischen Fachkräfteengpässe – insbesondere die der kleineren Betriebe – in der heutigen Diskussion überschätzt.

C 4 Zusammenfassung und Schlussfolgerungen

Mit diesem Bericht richten wir die Prognose des deutschen Arbeitsmarktes auf die Frage des größenspezifischen Fachkräftemangels, wie er nach der vorgelegten Hauptprognose bis 2030 zu erwarten sein wird. Wir führen unsere Überlegungen zum sektoralen, beruflichen und qualifikationsspezifischen Strukturwandel in der Beschäftigung fort, indem wir seine Auswirkungen auf die Beschäftigungsstrukturen der Betriebe unterschiedlicher Größe abbilden. Wir stellen aber auch die Frage nach den zu erwartenden Arbeitskräfteengpässen und den daraus zu ziehenden Schlussfolgerungen.

Der fortgesetzte Beschäftigungsabbau in der Industrie einerseits und die Beschäftigungsgewinne der wissensbasierten Dienstleistungsbranchen andererseits werden die Größenlandschaft der deutschen Wirtschaft verändern: Wir erwarten etwas stärkere Beschäftigungsverluste in den mittelständischen Betrieben, während Groß- und Kleinstbetriebe vom allgemeinen Beschäftigungsrückgang weniger betroffen sein werden. Die Umformung der Industriebetriebe in technische Dienstleister wird zwar den industriellen Mittelstand stärken. Aber dieser Gewinn geht durch die wachsende Bedeutung von Großbetrieben in Handel, Verkehr, Unternehmensdiensten, Finanzdiensten und nicht zuletzt in der öffentlichen Verwaltung mehr als verloren. Gleichzeitig wird der Anteil der Kleinstbetriebe an der Beschäftigung in vielen Branchen zunehmen. Dazu gehören der Handel und das Verkehrsgewerbe, wo Kleinstbetriebe im Zuge des steigenden Internethandels gewinnen werden. Dazu zählen aber auch die Unternehmensdienste und das Gesundheitswesen. Während die einen durch die steigende Nachfrage der Großunternehmen Beschäftigungsgewinne realisieren können, werden die anderen durch die Alterung der Bevölkerung expandieren.

Die sektoralen Verlagerungen werden auch die berufliche Zusammensetzung der Beschäftigung in den einzelnen Betriebsgrößen verändern. In vielen Berufsbereichen wird sich die Beschäftigung – dem allgemeinen Trend folgend – in die Großbetriebe einerseits und die Kleinstbetriebe andererseits verlagern. Die Anteile der Klein- und Mittelbetriebe werden hingegen häufig abnehmen. Bis auf die Fertigungs- und die Ordnungs- und Sicherheitsberufe wird der Anteil der Großbetriebe in allen Berufsgruppen steigen. Ebenso werden viele Berufsgruppen stärker in den Kleinstbetrieben vertreten sein. Die Anteilsverschiebungen halten sich im Durchschnitt allerdings in den engen Grenzen von ±1,5 Prozentpunkten. Es sind also keine Umbrüche in den Berufsstrukturen der Betriebsgrößenklassen zu erwarten. Dies ist bei der Vielschichtigkeit der Betriebe auch durchaus plausibel.

Auch die Qualifikationsprofile der Betriebe werden sich in sehr ähnlicher Weise verändern. In allen Betriebsgrößen wird der Anteil der Hochschulabsolventen stark steigen, während der Anteil der Arbeitskräfte ohne berufliche Bildung sinken wird. Ebenso wird der Anteil der Fachschulabsolventen in allen Größenklassen sinken und der Anteil der dual ausgebildeten Arbeitskräfte mehr oder weniger stagnieren. Die flächendeckende Umsetzung dieses Strukturwandels in der Qualifikation der Arbeitskräfte wird durch die Konvergenzkräfte im deutschen Wirtschaftssystem bedingt. Eine stärkere Differenzierung der Qualifikationsstrukturen hätte eine weitere Einkommensdifferenzierung zur Folge, die sich aber unter den Bedingungen steigenden Fachkräftemangels und sinkender Arbeitslosigkeit kaum einstellen wird. In allen Betriebsgrößen werden die produktivsten Arbeitskräfte eingesetzt, bzw. das Arbeitskräftepotenzial wird durch berufliche Bildung produktiv gemacht. Die Aufwertung der Qualifikationsprofile wird sich daher allgemein durchsetzen und entsprechend entlohnt werden. Die weniger produktiven Tätigkeiten werden rationalisiert, ins Ausland verlagert oder ganz aufgegeben.

Die sich abzeichnenden Engpässe auf dem deutschen Arbeitsmarkt werden nach unseren Erwartungen am ehesten den Mittelstand treffen. Großbetriebe erfreuen sich einer starken Beliebtheit unter den Bewerbern um neue Stellen. Kleinstbetriebe gewinnen durch die Gründungsaktivitäten von Selbstständigen im Dienstleistungsbereich. Es bleiben die mittelgroßen Betriebe, die ihre Beschäftigungspläne vermutlich am wenigsten werden durchsetzen können. Allerdings werden die Kleinstbetriebe, die bisher einen Schwerpunkt auf die duale Ausbildung gesetzt haben, durch den Rückgang der jungen Generation stark betroffen sein.

Aufgrund der Vielschichtigkeit der Entwicklungen, die sich in den Größenklassen auswirken, erscheint eine größenspezifische Arbeitsmarktpolitik kaum sinnvoll. Sie hätte eine zu geringe Zielgenauigkeit. Ähnliches gilt auch für die Mittelstandspolitik, die erst zielführend ist, wenn sie sich auf sektorspezifische oder regionale Wachstums- und Innovationskerne bezieht. Es sind daher immer weitere Zielsetzungen erforderlich, um größenbezogene Politikmaßnahmen wirksam zu machen.

Auch eine größenspezifische Angebotspolitik dürfte ins Leere laufe, da die Nachfrage nach Arbeitskräften zwar nach Betriebsgrößen segmentiert ist, das Angebot aber nicht. Die Wahlfreiheit der Beschäftigten in Betrieben beliebiger Größe zu arbeiten, entzieht einer solchen Politik den Boden.

Gleichwohl stehen die Betriebe mit einem hohen Anteil an dual ausgebildeten Arbeitskräften vor dem Problem, dass der Zustrom aus der beruflichen Ausbildung deutlich abnehmen wird. Wir haben im Rahmen unserer Prognose den Vorschlag gemacht, diesem Problem durch den Aufbau eines strukturierten, zertifizierten, allgemeinen Weiterbildungssystems zu begegnen. Hier sind vor allem Klein- und Kleinstbetriebe und ihre Interessenvertretungen gefordert, den Nachwuchs durch den Ausbau der dualen Ausbildung für Erwachsene zu sichern. Ebenso sollten die Hochschulen dazu beitragen, durch eine duale Hochschulbildung und andere Formen der beruflichen Weiterbildung das Nachwuchsproblem zu lösen.

Anhang

Der Datenanhang ist online unter
www.wbv.de/artikel/6004474 ⇨ Zusatzmaterial
kostenfrei verfügbar.

Literatur

Acatech (2010): Wertschöpfung und Beschäftigung in Deutschland, acatech Workshop, Hannover 14. September 2010.

BDI (2013a): BDI-Mittelstandspanel Ergebnisse der Online-Mittelstandsbefragung Frühjahr 2013. Online unter: http://www.bdi.eu/download_content/MittelstandUndFamili enunternehmen/BDI_Mittelstandspanel.pdf.

BDI (2013b): Hybride Wertschöpfung. Online unter: http://www.bdi.eu/Hybride-Wert schoepfung_Hybride-Wertschoepfung.htm.

BDI (2013c): Industrielle Wertschöpfungsketten – Wie wichtig ist die Industrie?, BDI, Berlin.

Bellmann, L.; Bender, S.; Bossler, M; Kampkötter, P.; Laske, K; Mohrenwieser, J; Nolte, A.; Sliwka, D.; Steffes, S.; Stephani, J.; Wolter, S. (2013): Erster Zwischenbericht im Projekt Arbeitsqualität und wirtschaftlicher Erfolg: Längsschnittstudie in deutschen Betrieben. Stand 30. Juni 2013. Online unter: http://www.bmas.de/SharedDocs/Downloads/DE/ PDF-Publikationen/Forschungsberichte/forschungsbericht-fb-442-arbeitsquali taet.pdf?__blob=publicationFile.

Böhmer, M.; Ehrentraut, O.; Heimer, A.; Henkel, M.; Ohlmeier, N.; Poschmann, K.; Schmutz, S.; Weisser, J. (2014): Gesamtevaluation der ehe- und familienbezogenen Maßnahmen und Leistungen in Deutschland, Auftraggeber Bundesministerium der Finanzen und Bundesministerium für Familie, Senioren, Frauen und Jugend.

Bosworth, D.; Gambin, L.; Giernalczyk, H.; Hogarth, T.; Stock, L.; Vogler-Ludwig, K. (2012): Sectoral perspectives on the wider benefits of vocational education and training. CEDE-FOP Research Paper 5522, 2012.

Bundesministerium für Arbeit und Soziales (2011): Leistungsbeschreibung im Vergabeverfahren „Analyse der zukünftigen Arbeitskräftenachfrage und des -angebots in Deutschland auf Basis eines Rechenmodells" vom 9.5.2011.

Bundesministerium für Arbeit und Soziales (2014): Fortschrittsbericht zum Fachkräftekonzept der Bundesregierung. Online unter: http://www.bmas.de/SharedDocs/Downlo ads/DE/PDF-Publikationen/fortschrittsbericht-fachkraefte-fuer-2013.pdf?__blob=publi cationFile.

D'Addio, A.; Whitehouse, E. (2012): Towards Financial Sustainability of Pension Systems. The Role of Automatic-Adjustment Mechanisms in OECD and EU Countries, BSV, Beiträge zur Sozialen Sicherheit, Forschungsbericht Nr. 8/12, Bern.

Deutsche Bundesbank (2014): Perspektiven der deutschen Wirtschaft – Gesamtwirtschaftliche Vorausschätzungen für die Jahre 2014 und 2015 mit einem Ausblick auf das Jahr 2016. Monatsbericht, Juni 2014.

Deutsche Rentenversicherung (2013): Rentenzugang 2012. Online unter: http:// www.deutsche-rentenversicherung.de/cae/servlet/contentblob/324742/publicationFile/ 62872/heft_9_krickl_hofmann.pdf.

Dietz et al. (2013): Personalsuche in Deutschland: Kleine und mittlere Betriebe im Wettbewerb um Fachkräfte. IAB-Kurzbericht 10/2013. Nürnberg.

Dworschak, B.; Zaiser, H. (2013): Technologische Innovation und Wissensmanagement. Fachexpertise zur Arbeitsmarktprognose 2030, in: Düll, N. (Hg.) (2013): Arbeitsmarkt 2030 – Fachexpertisen und Szenarien. W. Bertelsmann Verlag, Bielefeld.

EBO – Europäisches Beschäftigungsobservatorium (2012): Bericht des Europäischen Beschäftigungsobservatoriums: beschäftigungspolitische Maßnahmen zur Förderung des aktiven Alterns. Aktives Altern 2012, Lektorat C. Duchemin, L. Finlay, A. Manoudi, D. Scott; Bereitgestellt für die Europäische Kommission, GD Beschäftigung, Soziales und Integration, http://www.eu-employment-observatory.net/.

Fuchs, J.; Söhnlein, D. (2013): Projektion der Erwerbsbevölkerung bis zum Jahr 2060, IAB-Forschungsbericht 10/2013.

Günterberg, B. (2011): Gründungen, Liquidationen, Insolvenzen 2010 in Deutschland, in: Institut für Mittelstandsforschung Bonn (Hg.): Daten und Fakten Nr. 1, Bonn.

Helmrich et al. (2012): Engpässe auf dem Arbeitsmarkt: Geändertes Bildungs- und Erwerbsverhalten mildert Fachkräftemangel. BiBB-Report 18/12.

Institut für Mittelstandsforschung: Gründungen und Unternehmensschließungen. Online unter: http://www.ifm-bonn.org/statistiken/gruendungen-und-unternehmens schliessungen/#accordion=0&tab=0.

Keller, M.; Haustein, T. (2013): Vereinbarkeit von Familie und Beruf. Ergebnisse des Mikrozensus 2012, in: Statistisches Bundesamt, Wirtschaft und Statistik, Dezember 2013.

KfW Bankengruppe (2012): Beschäftigungsfluktuation und Finanzierungsverhalten junger Unternehmen, Mannheim.

KfW Research (2013): Gründungsmonitor 2013.

Koll, R.; Ochel, W.; Vogler-Ludwig, K. (1993): Die Auswirkungen der internationalen Wanderungen auf Bayern. Duncker & Humblot.

Kriechel, B.; Vogler-Ludwig, K. (2013): Arbeitsmarkt 2030 – Methodenbericht, W. Bertelsmann Verlag, Bielefeld.

Lindley, R.M.; Düll, N. (2006): Ageing and Employment: Identification of Good Practice to Increase Job Opportunities and Maintain Older Workers in Employment, Study prepared for the European Commission, DG Employment and Social Affairs, Warwick Institute for Employment Research and Economix Research & Consulting.

Maretzke, S. (2013): Herausforderungen des demografischen Wandels für Länder, Regionen und Kommunen. Beitrag zur BiBB-Tagung, Bonn 26. 9. 2013.

OECD (2013a): Renten auf einen Blick 2013 – OECD- und G20-Länder-Indikatoren. Online unter: http://dx.doi.org/10.1787/pension_glance-2013-de.

OECD (2013b): Zuwanderung ausländischer Arbeitskräfte: Deutschland. Online unter: http://www.oecd-ilibrary.org/social-issues-migration-health/zuwanderung-auslandi scher-arbeitskrafte-deutschland-german-version_9789264191747-de.

OECD (2013c): OECD Skills Outlook 2013. First results from the survey of adult skills. Online unter: http://skills.oecd.org/OECD_Skills_Outlook_2013.pdf.

OECD (2014a): Economic Outlook 1/2014. Online unter: http://www.oecd-ilibrary.org/economics/oecd-economic-outlook-volume-2014-issue-1_eco_outlook-v2014-1-en.

OECD (2014b): Employment Outlook 2014. Online unter: http://www.oecd.org/berlin/publikationen/employment-outlook.htm.

Riedmüller, B.; Schmalreck, U. (2012): Die Lebens- und Erwerbsverläufe von Frauen im mittleren Lebensalter. Wandel und rentenpolitische Implikation, Projekt gefördert vom Forschungsnetzwerk Alterssicherung der Deutschen Rentenversicherung Bund, Freie Universität Berlin.

Rifkin, J. (1995): Das Ende der Arbeit. Englisches Original: The End of Work: The Decline of the Global Labor Force and the Dawn of the Post-Market Era. Putnam Publishing Group, 1995.

Sachverständigenrat deutscher Stiftungen für Integration und Migration (2013): Erfolgsfall Europa? Folgen und Herausforderungen der EU-Freizügigkeit für Deutschland. Jahresgutachten 2013 mit Migrationsbarometer. Online unter: www.svr-migration.de/content/wp-content/uploads/2013/04/Web_SVR_Jahresgutachten_2013.pdf.

Sachverständigenrat zur Begutachtung der gesamtwirtschaftlichen Entwicklung (2009): Jahresgutachten 2009/10 – Die Zukunft nicht aufs Spiel setzen. Eigenverlag, Wiesbaden.

Sachverständigenrat zur Begutachtung der gesamtwirtschaftlichen Entwicklung (2011): Gesetzliche Rentenversicherung: Prioritäten für die Prävention von Altersarmut, Auszug aus dem Jahresgutachten 2011/12, Textziffern 510–541, Wiesbaden.

Sonnet, A.; Olsen, H.; Manfredi, T. (2014): Towards More Inclusive Ageing and Employment Policies: The Lessons from France, The Netherlands, Norway and Switzerland, in: De Economist.

Statistisches Bundesamt (2009): 12. koordinierte Bevölkerungsvorausberechnung. Online unter: https://www.destatis.de/DE/ZahlenFakten/GesellschaftStaat/Bevoelkerung/Bevoelkerungsvorausberechnung/Bevoelkerungsvorausberechnung.html.

Statistisches Bundesamt (2011): Ausgewählte Ergebnisse für kleine und mittlere Unternehmen in Deutschland 2009. In: Unternehmen und Arbeitsstätten, Statistisches Bundesamt, Wiesbaden.

Statistisches Bundesamt (2014a): Geburtentrends und Familiensituation in Deutschland, 2013.

Statistisches Bundesamt (2014b): Vorläufige Wanderungsergebnisse 2013. Online unter: https://www.destatis.de/DE/Publikationen/Thematisch/Bevoelkerung/Wanderungen/vorlaeufigeWanderungen5127101137004.pdf?__blob=publicationFile.

Vbw (2013): Industrielle Wertschöpfung für Deutschland und Bayern. Online unter: http://www.vbw-bayern.de/vbw/Aktionsfelder/Standort/Wertsch%C3%B6pfung/Industrielle-Wertsch%C3%B6pfung-f%C3%BCr-Deutschland-und-Bayern.jsp.

Vogler-Ludwig, K.; Düll, N. (2013): Arbeitsmarkt 2030 – eine strategische Vorausschau auf Demografie, Beschäftigung und Bildung in Deutschland. W. Bertelsmann Verlag, Bielefeld. Hauptbericht 2012 für das Bundesministerium für Arbeit und Soziales im Rahmen des Projekts Zb 1–04812–1/17 „Analyse der zukünftigen Arbeitsnachfrage und des -angebots in Deutschland auf Basis eines Rechenmodells".

Vogler-Ludwig, K; Düll, N; Kriechel, B. (2013): Arbeitsmarkt 2030 – Prognose nach Bundesländern, W. Bertelsmann Verlag, Bielefeld.

Vogler-Ludwig, K.; Kriechel, B. (2013): Arbeitsmarkt 2030 – Arbeitskräftebedarf kleinerer, mittlerer und großer Betriebe – Eine strategische Vorausschau auf den Fachkräftebedarf nach Betriebsgröße, W. Bertelsmann Verlag, Bielefeld.

Weber, E. (2014): Das Ziel der Vollbeschäftigung in Deutschland. Fern, aber erreichbar, in: IAB-Kurzbericht 15/2014.

Weiß, R. (2014): Validität der Validierung, in: Validierung von Lernergebnissen, Berufsbildung in Wissenschaft und Praxis, Heft 5.

Weltbank (2014): Global Economic Prospects. Volume 8, January 2014.

Werner, D. (2013): The evolution of regional labour market disparities. IAB-Bibliothek, Nr. 344. Nürnberg.